U1004906

A

由点及面

触类旁通

一看就懂

一学就会

王存壬　王　峥　编著

实用企业会计

Practical Enterprise Accounting

剖析复杂的经营活动　涵盖完整的业务流程

上海财经大学出版社

图书在版编目(CIP)数据

实用企业会计/王存壬,王峥编著.—上海:上海财经大学出版社,2015.9

ISBN 978-7-5642-2230-7/F·2230

Ⅰ.①实… Ⅱ.①王… ②王… Ⅲ.①企业管理-会计 Ⅳ.①F275.2

中国版本图书馆 CIP 数据核字(2015)第 181869 号

□ 责任编辑 朱静怡
□ 封面设计 张克瑶

SHIYONG QIYE KUAIJI
实用企业会计
王存壬 王 峥 编著

上海财经大学出版社出版发行
(上海市武东路 321 号乙 邮编 200434)
网 址:http://www.sufep.com
电子邮箱:webmaster @ sufep.com
全国新华书店经销
上海华教印务有限公司印刷装订
2015 年 9 月第 1 版 2015 年 9 月第 1 次印刷

890mm×1240mm 1/32 12 印张 322 千字
印数:0 001—3 000 定价:30.00 元

谨以此书献给热爱会计工作、精通会计实务的人们！

前 言

为提高会计职业学校学生的实际操作技能，我们曾编著《实用工业会计》一书，先后由中国财政经济出版社和上海教育出版社出版与再版。

目前，由于国家整个会计制度的重大改革，分行业、分所有制的企业会计核算制度不复存在，《企业会计准则》及“具体准则”的会计核算应用指南全面推行；原《小企业会计制度》已经废止，2013年1月1日开始施行《小企业会计准则》的会计核算方法，还有一些特殊业务的专业核算办法。为此，我们尝试以《实用工业会计》一书为基础，加入流通企业某些特殊核算的内容，参照两个《准则》应用指南与应用实务指导进行了修订。本书既包括工业、商品流通两大主要行业的应用实例，又涵盖中、小型企业会计核算实务。本书既是会计从业人员案头常备的参考资料，又为广大会计工作求职者打开广阔的选择空间。

本书分为上、下两编，上编学习企业一般的会计核算知识，下编进一步学习担任会计主管岗位后遇到问题的解决方法。本书有别于一般教科书，在内容安排上，上篇结合知识点，通过具体实例，做出提示和点拨，如第二章对出纳现金收付手续的指点、销售收入章节多种情况销售实例的介绍、现金流量表章节对编制方法的制度化和系统化有独特的见解；下编对主要存货明细分类账设置分门别类。在阐述风格上，突出应用型，贯彻“重在实用”的原则，希望起到真正“实务指导”的作用。

本书可作为中、小型企业会计实务工具书，也可作为已考取会计从业资格证书岗前培训用书，还可作为高职、中职毕业生实习参考书，以及为参加初级会计专业技术资格考试《初级会计实务》打好基础。

本书的修订，因为有对会计研究颇有造诣并具有一定实践经验的年轻老师的加入，甚感欣慰。本书在编写过程中，得到了有关专家的大力支持，财政部余秉坚同志曾在百忙中审阅了《实用工业会计》修订前的原稿，并欣然作序，为本书打下良好基础。对其他有助于本书的老师，在此也一并致以衷心的感谢。

由于编者水平有限，错漏之处在所难免，恳请读者批评指正。

2015 年 6 月

序

我应温州市会计学会之邀参加他们组织的一次会计学术活动，有幸读到王存壬先生编写的《实用工业会计》一书。

《实用工业会计》的书名，反映了编者编写此书的宗旨在于“实用”，而且还特别注明是“中小型工厂会计实务操作的指导书”，其意图在于使学习者掌握最基本的操作知识和技能。作为一本中专层次的会计专业教材，读后确实让人感觉一新。

近年来，适应会计准则的实施，有关财务会计（对外报告会计）的教材都做了相应的改编、修订，但人们留下的印象仍然是：会计专业教材的体系多数未脱旧例，各层次学历教育用书差别仍不鲜明。王存壬先生敢于突破窠臼，以一般中小型工业企业会计业务和工作岗位划分为依据，采用例题形式，寓相关知识于操作技能的传授之中，既避免学习者入门就陷入重重抽象概念的云里雾中，又使学习中的知识和技能顺利适应于工作需要。也许《实用工业会计》不一定尽善尽美，但它至少为会计专业教材体系的改革探索了新路。

会计在社会主义市场经济建设和发展中已日显重要，会计在强化管理、提高效益中日益发挥其重要作用。这些的关键在于培养人才，人才成长在于教育，我们希望有更多、更好地适应社会主义市场经济发展需要的会计专业书籍面世。

余秉坚
1997 年元旦

余秉坚：中国会计准则起草领导小组成员，原财政部会计管理司司长，1996 年选为中国会计学会第五届理事会常务副会长。

目　录

上　编

下　编

上　编

绪论　会计核算总说明

提示

本章着重介绍《企业会计准则——应用指南》会计制度与《小企业会计准则》会计科目及某些科目的特殊使用。这是开展会计核算的基础，是会计核算制度的支架。此外，通过第一节学习，明确：(1)哪种企业应执行《企业会计准则——应用指南》会计制度，哪种企业应执行《小企业会计准则》；(2)执行增值税纳税制度，哪种企业可报批一般纳税人，哪种企业是小规模纳税人；(3)哪种企业可以确定为小型微利企业计交所得税，可以享受优惠的税率。

第一节　“三小”企业的界定标准

“三小”企业指的是小企业、小规模纳税人、小型微利企业。

对于小企业的界定，遵循了权威部门历年对小企业做出的“不承担公众责任、不对外筹集资金、经营规模较小”的规定。排除企业集团内的母公司和子公司作为小企业。

2011 年 10 月，财政部发布了《小企业会计准则》，并于 2013

年1月1日起在全国小企业范围内实施。这使得对“三小”企业的界定更显得更为重要。根据国家发改委、财政部等四部委2011年6月发布的对中型、小型和微型企业进行划分的国家标准，根据从业人员数量、营业收入、资产总额等指标并结合行业特点，将中小企业划分为中型、小型、微型三种类型，见图表0—1、图表0—2。

图表0—1　　小型企业划分标准

行　业	划分标准
工业（包括采矿业，制造业，电力，热力，燃气及水生产和供应业）	从业人员20人及以上300人以下，且营业收入300万元及以上2 000万元以下
批发业	从业人员5人及以上20人以下，且营业收入1 000万元及以上5 000万元以下
零售业	从业人员10人及以上50人以下，且营业收入100万元及以上500万元以下
住宿业	从业人员10人及以上100人以下，且营业收入100万元及以上2 000万元以下
租赁和商务服务业	从业人员10人及以上100人以下，且资产总额100万元及以上8 000万元以下

图表0—2　　微型企业划分标准

行　业	划分标准
工业（包括采矿业，制造业，电力，热力，燃气及水生产和供应业）	从业人员20人以下或营业收入300万元以下
批发业	从业人员5人以下或营业收入1 000万元以下
零售业	从业人员10人以下或营业收入100万元以下
住宿业	从业人员10人以下或营业收入100万元以下
租赁和商务服务业	从业人员10人以下或资产总额100万元以下

超过小企业划分标准，即为非小企业，或许是中型企业，或许是大型企业。

不可以将小规模纳税人视为小企业，一般纳税人视为大、中型企业；有的一般纳税人也可能是小企业，这是按照增值税区分一般纳税人和小规模纳税人的标准而定的。小规模纳税人一般是指从事货物生产或提供应税劳务的纳税人，以及以从事货物生产或提供应税劳务为主，兼营货物批发或零售的纳税人，年销售额在50万元以下的；从事货物批发或零售的纳税人，年销售额在80万元以下的。

《中华人民共和国所得税法》规定关于小型微利企业，可减按20%的税率征收企业所得税。小型微利企业的标准根据所得税法实施条例是：

（1）工业企业年度应纳税所得额不超过30万元，从业人数不超过100人，资金总额不超过3 000万元；

（2）其他企业，年度应纳税所得额不超过30万元，从业人数80人，资金总额不超过1 000万元。

“三小”企业的划分，是为开展会计核算必须明确的重要环境。任何一位要到企业担任会计主管人员必须首先对本企业属于哪种类型做出正确的认定。

第二节　会计科目和会计报表总说明

本书的会计科目名称和编号，见图表0—3。

图表0—3　　常用会计科目名称和编号

顺序号	《企业会计准则——应用指南》		顺序号	《小企业会计准则》应用实务	
	编号	名　称		编号	名　称
		一、资产类			一、资产类
1	1001	库存现金	1	1001	库存现金
2	1002	银行存款	2	1002	银行存款
3	1012	其他货币资金	3	1012	其他货币资金
4	1021	结算备用金			

续表

顺序号	《企业会计准则——应用指南》		顺序号	《小企业会计准则》应用实务	
	编号	名　称		编号	名　称
5	1101	交易性金融资产	4	1101	短期投资
6	1121	应收票据	5	1121	应收票据
7	1122	应收账款	6	1122	应收账款
8	1123	预付账款	7	1123	预付账款
9	1131	应收股利	8	1131	应收股利
10	1132	应收利息	9	1132	应收利息
11	1221	其他应收款	10	1221	其他应收款
12	1231	坏账准备			
13	1321	代理业务资产	11	1401	材料采购
14	1401	材料采购	12	1402	在途物资
15	1402	在途物资	13	1403	原材料
16	1403	原材料	14	1404	材料成本差异
17	1404	材料成本差异			
18	1405	库存商品	15	1405	库存商品
19	1406	发出商品			
20	1407	商品进销差价	16	1407	商品进销差价
21	1408	委托加工物资	17	1408	委托加工物资
22	1411	周转材料	18	1411	周转材料
23	1471	存货跌价准备	19	1421	
24	1501	持有至到期投资	20	1501	长期债券投资
25	1502	持有至到期投资减值准备			
26	1511	长期股权投资	21	1511	长期股权投资
27	1512	长期股权投资减值准备			
28	1531	长期应收款			
29	1601	固定资产	22	1601	固定资产
30	1602	累计折旧	23	1602	累计折旧
31	1603	固定资产减值准备			
32	1604	在建工程	24	1604	在建工程
33	1605	工程物资	25	1605	工程物资
34	1606	固定资产清理	26	1606	固定资产清理
35	1701	无形资产	27	1701	无形资产
36	1702	累计摊销	28	1702	累计摊销
37	1703	无形资产减值准备			
38	1711	商誉			

续表

顺序号	《企业会计准则——应用指南》		顺序号	《小企业会计准则》应用实务	
	编号	名　称		编号	名　称
39	1801	长期待摊费用	29	1801	长期待摊费用
40	1811	递延所得税资产			
41	1901	待处理财产损溢	30	1901	待处理财产损溢
		二、负债类			二、负债类
42	2001	短期借款	31	2001	短期借款
43	2201	应付票据	32	2201	应付票据
44	2202	应付账款	33	2202	应付账款
45	2203	预收账款	34	2203	预收账款
50	2241	其他应付款	39	2241	其他应付款
51	2314	代理业务负债	40	2401	递延收益
52	2501	长期借款	41	2501	长期借款
53	2502	应付债券			
54	2701	长期应付款	42	2701	长期应付款
55	2702	未确认融资费用			
56	2711	专项应付款			
57	2801	预计负债			
58	2901	递延所得税负债			
		三、所有者权益类			三、所有者权益类
59	4001	实收资本(或股本)	43	3001	实收资本(或股本)
60	4002	资本公积	44	3002	资本公积
61	4101	盈余公积	45	3101	盈余公积
62	4103	本年利润	46	3103	本年利润
63	4104	利润分配	47	3104	利润分配
	4201	库存股			
		四、成本类			四、成本类
64	5001	生产成本	48	4001	生产成本
65	5101	制造费用	49	4101	制造费用
66	5201	劳务成本			
67	5301	研发支出	50	4301	研发支出

续表

顺序号	《企业会计准则——应用指南》		顺序号	《小企业会计准则》应用实务	
	编号	名　称		编号	名　称
		五、损益类			五、损益类
68	6001	主营业务收入			主营业务收入
69	6051	其他业务收入	51	5001	其他业务收入
73	6401	主营业务成本	55	5401	主营业务成本
74	6403	营业税金及附加	56	5403	营业税金及附加
75	6402	其他业务成本	57	5402	其他业务成本
76	6601	销售费用	58	5601	销售费用
77	6602	管理费用	59	5602	管理费用
78	6603	财务费用	60	5603	财务费用
79	6701	资产减值损失			
80	6711	营业外支出	61	5711	营业外支出
81	6801	所得税费用	62	5801	所得税费用
82	6901	以前年度损益调整			

有关事项说明如下：

1. 企业应按本制度的规定，设置和使用会计科目。在不影响会计核算确认、计量和报告规定的前提下，可以根据实际情况自行增设、分拆合并某些会计科目。

企业在填制会计凭证、登记账簿时不应当只填科目编号，不填科目名称。应当填列会计科目的名称，或者同时填列会计科目的名称和编号。

2.《企业会计准则——应用指南》会计科目，涵盖了所有企业的各类交易或事项。本书表列的会计科目，受编书宗旨的限制，侧重于工业、商品流通企业区分中、小企业主要业务核算的常用科目。对于不常见的外币业务，生物资产等其他业务未予列入。企业根据实际需要，对下列会计科目使用时，可作必要的调整：

(1)企业内部各部门周转使用的备用金，可以单独设置“备用金”科目核算。

(2)为销售商品提供劳务等采用递延方式，根据合同或协议收取价款，实质上具有融资性质的，不在“应收账款”科目核算，而应该在“长期应收款”科目核算。

(3)“周转材料”科目，可以下设“包装物”“低值易耗品”二级科目进行有关核算，也可以单独设置“包装物”“低值易耗品”科目进行核算。

(4)根据需要，企业可以不设置“材料成本差异”科目，而在“原材料”“周转材料”等科目内分别设置“成本差异”明细科目。

(5)预收、预付账款不多的企业，可以不设“预收账款”“预付账款”科目，将预收、预付账款在“应收账款”“应付账款”科目核算。

(6)企业进行在建工程预付的工程价款，也可在“预付账款”科目核算。

(7)从一个车间转给另一个车间继续加工的自制半成品成本，应在“生产成本”科目核算，不通过“自制半成品”科目核算。

(8)产成品种类较多采用计划成本进行产成品日常核算的企业，可以增设“1244产品成本差异”科目。

(9)商品流通企业可不单独设置“管理费用”科目，其核算内容并入“销售费用”科目。

(10)“代理业务负债”科目，核算企业不承担风险的代理业务收到的款项，包括受托投资资金、受托贷款资金等。企业采用手续费方式收到的代销商品款，可将本科目改为“2314 受托代销商品款”。

(11)采用手续费方式委托代销商品，也可以单独设置“1409 委托代销商品”。

(12)采用收取手续费方式受托代销商品，可将“代理业务资产”科目改为“受托代销商品”。

3. 必须辨别《企业会计准则——应用指南》与《小企业会计准则》应用实务设计会计科目的区别，前者有，后者无，后者有，前者无，以及两者类似的会计科目不要混淆不清。

4．本书对存货、对外投资、固定资产、无形资产的提取跌价准备减值准备会计核算均在本书下编有关章节中另行阐述，教学或阅读时，应予注意。

《小企业会计准则》与《企业会计准则——应用指南》有很多相同之处，但小企业会计核算，在确认、计量、报告上不能认为与《企业会计准则——应用指南》差不多，它们在某些方面还有许多的差别。

(1)《小企业会计准则》对于资产的减值损失，均不作预提。包括“坏账准备”“短期投资跌价准备”“存货跌价准备”“长期债券投资减值准备”“长期股权投资减值准备”“固定资产减值准备”“无形资产减值准备”的预提。

(2)《小企业会计准则》应用实务未见“劳务成本”科目，如发生有关劳务经济业务事项时，可增设“劳务成本”科目，编号为4002。

(3)小企业发生的交易或者事项本准则未作规范的，参照《企业会计准则及应用指南》相关规范进行处理。

总而言之，全部会计科目如何正确使用，将是本书所要阐述的主要内容，既需要财会人员认真学习，某些方面也要依靠领导的重视与支持，为财会人员创造必要的工作环境。全书所用科目除商品流通企业特别注明外，对于小企业会计核算的不同之处，将在本书后面逐章介绍。

本书提到的小企业，指的是执行《小企业会计准则》应用实务的企业，非小企业指的是执行《企业会计准则——应用指南》及具体准则的企业。

第一章　会计工作相关基本规章制度

提示

会计工作相关的基本规章制度，具有很强的实用性，是会计人员上岗必须具备的客观知识条件，是开展会计工作应有基础配套制度。

如果你准备担任会计工作，本章告诉你应怎样去接任会计工作，应选择什么日期移交，应办理怎样的移交手续。

如果你从事了会计工作，本章告诉你企业中应有哪些制度与即将开展的会计工作相配合。

会计从业人员不能轻视增值税发票制度。

第一节　建立会计相关制度的必要性

开展会计工作必须建立相应配套的有关规章制度，创造应有的良好工作环境，这是做好会计工作的关键，也是会计人员上岗后的必要条件。不能设想在没有这些基本配套制度的企业中做会计工作，会做出成绩，相反会很有可能带来工作的混乱。很多上岗之初的会计人员对此不知所措。应配套的规章制度很多，哪些是开展会计工作基本的配套规章制度呢？首先是做好会计工作的移交；其次是围绕正常会计核算建立必要的钱、物管理制度，这对新办企业和制度不健全单位来说特别重要；随着税制的改革，增值税的原始凭证——专用发票的填写与打印，规定得比较详细，税务部门要求特别严格，做不好，会给企业会计工作带来很多不必要的麻烦，必须加以规范。只有把这些基本规章制度贯彻好，连同税务、银行等相关规定一并加以认真执行，才能使会计工作得以顺利地开展。

第二节　会计工作交接制度

新会计人员上岗，如果是在刚创办的企业，当然没有移接交工作；如果是老企业，必须办好新、老会计人员的交接手续。未办理交接手续前，原会计人员不得离职，新会计人员不能上任。如果移交工作比较复杂、工作量大，原会计人员提出要求，新会计人员在不承担责任的前提下，可以帮助原会计人员进行有关资料的整理、核对与抄写等事务性工作。移交时，首先要确定移交日期，一般以某年、某月的末日，与会计核算期间的期末衔接适应，以利移交时的科目余额与有关账簿、报表相一致；其次会计主管人员移交，截至移接交日期止，要编制资产负债表与利润表，并附明细账各科目的余额表与账实、账账是否相符的情况。具体操作时，根据财政部1996年颁发的《会计基础工作规范》有关规定，应做到以下几点：

1. 按时抓紧移接交。

会计人员离职前，必须将本人所经管的会计工作，在规定的期限内，全部移交清楚。接替人员应认真接管移交的工作，及时建立工作程序。移交后，如发现原经管的会计业务有违犯财经纪律问题，仍由原移交人负责。

2. 会计人员办理移交手续前，必须做好以下工作。

(1)已经受理的经济业务尚未填制会计凭证的，应填制完毕。

(2)尚未登记的账目，应登记完毕，并在最后一笔余额后加盖印章。

(3)整理应该移交的各项资料，对未了事项要写出书面材料。

(4)编制移交清册，列明应该移交的会计凭证、会计账簿、财务会计报告、有价证券、支票簿、发票、文件资料及其他会计资料和物品的内容。实行会计电算化单位，从事该项工作的移交人员还应当在移交清册中列明会计软件及密码、会计软件数据磁盘(磁带等)及有关资料、实物等内容。

3. 会计人员办理交接手续，必须有监交人负责监交。

一般会计人员交接，由会计主管人员监交；会计主管人员交接，由单位领导人监交，必要时上级主管部门派人会同监交。

4. 移交人员要按照移交清册，逐项移交；接替人员要逐项核对点收。

(1)出纳移交，要对现金、有价证券要根据账簿余额进行点交。库存现金、有价证券必须与账簿余额一致；不一致时，移交人要在规定期限内负责查清处理。有价证券现值可能与发行价不一致，也应对数量(张数)按照有关账表记录移交清楚。

(2)会计凭证、账簿、财务会计报告和其他会计资料必须完整无缺，不得遗漏；如有短缺，要查清原因，并在移交清册中注明，由移交人负责。银行存款科目余额要与银行对账单核对相符。各种财产物资和债权债务的明细科目余额，要与总账有关科目的余额核对相符；必要时，要抽查个别科目的余额，与实物核对相符，或与往来单位、个人核对相符。

(3)移交人经管的公章和其他实物，也必须交接清楚。

5. 会计主管人员移交时，要将全部财务会计工作、重大的财务收支和会计人员的情况等，向接替人员详细介绍。对需要移交的遗留问题，应写出书面材料。

6. 交接完毕后，交接双方和监交人要在移交清册上签名或盖章。

移交清册应注明单位名称、交接日期、交接双方和监交人员的职务和姓名、移交清册页数以及需要说明的问题和意见等，交接双方及鉴交人要签章。移交清册一般应填制一式三份，交接双方各执一份，存档一份。

7. 年度内，接替的会计人员应该继续使用移交的账簿，不得自行另立新账，以保持会计记录的连续性。

8. 会计人员临时离职或因病不能到职工作的，会计主管人员或单位领导必须指定人员接替或代理。

9. 单位撤销时，必须留有必要的会计人员，办理清理工作，编制决算，未移交前，不得离职。接收单位和移交日期由上级主管部门确定。

10. 合并单位的会计交接手续，比照上述规定办理。

在交接中工作量最大的莫过于历年经管的会计账册、凭证、财务会计报告，根据会计档案管理办法的规定，会计档案按规定进行立案后，暂由本单位财会部门保管一年，期满之后原则上移交给本单位的档案部门（一般归属单位文秘办公室）统一保管。因此，新会计就不能再将这部分的账、证、表接过来，而只要将移给档案部门保管的有关清册加以接管便可。对近期尚未整理立卷的账、证、表，应装订成册，编造清册，列明时期归属、不同类别册、本数，进行移交。

在移交中有的会计人员会提出存放多年的会计凭证、账册、财务会计报告的销毁问题，应根据“企业会计和其他组织会计档案保管期限表”，见图表1－1，由财会部门和档案部门共同鉴定，对保管年限已满，确无保存价值，编制会计档案销毁清册，列明销毁账、证、表名称、卷号、册数、起止年度和档案编号，由单位领导签署意见，共同监销。主管部门销毁会计档案时，应有同级财政部门和审计部门派员参加监销。

图表 1—1 企业会计和其他组织(不含财政税收行政事业单位)会计档案保管期限表

顺序号	档案名称	保管期限	备注
	一、会计凭证类		
1	原始凭证、记账凭证和汇总凭证	15	
2	银行存款余额调节表	5	
3	银行对账单	5	
	二、会计账簿类		
4	总账	15	包括日记总账
5	明细账	15	
6	日记账	15	
	其中:现金和银行存款日记账	25	
7	固定资产卡片		固定资产报废清理后保存 5 年
8	辅助账簿	15	包括各级主管部门汇总财务报告
	三、财务报告类		
9	月、季度财务报告	3	包括文字分析
10	年度财务报告(决算)	永久	包括文字分析
	四、其他类		
11	会计移交清册	15 年	
12	会计档案保管清册	永久	
13	会计档案销毁清册	永久	

移交手续包括主办会计、一般会计人员、出纳的移交。移交时根据分工不同有所不同,如果企业合并,全部工作要移接交;只是某个人调换,应根据岗位分工对所负责工作进行移接交,如会计调动、出纳不变,那么出纳保管的现金与有价证券等就不必一一盘点移交。因为出纳没有调动,对本身的工作范围事项可以继续负责。

在移交中,有关人员必须认真负责,这是明确责任的问题。移交了以后,除发现贪污舞弊和某些问题在移交时未明朗外,属于移交前会计资料的真实性与合法性问题,移交人不能推卸责任;属于正常工作中的问题,接收人应主动负起责任,进行处理。

1984年财政部、国家档案局及主管部门曾对涉及外事和对私改造的会计凭证、账簿、土地征用及重大固定资产买卖单据、企业职工工资名册、交通肇事、工伤事故的处理单据，作过抽出永久保存的规定。现虽未对这些凭证作具体规定，但应单独抽出列卷交企业档案室妥善保管为宜。

对保管期限虽到的未了债权债务凭证，但应单独抽出列卷，保管到完结时为止。正在建设期间的建设单位，其保管期满的会计档案不得销毁。

第三节　钱物基本管理制度

钱与物是会计核算的基本对象，没有钱物基本管理制度，必然带来会计工作的混乱，要做好会计工作是不可能的。所以企业要制订钱、物基本管理制度，这是开展会计核算、建立基本会计工作秩序的基础。

一、制定钱、物基本管理制度的原则

钱、物管理制度，每个单位根据本身的实际具体情况，因地制宜地制定不同的规章制度。总体来说，应遵循下列原则。

(1)贯彻钱、物保管责任制，任何财产不能无人负责，是谁的责任，谁就应完全负责。

(2)相互牵制、相互制约，手续要清楚。

(3)财产和现金的收入、付出要有凭有据。

(4)内部移库调拨、移出与移进的两部门记账要使用编号相同、复写相同、联数不同的凭证编制记账凭证。

(5)实物“出门”要有手续。

归纳起来，就是：加强管理，健全制度，落实责任，堵塞漏洞。

二、钱物基本管理制度的内容

1. 企业货币资金有关“钱”的制度的建立，重点在于出纳环节

出纳是企业现金收、付、存的责任者和银行存款存入、支付、结算手续的办理者。同时还对货币资金负责账簿的登记与核对。现金内部控制与出纳业务手续制度详见第二章第一节。

2. 物资采购与保管制度

企业应配备专职商品及材料采购员，自用物品应由总务人员采购。具有审核、批准开支职权的人员，不能经办企业商品材料及自用物品的采购。所有采购来的物资必须建立保管验收制度。实物保管员，应坚持无单不收货，无单不发货，坚持凭单登记实物保管账，做到账实相符。具体应建立以下制度：

(1)购买生产用材料工具，由车间提出，厂长审查同意，交采购员采购。非生产用物品，购买前要先提出，经领导、财会负责人集体商量同意，填制清单，方可购买。报销时应由领用人签字，并在领用保管卡上签字。流通企业的商品采购，由销售部门填要货清单，经领导审查同意，通知财会部门安排资金后，交采购员采购。

(2)采购物资运到，应由经手人或其他指定人员填制“入库凭证”，见图表1—2，送物资仓库由保管员验收入库签章。“入库凭证”存根联应由制单人员统一保管，其中一联交保管员作为登记实物保管账的依据，另一联由采购员连同购货发票，送财会部门进行货款结算。

(3)各种半成品、配制品、产成品，在车间工序完工，经质量验收员验收合格，做出标志后，由该车间填制“入库凭证”送仓库经保管员验收签章入库。“入库凭证”存根联，由填单车间保留，其中一联保管员作为登记实物保管账的依据，另一联由保管员统一收存定期交财会部门入账。后一道工序车间，需直接向前一道工序车间领取已完工配制品、半成品的，双方车间都应到保管仓库，由工

图表 1—2　　　　入库凭证

入库日期：　　年　月　日　　　　NO.

货物来源单位					物品分类							
物品名称	规格	单位	数量	单价	金额							备注
					十	万	千	百	十	元	角	分	
合计（大写）												￥

(一)存根　(二)会计记账　(三)保管员存查登账

仓库主管：　　送交入库经手人：　　保管：　　制证：

序完工车间填“入库凭证”，由领用车间填“领用单”，同时向保管员办理入库与领用手续。

(4)工厂一切材料的领用，应由车间领料员填“领料单”，注明用途，经车间主任签字同意，向材料仓库领取。“领料单”存根联由领料车间留存，其中一联交保管员作为登记实物保管账，另一联由保管员统一收存定期交财会部门入账。零星材料的领用可用领料卡，逐笔登记在卡片上，卡存仓库保管员处，领用人在卡上签字，逐月统计领用数量开出“领料单”。

(5)实物仓库应建立定期盘点制度，库存商品、在产品要月月盘点，数量特多的或抽查盘点。材料、包装物每季度至少盘点一次，固定资产每年至少盘点一次，对盘盈盘亏实物，要填单处理，及时入账，保证账实相符。

(6)一切实物存货的出门，要凭实物“出门单”，见图表 1—3，经门卫人员检点品名、数量，方可出门。“出门单”一式二联，第一联存根；第二联交持单出门客户，出门时交给门卫对照实物，填明出门日期与时间后收存备查。如无实物“出门单”等证明允许出门的凭证，一律不准出门。实物出门后，在“出门单”上由门卫人员加盖“实物已出门”印章。

(7)商品零售企业应确定售货收款方式，是开单收款售货，还是一手交钱一手交货售货，从而确定商品与货款管理制度。

图表1—3　　　　　　　　　　**出门单**

制单日期：　　年　月　日　　　　　　出门日期与时间：　月　日　时　分

出厂实物名称	计量单位	数量	出门原因	指定持单出门单位(人)	持单人委托运输单位(人)名称(此栏持单人书写)

加盖实物已出门印章处：　　　　　　持单人签名：　　　　　　开单人：

在贯彻落实钱、物基本管理制度中，首先，要求领导将制度有关规定的各项工作落实到人，如“实物入库单”“领料单”“实物出门单”“增值税销售发票”的填制，实物保管账建立等；然后，召开有关人员会议，研究协调凭证的传递程序，填制方法，进行讨论统一落实，才不致在执行中发生障碍流于形式。

第四节　加强对增值税发票的认识

经税务部门认可，实行增值税的企业商品购销业务必须取得或开具增值税发票。这不是企业为会计人员创造必要的工作环境，而是国家税务总局所创造的大环境，有利于保证会计信息的真实性，防止偷盗国家税款行为的发生，会计人员对下列问题必须有清楚的认识。

一、填制增值税发票的企业

工业企业(包括修理、修配、电力、热电、供应)、流通企业(不包括房地产等不动产的出售、机动车零售业务和无形资产的转让)以及营改增企业是征收增值税的纳税义务人。其营业收入原则上都要开增值税发票。增值税的纳税人根据销售额大小及其他条件分为一般纳税人和小规模纳税人两种。小规模纳税人销售货物、提供应税劳务和应税服务，开具增值税普通发票；一般纳税人在销售货物、提供应税劳务和应税服务时，都要开具增值税专用发票、货物运输业增值税专用发票和增值税普通发票。

二、增值税发票是企业重要的会计原始凭证

增值税发票的设计与使用从一开始就是由国家税务总局直接设计与策划的。多年来不断总结与吸收国内外经验教训，不断改进"升级"，在式样防伪控制上更加深化，在填制手续上废除手工操作，采用防伪税控系统电脑版开票，不断改进精炼，在系统控制互联互动上更加紧密。总而言之，形成了完整科学的填制开票系统。

三、填制增值税发票实行"三专"制度

所谓"三专"制度，是指：

(1)要有专人负责；

(2)要有专用设备；

(3)要有专业知识。

开具增值税发票人员不属于会计工作岗位，而是属于企业经济核算体系中的业务核算人员，一般都要经过税务部门特殊培训，由其统一指挥操作，严禁脱轨。

在硬件使用方面，专机专用，不得在电脑上玩游戏、上网，开票人员必须设置密码，不得让其他人员进入开票系统。但增值税发票的作废、销售退回、销售折让、取得税控抵扣联的认证、报缴增值税等又与会计工作发生密切的关系，因此，会计人员对这些技术性操作必须知晓。

本书讲述会计实务的许多篇章，多处涉及增值税发票，必须在开始学习时对增值税有初步的了解。

四、认识增值税

（一）增值税专用发票（防伪税控电脑版）

图表 1—4

××省增值税专用发票

3300134140　　　　国家税务总局监制　　　　№ 20913432

发票联

开票日期：××年××月××日

购货单位	名　　称：××××有限公司 纳税人识别号：331502X18181818 地 址 、电 话：北京东三环路188号，01082828282 开户行及账号：交通银行北京分行，1005082838			密码区	＊－＊5436＊6＋76＞ 22126690/073-68-＜9－/＋ 51725998796＞2017＜226＜- 13--	加密版本：01 1100082142 60972924	
货物或应税劳务名称	规格型号	单位	数量	单价	金额	税率	税额
×××	优等品	件	300	42.735	12 820.51	17%	2 179.49
合　计					￥12 820.51		￥2 179.49
价税合计（大写）	壹万伍仟元整				（小写）￥15 000.00		
销货单位	名　　称：××××有限公司 纳税人识别号：4401100112345670 地 址 、电 话：北京中关村南大街24号，01083571712 开户行及账号：交通银行北京分行，1005064523			备注	北京达宏纺织用品有限公司 4401100112345670 发票专用章		

收款人：　　　复核：　　　开票人：　　　销货单位：（章）

国税函（2008）562号海南华森实业公司

增值税专用发票一式三联：第一联是记账联，销货方记账凭证；第二联是发票联，购货方记账凭证；第三联是购货方抵扣联。

（二）营改增企业增值税专用发票

图表 1－5

货物运输业增值税专用发票

3300124730　　　　　　　　　　　　　　　　№ 02885571

发票联

开票日期：2014 年 12 月 23 日

承运人及 纳税人识别号	浙江××物流公司 ××××××××			密码码	由控制方传入在电脑屏幕上显示		
实际受票方及 纳税人识别号	瑞安市××针织公司 ××××××××						
收货人及 纳税人识别号	瑞安市××针织公司 ××××××××			发货人及 纳税人识别号	诸暨市××色纺有限公司 ××××××××		
起运地、经由、到达地	诸暨——瑞安						
费用项目 及金额	费用项目　　金额 轻纺原料　　45 045.05			运输货物 信息			
合计金额	¥45 045.05	税率	11%	税额	¥4 954.95	机器编号	××××
价税合计（大写）	伍万元整						（小写）¥50 000.00
车种车号		车船吨位		备注			
主管税务机关 及代码	诸暨市国家税务总局税源管理二科 ×××××××××						

收款人：　　　　复核人：　　　　开票人：　　　　承运人：（章）

（三）增值税普通发票

图表 1—6

××省增值税普通发票

330142620　　　　　　　　　　　　　　　　　　　№ 0449128

全国统一发票监制章　国家税务总局监制

发票联

开票日期：××年××月××日

国税函（2008）562号海南华森实业公司

购货单位	名　　称：××××有限公司 纳税人识别号：331502X18181818 地 址 、电 话：北京东三环路 188 号，01082828282 开户行及账号：交通银行北京分行，1005082838			密码区	＊ － ＊ 5436 ＊ 6 ＋ 76 ＞ 22126690/073－68－＜9－/＋ 51725998796＞2017＜226＜－ 13－		加密版本：01 1100082142 60972924
货物或应税劳务名称	规格型号	单位	数量	单价	金额	税率	税额
  合　计						17% 或 3%	
价税合计（大写）					（小写）¥		
销货单位	名　　称：××××有限公司 纳税人识别号：4401100112345670 地 址 、电 话：北京中关村南大街 24 号，01083571712 开户行及账号：交通银行北京分行，1005064523			备注	北京达宏纺织用品有限公司 4401100112345670 发票专用章		

第三联：发票联购货方记账凭证

收款人：　　　　复核：　　　　开票人：　　　　销货单位：（章）

（四）增值税原理

1994年我国推进增值税企业实行增值税，2009年又对增值税进行了改革，从原来生产型增值税过渡到消费型增值税，并对购入设备的固定资产的进项税额也可以抵扣销项税额的缴交。

增值税不是直接根据商品销售额乘以增值税率来计税，而是通过商品交易作价中所付的货款分成货价和增值税额两个部分。例如，整体商品交易价款为 1 元，增值税率 17%（0.17），那么，该交易商品的货价＝1÷（1＋0.17）＝0.854 7元，增值税额＝货价×增值税率＝0.854 7×0.17＝0.145 3元；货价（0.854 7）＋税额（0.145 3）＝1 元。了解这一点非常重要，对于增值税的基本原理才能深刻领会。凡是购进货物的增值税，称之为“增值税——进项税额”；销售货物的增值税，称之为“增值税——销项税额”；企业应缴纳的增值税＝销项税额－进项税额。

再如，甲企业购入 300 件商品，支付全部货款10 000元，收到的增值税专用发票根据公式计算：货价＝10 000÷1.17＝8 547.01元；进项税额＝8 547.01×0.17＝1 452.99元。企业将该项商品出售得款15 000元，开出的增值税专用发票根据公式计算：货价＝15 000÷(1＋0.17)＝12 820.51元；销项税额＝12 820.51×0.17＝2 179.49元。甲企业该商品应缴纳增值税＝2 179.49－1 452.99＝726.50元。

企业应缴纳的增值税的计算也可以理解为进、销增值税发票上的货价差额（进销毛利）乘以增值税率。以上例数据，即(12 820.51－8 547.01)×0.17＝726.50元。

增值税的基本税率一般企业为 17％，对销售或者进口粮食、食用植物油、图书、自来水、民用煤炭制品等 13 种特殊商品，实行13％的低税率。

现有营改增企业的增值税税率一般均低于“低税率”。

❊ **小规模纳税人采用简易征收制，商品销售开具增值税普通发票，进项税额不予抵扣，征收率 3%。**

小规模纳税人销售收到货款，进行价税分离，即销售额÷(1＋3％)＝货价，货价×3％＝应交增值税，本期“应交增值税”明细科目的贷方余额，即作为缴交增值税的依据。

五、增值税专用发票价税分离的计算

增值税的基本税率是 17％，发票中的单价是不含税的单价，这样，数量×单价才会等于货价。为避免由于单价小数点以后有效位数的误差，相乘时尾数会差几分，所以要求含税单价除以1.17的小数点以后至少要保留四位。计算货价与税款的具体操作，一般利用计算器进行，将收取全部得款除以1.17计算出的商，取小数点以后两位，即到分为止，写在发票的货价金额栏，接着，对计算器不要清零，立即乘以0.17出现的积，同样取小数点以后两位，写在

发票的税额金额栏，这样，货价加税额就会完全等于收到的价款，不会相差一分。

如果营改增企业的税率是 x，出售商品得到的全部价款除以(1＋x)的商是货价金额，货价乘以 x 是税款金额，货价金额＋税款金额＝全部营业得款。余此类同。采用电脑版操作，增值税价税会自动分离，不用人工计算。

六、填制增值税发票应注意事项

(1)填制增值税发票必须在“金额”“税额”栏小写合计数前用“￥”符号封顶，在“价税合计”栏大写合计数前用“⊗”符号封顶。

(2)增值税发票，购销双方单位名称必须详细填制(加盖)，不得用简称，如果单位名字较长，可在“名称”栏分上下两行填制(加盖)，必要时可超出该栏的上下线。

(3)增值税发票开好后，要检查发票上应填的项目，有无漏填，以免在抵扣认证过程中带来麻烦。

第二章　货币资金和非商品交易暂付款的核算

提示

这是介绍企业货币资金核算的一章,也是指导出纳工作的一章。

什么是货币资金,其他货币资金又是什么?企业的现金可以随便使用吗?企业为什么要在银行开设基本存款账户?什么是非现金结算?它有哪些种类?每种的适用条件与使用规定如何?

在本章学习中,你必须弄清这些问题。

第一节　现金收付业务

一、现金的概念

现金是指企业可以随时动用的款项。现金的概念有广义和狭义之分。广义的现金在我国习惯上称货币资金,包括库存现金、银行存款和其他货币资金。狭义的现金是指企业库存现金。企业不可缺少现金,但又不能存过多的现金。财会人员应按业务需要组织收支，符合制度规定，正确及时核算收付和结存情况，做到账账、账实相符，确保货币资金的安全。

二、库存现金的核算

企业对于现金收付业务必须按照国务院发布的《现金管理暂行条例》的有关规定办理。

（一）现金管理一般规定的主要内容

1. 现金的使用范围

（1）支付职工工资、奖金、津贴、福利费以及按规定支付给个人的其他支出。

（2）支付各种社会保险和社会救济费，如退职、退休金，抚恤金，丧葬补助费等。

（3）个人劳务报酬支出。

（4）根据国家规定颁发给个人的科学技术、文化艺术、体育等各种奖金。

（5）向个人（个体户）收购农副产品和其他物资支付的收购款项。

（6）出差人员必须随身携带的零星支出。

（7）支付转账结算起点（1 000 元）以下的零星支出。

（8）中国人民银行确定需要支付现金的其他支出。

企业与外部各单位之间的来往除以上规定范围可以支付现金外，原则上都必须通过银行办理结算。出纳不能一见已经批付的凭证就一律付出现金。

2. 根据业务需要核定库存现金限额

一般企业出纳的零星用途备用现金，按照该企业 3～5 天日常零星开支所需现金确定。交通不发达、离银行信用社较远的企业可以适当增加，多于 5 天、最长不得超过 15 天。出纳现金保存量过多会导致各种问题。例如，有的人带回家中，时间久了私下借给别人，收取利息，等同于挪用公款，3 个月以上便构成违法犯罪；有的人放在单位保险箱里，结果被盗，酿成大祸等。

3. 建立现金的内部控制制度

企业应配备专职出纳，负责现金、银行存款和其他有价证券的收入、付出、保管和登账工作。出纳不得由会计人员兼任，不得同一人长期从事出纳工作。

互相牵制、明确责任。出纳人员不能兼任物资采购人员和商品出售人员以及物资商品的保管人员，也不能兼登费用收入、支出、债权债务的账簿。同时，现金出纳人员不能兼任稽核及会计档案保管工作。

作为与银行办理结算的财务专用章，单位会计主管、出纳的印鉴，应分开保管，不能由一人保存使用。

建立现金清查盘点制度，做到日清月结。其他有价证券也应会同会计建立定期清点制度，有变动即应当日清点；无变动每年不少于两次。

（二）现金出纳业务的手续制度

非营业现金收入要开具“收款收据”，见图表2—1。其中，“收据联”由交款人收执。必须指出，“收款收据”的领用、保管、存档要严加管控。商品销售应指定专人开具专用发票，可凭发票的“收款联”，将货款集中送存银行。

图表2—1　　××单位收款收据

收款日期：　年　月　日　　　　NO.

交款单位（个人）		使用说明
交款项目		只准用于款项来往，不准代替发票使用。
金额（大写）		¥________

①②③ 存收记 根据账

财务：　　　　出纳：　　　　单位印章：

收付现金后，必须在现金收付的原始凭证上加盖“现金收讫”

或“现金付讫”章，以及出纳人员的印章。及时登记现金日记账。超出现金库存限额的现金，要及时送存银行。

每日业务终了，应结出现金日记账余额，同实存现金进行核对，做到账、证、款三相符，如有不符立即报告反映，会同会计查明原因，按规定处理。

（三）支付现金的原始凭证的审批

出纳不能未经审查批付，直接付款。出纳接到付款凭证后要区别不同情况要求，履行下列审批手续。

（1）领款凭证见图表2—2，属于暂付、暂领的，经会计审查，在领导授权的金额内，由会计审批支付；超出授权金额，由会计签上“请领导审付”字样，经审批后再支付。

图表2—2　　领（付）款凭证（不作为费用支出单据）

领款日期：　　年　月　日

领款人：＿＿＿＿＿＿＿＿　核准人：＿＿＿＿＿＿＿＿＿＿＿＿＿＿＿＿

领款金额（大写）：＿＿＿＿＿＿＿＿　￥＿＿＿＿＿＿＿＿＿＿＿＿＿＿＿

用　　途：＿＿＿＿＿＿＿＿＿＿＿＿＿＿＿＿＿＿＿＿＿＿＿＿＿＿＿＿

审付人（签章）：　　领款人科室负责人（签章）：　　领款人（签章）：

（2）根据规定手续实物购进单据（发票），属于材料、商品或其他实物的，办理入库手续后，取回财会“记账联”，连同发票，经领导或其他业务主管审付签字，进行货款结算。购买实物的非正规单据报销，应严格控制在无法取得发票的小额范围内，如到个体户小店购买小件用品等。

（3）实物购进直接由车间、科室等使用人领用，由领用人办理领用手续签字后，实物保管卡附在实物购进单据后，采购员在购进原始凭证空白处或背面签上“经手人：××”，并根据权限送交会计转或不转交领导办理审付手续。出纳根据审批的凭证，供货单位在银行开户的，开转账支票付给。

（4）费用支出的报销单据，应是具有合法的原始凭证，内容真实、完整，计算正确，支出标准符合制度规定、合情合理。尽量避免报销离业务发生时间太久，审查困难的情况。例如，旅差费报销，由出差人员填“差旅费报销单”，见图表 2—3，原始差旅费单据，贴附在“报销单”的反面，由出差人员签字后，送会计审核，严格控制没有特殊情况经领导批准的航空飞机票、高级宾馆住宿费等高级消费单据的报销。若费用一切均属正常，会计签上“已审无误”字样。小额由领导授权直接交给出纳，其余送分管财会领导审批后交给出纳。原先已有借款的，报销金额大于或小于原先借款金额，应进行现金找补结清。同时，出纳对报销单据应开出“收款收据”，作为借款金额收回。报销单据作为现金支出凭证单据，不能退还原借款单据。

图表 2—3　　差旅费报销单

报销日期：　　年　　月　　日

<table>
<tr><td>出差地点</td><td>事　由</td><td>起讫日期</td><td rowspan="7">今向　　　　领到：
车船费　　　元(附单据　　张)
住宿费　　　元(附单据　　张)
住勤费　　　元(附单据　　张)

在　途
补　贴　　　元(附单据　　张)
合计人民币(大写)：__________
¥______________
具领人(签名盖章)：</td></tr>
<tr><td></td><td></td><td></td></tr>
<tr><td></td><td></td><td></td></tr>
<tr><td></td><td></td><td></td></tr>
<tr><td></td><td></td><td></td></tr>
<tr><td></td><td></td><td></td></tr>
<tr><td>审付领导：
(签字)</td><td>会计：</td><td>出纳：</td></tr>
</table>

其他类似报销的费用单据，经手人在单据上签字后都应履行上述审核批付，出纳方可付款入账。

（四）货币资金、有价证券收支报表

出纳进行现金收付后，每日或每 10 日、机构较小的可每月编制“货币资金、有价证券收支报表”，见图表 2—4。该表的填制方法是：如每日编一张，期初结存为前日结存，本期共收和本期共付等于本日共收与本日共付，期末结存就是本日最后终止收付时的结存；如每旬编一张，期初结存为前一旬的期末结存，本期共收、

图表 2—4

货币资金、有价证券收支报表

所属时期：　　年　月　日至　日　　　　编号：

第二联报会计审核
第一联出纳存查

项目	单据张数	期初结存									本期共收									本期共付									期末结存									备注
		百	十	万	千	百	十	元	角	分	百	十	万	千	百	十	元	角	分	百	十	万	千	百	十	元	角	分	百	十	万	千	百	十	元	角	分	
库存现金																																						
银行存款																																						
有价证券票面额																																						
有价证券购进价																																						
其中，国库券票面额																																						

财会主管：　　　　复核接收单据人：　　　　出纳：

共付等于本旬共收、共付，期末等于本旬最后一天终止收付时的结存。它的平衡公式为：

期初结存＋本期共收－本期共付＝期末结存

出纳填好本表，附上收付款单据送给会计，会计重新对收付凭证进行一次审核、加计金额，无误后，接收收付凭证、填制记账凭证，会计应在该收支报表下复核接收单据处签名，表示负责。

（五）库存现金的核算

库存现金的收付，通过“库存现金”科目核算。“库存现金”是资产科目，借方登记收入，贷方登记支出，余额在借方。

【例 2—1】 某厂 201×年 1 月份发生下列经济业务：

(1)1 日，出纳到开户银行领取备用现金 10 000 元。

借：库存现金　　10 000

　　贷：银行存款——开户银行名称　　10 000

(2)会计人员购入账册、凭证、大头针、墨水，根据几张发票合计 450 元。

借：管理费用——办公费　　450

　　贷：库存现金　　450

(3)15 日，零星销售商品，根据发票记账联计收款金额 8 400 元。

借：库存现金　　8 400

　　贷：主营业务收入　　7 179.49

(8 400÷1.17)

　　　应交税费——增值税——销项税额

1 220.51

(4)18 日，生产车间购买螺丝刀 10 把，计 240 元，当即由车间领用，根据普通发票经手领用人签字，会计审核。

借：制造费用　　240

　　贷：库存现金　　240

(六)现金发生长短款的处理

出纳在日常现金盘点中,由于各种原因发生长短款,不管长短款数额多少,应立即报告,填列“现金长、短款报告单”,见图表2—5。“现金长、短款报告单”一式三联:第一联存根,第二联、第三联报会计。该单据反映现金长短款情况,要求帮助查找原因,及时纠正登账的错误,或发现其他人为差错原因、进行纠正,尽可能挽回短款损失。

图表2—5　　现金长、短款报告单

报告日期:　　年　月　日　　　　金额单位:元

现金实存金额	现金账存金额	差　额	长或短	出纳初述原因	会计查找情况
领导签署处理意见					

会计:　　　　　　出纳:

会计接到“现金长、短款报告单”后,应尽快帮助查找原因,核实了案。如未发现账务登记等处理上的错误,可以核抵长、短款,在“会计查找情况”栏填上“未发现新情况”等字样,将其中一联转报领导,等候其签署处理意见。应该指出的是,出纳对现金保管与收付的正确性,负有不可推卸的责任,发生差错,应负完全责任。但有些差错短缺金额较大,考虑出纳各方面情况,领导要深入调查研究,才能做出决定,这需要一段时间。这时的会计处理如下:

(1)会计接到“现金长、短款报告单”后,一时未能发现出纳可以核抵长、短款的具体原因,为保证现金账实相符,应立即做出账务处理。

①现金短缺。

借:待处理财产损溢——待处理流动资产损溢

贷:库存现金

②现金溢余。

借:库存现金

贷:待处理财产损溢——待处理流动资产损溢

(2)后经领导研究,签署长短款处理意见。

①属失窃短款未能破案,暂以“账销案存”处理;为惩前毖后,应由出纳赔偿部分,其余部分金额报销。

借:营业外支出——非常损失(企业报销金额)

其他应收款——出纳姓名(出纳赔偿金额)

贷:待处理财产损溢——待处理流动资产损溢

②属于偶发性现金短款,应由出纳赔偿。

借:其他应收款——出纳姓名

贷:待处理财产损溢——待处理流动资产损溢

③偶发性短款确有某些方面的客观原因,给予报销部分,其余由出纳赔偿。

借:管理费用(企业报销金额)

其他应收款——出纳姓名(出纳赔偿金额)

贷:待处理财产损溢——待处理流动资产损溢

④现金长款未能查出原因,转作营业外收入。

借:待处理财产损溢——待处理流动资产损溢

贷:营业外收入

“待处理财产损溢”科目处理前借方余额反映企业尚未处理各种财产的净损失,贷方余额反映企业尚未处理的各种财产的净溢余。可按盘盈、盘亏的资产种类和项目进行明细核算,也可设“待处理流动资产损溢”明细科目,登载如现金、库存物资等的净损溢;另设“待处理非流动资产(或固定资产)损溢”明细科目,登记固定资产等盘存的净损益。期末处理后应无余额。

(七)有价证券的保管

有价证券一般包括债券、国库券、股票。除债券可以具名外，其余有价证券都是不记名的，持券人就是该有价证券的所有者或保管者。企业的有价证券是企业的资产，丢失了证券就等于丢失了企业的财产，如何安全保管就成为重要的问题。

国库券、债券、股票购入后，应交给现金出纳员保管，或委托银行代管。

(1)由出纳员保管，应由出纳员开具“收款收据”，在收据中注明票面额、实际支付成本价值(扣除已宣告发放的股利)，“收据联”交给会计，附在交易性金融资产的记账凭证后面作为附件，出纳应列入货币资金和有价证券收支报表填报。

(2)委托银行信托部代为保管，“代管收据”也应附在交易性金融资产凭证后作为附件。支付的手续费，借记“管理费用”，贷记“库存现金”科目。

(八)出纳人员登记现金账

出纳人员登记现金账可以根据原始单据编号，逐笔登入现金日记账。编号按支付收入日期顺序，每月 1 日起第一笔为“现据字第 1 号”，一直编到本月末最后一笔为止，下月第一笔再从 1 号起编号，并据此作为出纳登账的凭证号数。凭证编号便于查对，遗失时可及时发现，不可省略。

现金日记账为三栏式账簿，见图表 2－6。为便于编制收支报表，过次页应结出本页收付发生额，并将此发生额转入下页第一行承上页，下页的过次页收付金额应包括承上页的发生额，每日计算当日现金收入和现金支出合计数，并结出余额与实存数核对。到月终最后一页的收付发生额合计，即为本月合计。第二月的第一笔到账页最后一行过次页的发生额，月终需结累计金额的，应包括上月累计的金额；不结累计金额的，过次页的金额为本月初起至本页末止的发生额合计数。

图表 2—6　　现金日记账

年		凭证号数	摘　要	借方金额	贷方金额	借或贷	余　额
月	日						
			上年结存			借	1 700
1	1	现据 1	向银行提备用现金	10 000		借	11 700
	2	现据 2	购买办公零星用品		450	借	11 250
	15	现据 3	出售零星产品收入	8 400		借	19 650
	18	现据 4	购买螺丝刀 10 把		240	借	19 410
			过次页				

第二节　银行存款的管理和核算

一、银行开立账户

每个企业都必须按照规定，在当地银行(所、办事处)开立基本存款账户，进行日常款项存、取和转账结算。企业申请银行开户，凭营业执照、税务登记证，并提交会计人员“会计证”，送人民银行核查同意后，领取开户证。附上凭以向银行提取现金和办理转账结算留存核对的企业财务专用章，企业法人代表、会计、出纳的印章，以后开出结算凭证时盖在有关票据上的上述印章对照卡片，交开户银行。一切手续办妥后，开户银行授予该企业银行存款账户的账号，企业先存入少量现金，3 个工作日后就可以正常开展存款、付款、非现金结算等款项收付业务了。

此外，因筹借资金需要，企业在基本存款账户以外的银行借款转存也可开立一般存款账户，只能办理转账结算和现金缴存，不能领取现金。有些企业因某种特定用途，如企业基建等，可以开立专用存款账户。因临时经营活动需要，可以开立临时存款账户，用以进行转账、存、取现金，该账户有效期最长不超过两年。

二、银行存款的管理

对于每笔银行存款收付业务，应由出纳人员统一办理。企业向银行送存款项，应填写“银行现金交款单”，写明交款单位的名称、账号与交款金额，连同现金一并送银行营业柜台，经点收无误，从柜台电脑开出“交款收据”给交款人，作为交款单位记账依据。对于转账业务，银行应根据结算办法凭进账单主动将款项转入企业的存款户，企业根据银行转来的进账单收款通知联凭以入账。

企业从银行提取现金或支付款项，应按编号顺序签发现金支票或其他结算凭证，通过银行付款或转账。企业支票存根或其他结算凭证的回单联作为付款的入账依据。

各种付款业务银行结算凭证，企业填好后，必须加盖企业已留存底样在银行的专用印鉴。

三、银行存款的核算

企业在银行（所、办事处）或信用社存款，均以“银行存款”科目进行核算。银行存款存入增加记借方，付出减少记贷方，余额在借方，表示企业存放在银行的存款数额。

【例 2—2】 201×年 1 月，某工厂发生下列业务：

(1)1 日，以银行存款还货款 7 500 元，材料已入库。

借：应付账款　　7 500

　　贷：银行存款　　7 500

(2)10 日，销售 A 产品 20 件，货价 10 000 元，增值税1 700元，款存银行。

借：银行存款　　11 700

　　贷：主营业务收入——A 产品　　10 000

　　　　应交税费——增值税——销项税额　　1 700

(3)25 日，支付银行贷款利息 450 元。

借:财务费用——利息　　450

　　贷:银行存款　　450

(4)26 日,以银行存款支付电管所车间照明电费 3 700 元。

借:制造费用——电费　　3 700

　　贷:银行存款　　3 700

(5)27 日,购入设备 C617 车床一台,价 31 400 元,取得增值税专用发票,另列进项税额 5 338 元,付转账支票 36 738 元。

借:固定资产——C617 车床　　31 400

　　应交税费——增值税——进项税额　　5 338

　　贷:银行存款　　36 738

(6)30 日,开出转账支票支付电话费 670 元。

借:管理费用——办公费　　670

　　贷:银行存款　　670

银行存款明细核算要登载装订本的银行存款日记账,按填列收、付款银行记账凭证进行登记,记载方法基本与现金日记账相同。

四、银行存款的核对清查

为了加强对银行存款的管理与监督,企业必须定期(每月至少一次)将银行存款日记账与银行送来的对账单逐笔校对。如果发现遗漏或差错,要立即更正,若是银行差错,应通知银行更正。

当存在未达账款时,会造成对账单与日记账余额不符,这时应根据查对结果进行调整,编制“银行存款余额调节表”。

所谓未达账,是指由于凭证传递时间差造成银行与企业之间一方已经入账,而另一方尚未入账的账款。未达账归纳有以下几种情况:

(1)企业已经收款入账,但银行尚未收款入账;

(2)企业已经付款入账,但银行尚未付款入账;

(3)银行已经收款入账,但企业尚未收款入账;

(4)银行已经付款入账,但企业尚未付款入账。

【例 2—3】 某工厂××年 12 月 31 日银行存款日记账账面余额为 24 560 元,而开户银行送达的对账单余额为 22 356 元,经逐笔校对,有如下几笔未达账款:

(1)12 月 30 日前,向光明工厂托收的货款 20 000 元已收到存入银行,银行已收,企业未收。

(2)12 月 30 日,第四季度存款利息 1 200 元已划入账户,银行已收,企业未收。

(3)12 月 31 日,销售 A 产品一批,开出增值税发票:货价 10 000元,税额 1 700 元。当即收到转账支票填进账单,送存银行。企业已收,银行未收。

(4)12 月 31 日,银行按预先签订协议的委托收款凭证,支付电管站电费 12 704 元,银行已付,企业未付。

(5)12 月 31 日,签发现金支票 1 000 元,采购员出差备用。采购员尚未到银行领取,企业已付,银行未付。

根据上述资料编制银行存款余额调节表,见图表 2—7。

图表 2—7 **银行存款余额调节表**

××年 12 月 31 日

项　目	金额	项　目	金额
企业银行存款日记账余额:	24 560	银行对账单余额:	22 356
加:银行已收账企业未收账的款项		加:企业已收账银行未收账的款项	
收到光明工厂货款	20 000	销售 A 产品收入	11 700
第四季度存款利息收入	1 200		
减:银行已付企业未付款项		减:企业已付银行未付款项	
支付电管站电费	12 704	签发现金支票	1 000
调节后余额	33 056	调节后余额	33 056

五、其他货币资金的核算

企业的外埠存款、银行汇票存款、银行本票存款、银行卡存款和在途资金等各种其他货币资金，以“其他货币资金”科目进行核算，并按这几种分项下设明细科目核算。

（一）外埠存款

外埠存款指企业到外地临时或零星采购物资，需汇往采购地银行开立采购专户的款项。该科目不计利息，只付不收，付完清户。除采购人员可从中提取少量现金外，一律采用转账结算。汇往外埠存款办妥汇款手续，并取得采购地银行的收账通知，借记“其他货币资金——外埠存款（××地采购专户）”，贷记“银行存款”科目。采购等动用存款，借记有关科目，贷记“其他货币资金——外埠存款（××地采购专户）”。

（二）银行汇票存款

银行汇票存款指企业因到外地采购物资等，便于货款结算，为取得银行汇票，按照规定存入银行专户的款项。办妥手续后，借记“其他货币资金——银行汇票存款”，贷记“银行存款”科目。使用汇票及结余款带回有关凭证，会计分录见本章银行汇票结算方式。

（三）银行本票存款

银行本票存款指在使用本票结算地区，企业为取得银行本票，申请银行办妥手续，按照规定存入银行本票同等数额的款项，借记“其他货币资金——银行本票存款”，贷记“银行存款”科目。付出本票，按用途借记有关科目，贷记本科目。

（四）银行卡存款

银行卡存款指企业为取得特种功能银行卡根据规定应存入银行卡专户的款项。当企业填好“银行卡申请表”，连同支票一并送存发卡银行时，经银行盖章领来银行卡，借记“其他货币资金——××卡存款”科目，贷记“银行存款”科目；收到开户银行转来的银行卡存款付款凭证及附来发票等原始凭证，借记“应交税费”“管理费用”等科目，贷记“其他货币资金——××卡存款”科目。

（五）信用证保证金存款

信用证保证金存款是基于商品买卖双方的要求，购货方申请开证银行货款结算采用信用证结算方式，购货方划出一定专用存款作为信用证保证金存款。购货方划出的数额，借记“其他货币资金——信用证保证金存款”科目，贷记“银行存款”科目。开证银行根据发票等单据进行货款结算，通知购货方，购货方借记“在途物资”“材料采购”“库存商品”“原材料”“应交税费——增值税——进项税额”等科目，贷记“其他货币资金——信用证保证金存款”科目。

（六）在途资金

企业处在异地的两个资金账户转解，和企业同所属单位之间、上下级之间的汇解款项，在月终尚未到达的汇入款项，即作在途资金处理。例如，某厂将采购款在月终通过银行汇给驻荣城临时采购组银行存款专户，荣城银行尚未收到入账，借记“其他货币资金——在途资金”科目，贷记“银行存款”科目；荣城银行收到汇款将汇款通知联交给该厂临时采购组，采购组寄回通知联，借记“其他货币资金——外埠存款（荣城采购专户）”科目，贷记“其他货币资金——在途资金”科目。非小企业制度尚有“存出投资款”明细科目，核算企业为购买证券而存入指定证券交易清算代理机构的代理款项，企业划出资金时，借记“其他货币资金——存出投资款”科目，贷记“银行存款”科目；购买有价证券时，借记“交易性金融资产”等科目，贷记“其他货币资金——存出投资款”科目。

第三节　非现金结算业务

一、非现金结算的意义与方式

企业在经营过程中，业务款项往来除一部分采用现金结算外，相当部分是通过银行票据转账结算，就称为非现金结算业务。非现金结算业务对于提高结算工作效率、加速企业资金周转、减少货币流通、发挥银行监督职能、维护结算双方利益，起到很大的作用。国家银行要对社会经济运行起到调控作用，必须要实现成为全国的信贷、结算和现金活动中心。银行票据转账结算，近年来进行了改革，确立了以汇票、本票、支票为主体的结算制度，主要包括支票、银行本票、银行卡、汇票、汇兑，委托收款及托收承付等结算方式，见图表 2—8。

图表 2—8

- 银行结算方式
  - 同城结算
    - 支票
      - 转账支票——广泛使用
      - 现金支票——广泛使用
      - 普通支票——未广泛使用
    - 本票
      - 定额本票——尚未普遍推广
      - 不定额本票——已推广
  - 异地结算
    - 汇兑
      - 信汇——使用中
      - 电汇——使用中
    - 托收承付
      - 电划——条件要按规定，目前使用不多
      - 邮划——条件要按规定，目前使用不多
  - 同城异地通用结算
    - 商业汇票
      - 商业承兑汇票——已推广
      - 银行承兑汇票——已推广
    - 银行卡——已推广
    - 委托收款
      - 委电——双方统一意向使用
      - 委邮——双方统一意向使用
    - 银行汇票——广泛用于异地，同城可用但很少使用
    - 信用证——批准指定局部地区银行使用

注：图表中的“同城”含银行同一票据交换区域，下同。

单位、个人和银行办理结算必须贯彻“恪守信用，履约付款；谁的钱进谁的账，由谁支配；银行不垫款”的原则。遵守银行结算纪律，不准出租、出借账户，不准套取银行信用，制止开空头支票与远期支票。

特别注意，非现金结算的票据和结算凭证上签章和其他记载事项应当真实；票据和结算凭证的金额、出票或签发日期、收款人

名称不得更改，更改的票据与结算凭证，银行不予受理；票据的出票日期必须使用中文大写，用小写的，银行不予受理。

二、非现金结算方式的内容

（一）支票结算方式

支票是由银行的存款人签发给收款人办理结算或委托开户银行在见票时无条件支付确定的金额给收款人的票据。使用支票结算，称为支票结算方式。支票分为现金支票、转账支票和普通支票三种。现金支票只能支取现金；转账支票只能办理转账，可背书转让，不能支取现金；普通支票既可用于支取现金，也可用于转账。普通支票左上角划两条平行线的划线支票，只能用于转账，不得支取现金。支票结算使用简便，适用于同城的商品交易和劳务供应以及其他款项结算。

支票一律记名，即签发支票应写明接受单位名称或个人姓名，不准携带盖好印鉴的空白支票。银行没有存款不得开空头支票。对空头支票，银行除退票外，并按票面额处以5%但不低于1 000元的罚款，持票人有权要求出票人赔偿支票金额2%的赔偿金。支票有效期天数一般是10天，从签发次日算起，例假顺延，过期作废。已签发的现金支票遗失，可以向银行申请挂失，若挂失前已经支付，银行不予受理。已签发转账支票遗失，银行不受理挂失。

现金支票是单联式，见图表2—9，用黑色墨水钢笔书写，按支票要求逐项填好，不得任意涂改，盖上印章。格式左边为存根联，按分割线撕断，收款人在存根处签名或盖章签收后取票；格式右边为支票，即可凭此到开户行领取现金。为实现结算凭证票据化，转账支票也使用单联式，见图表2—10。

图表 2—9

中国××银行
现金支票存根(浙)
Ⅻ 00××××
科目________________
对方科目____________
出票日期：　年　月　日

收款人：______________
金额：________________
用途：________________

单位主管　　　会计

本支票付款期限十天

中国××银行现金支票　（浙）Ⅻ 00××××

出票日期(大写)：　　年　　月　　日
付款行名称：
收款人：　　　　　　出票人账号：

人民币
(大写)

千	十	万	千	百	十	元	角	分

用途：____________　　科　目(借)__________
上列款项请从　　　　　对方科目(贷)__________
我账户内支付　　　　　付讫日期　年　月　日
签发人盖章　　　　　　出纳　　　　记账
　　　　　　　　　　　复核　　　　验印

图表 2—10

中国××银行
现金支票存根(浙)
Ⅻ 00××××
科目________________
对方科目____________
出票日期：　年　月　日

收款人：______________
金额：________________
用途：________________

单位主管　　　会计

本支票付款期限十天

中国××银行转账支票　（浙）Ⅷ 00××××

出票日期(大写)：　　年　　月　　日
付款行名称：
收款人：　　　　　　出票人账号：

人民币
(大写)

千	十	万	千	百	十	元	角	分

用途：____________　　科　目(借)__________
上列款项请从　　　　　对方科目(贷)__________
我账户内支付　　　　　转账日期　年　月　日
签发人盖章　　　　　　　　　　　　记账
　　　　　　　　　　　复核

单联式转账支票包括支票联和存根联。存根联为付款人签发支票后留存，支票联为付款人委托银行划付款项的凭证。书写要求同现金支票，不能折叠，防止污损。对已折叠过或污损支票，银行不予受理。签发人应在支票背面填写“持票人姓名”和“身份证”

号码，以防遗失。特别指定城市的转账支票可以背书转让。

收款人（或付款人）在向银行送交支票时，应填制一式三联的“进账单”，见图表 2－11，逐项填明有关内容，经银行审查无误盖章后，将回单联交给收款人。

图表 2－11　　　中国××银行进账单（收账通知）　No

签发日期：　　年　月　日　　　　第　　号

<table>
<tr><td rowspan="3">收款人</td><td>全称</td><td colspan="4"></td><td rowspan="3">付款人</td><td>全称</td><td colspan="10"></td></tr>
<tr><td>账号</td><td colspan="4"></td><td>账号</td><td colspan="10"></td></tr>
<tr><td>开户银行</td><td colspan="4"></td><td>开户银行</td><td colspan="10"></td></tr>
<tr><td colspan="2" rowspan="2">结算金额</td><td colspan="6" rowspan="2">人民币（大写）</td><td>千</td><td>百</td><td>十</td><td>万</td><td>千</td><td>百</td><td>十</td><td>元</td><td>角</td><td>分</td></tr>
<tr><td></td><td></td><td></td><td></td><td></td><td></td><td></td><td></td><td></td><td></td></tr>
<tr><td colspan="2">票据种类</td><td colspan="4"></td><td colspan="12" rowspan="3">此联由银行盖“受理凭证专用章”，在款项收妥后方可抵用。如银行加盖“转讫章”，表明已收妥入账。
收款人开户行盖章</td></tr>
<tr><td colspan="2">票据张数</td><td colspan="4"></td></tr>
<tr><td colspan="6">单位主管　会计　复核　记账</td></tr>
</table>

联数
1 付款人留底
2 付款人开户行代转账凭证
3 银行收妥后给收款单位做收账通知

支票按号码顺序开票，填写差错加盖“作废”戳记与支票存根一起保存备查。

【例 2－4】 某企业业务资料如下：

（1）开出现金支票一张，领取出纳备用金 5 000 元。

借：库存现金　　5 000
　贷：银行存款　　5 000

（2）开出转账支票 10 000 元，还前欠二轻经理部的欠款。

借：应付账款——二轻经理部　　10 000
　贷：银行存款　　10 000

（3）姜华鞋厂购本企业产品 14 040 元，开具增值税专用发票，其中货价 12 000 元，税额 2 040 元，收到转账支票，送银行转账。

借：银行存款　　14 040
　贷：主营业务收入　　12 000

应交税费——增值税——销项税额　2 040

（二）银行汇票结算方式

银行汇票是汇款人将款项交存当地银行，由银行签发给汇款人持往异地、同城或同一票据交换区域办理转账结算或支取现金的票据。银行汇票样式见图表2—12、图表2—13。

图表2—12　　**中国××银行　银行汇票**

付款期 壹个月		汇票号码 第　　号

签发日期（大写）　　年　月　日	兑付地点：　兑付行：　行号：

收款人：			账号或住址：									
汇款金额	人民币（大写）											
实际结算金额	人民币（大写）		千	百	十	万	千	百	十	元	角	分

汇款人： 签发行：　　行号： 备　注： 签发行盖章	账号或住址：									
										科目（付）
	多余金额									对方科目（收）
	百	十	万	千	百	十	元	角	分	兑付日期　　年　月　日
										复核　　　记账

本汇票和解讫通知一并由汇款人自带，兑付行兑付汇票后作银行往来账记账凭证。

图表2—13

持票人向银行提示付款签章： 身份证件名称： 号码： 发证机关：	被背书人：	被背书人：	粘贴单处
	背书人签章： 日期：　　年　月　日	同　左	

（1）用于转账的银行汇票不得支取现金；支取现金的银行汇票必须在银行汇票上填明“现金”字样。

（2）银行汇票和汇款解讫通知须同时提交兑付行，两者缺一无效。

(3)收款人直接进账的，应在收款人盖章处加盖预留银行印章；收款人为个人的，应交验身份证件。

(4)收款人如系单位或个人，可以经背书转让给在银行开户的单位和个人，在背书人栏签章并填明被背书人名称；被背书人签章后持往开户行办理结算。

银行汇票具有使用灵活、票随人走、人到款到、兑现性强等特点，已在或未在银行开立账户的单位、个体经济户和个人与异地、同城或同一票据交换区域的各种款项结算都可以运用银行汇票。

银行汇票的收付一般由各单位的出纳人员或收款员负责具体到银行办理。银行汇票的金额起点为500元；一律记名；提示付款期限为一个月(按次月对日计算，到期遇例假日顺延)，逾期的汇票兑付银行不予受理；银行汇票可以背书转让，应以不超过出票金额的实际金额为准。

汇款单位办理汇票时须填写“银行汇票委托书”，见图表2—14。

图表2—14

中国××银行汇票委托书(存根)　　**1**　　第1号

申请日期(大写)　　年　　月　　日

申请人		收款人	
账号或住址		账号或住址	
用途		代理付款行	
汇款金额	人民币(大写)		千 百 十 万 千 百 十 元 角 分

第一联由汇款人留存作记账传票　第二、三联送签发银行

备注　　　科目　对方科目　财务主管　复核　经办

“银行汇票委托书”一式三联：第一联是存根，由汇款人留存作

记账凭证;第二联、第三联为签发行办理汇票的付出与汇款收入凭证。汇票填好后,需在第二联汇款人盖章处加盖汇款单位预留银行印鉴,并将款项交存银行。汇款单位收到银行签发的银行汇票和解讫通知后,即可持汇票和解讫通知联到异地办理转账结算(或支取现金)。汇款单位到外地采购商品,如果“银行汇票”联和“解讫通知”联的收款单位填写的是指定人员姓名(即持票人姓名),持票人即可持票到兑付银行办理转账手续,也可背书转让给收款单位。在办理转让手续时,持票人须出示身份证等证明身份的证件,并在银行汇票背面填写身份证件名称及号码、发证机关,在背书栏签字或盖章,同时在背书栏内填写背书人姓名,由被背书人签章后持往开户银行办理结算。注意处理好以下几个问题:

(1)分次付款。办理汇票时,汇款单位(或持票人)在采购商品时需分次付款的,持票人可将“银行汇票”联和“解讫通知”联,连同本人的身份证明,一并送交兑付银行,申请开立分次支付款项的“临时存款户”。临时存款户的使用,同其他货币资金的外埠存款。

(2)转汇。持票人在兑付地如采购不到所购商品需异地采购而办理转汇时,需持“银行汇票”和“解讫通知”及本人身份证件,到兑付银行办理转汇(如汇票上注明不得转汇的银行不予受理),经兑付银行审查同意后,即可办理转汇手续。转汇方式由持票人确定,如果持票人要求继续采用银行汇票结算方式转汇的,应再次填写“汇票委托书”,如原汇票注有“现金”字样,在办理转汇时,可照填“现金”字样,银行在信(电)汇凭证或银行汇票上加盖“转讫”戳记。已转汇的银行汇票,必须全额兑付。

(3)挂失。持票人必须妥善保管银行汇票,严防遗失。如果遗失了填明“现金”字样的银行汇票,持票人应立即向兑付银行或签发银行请求挂失,在银行受理挂失前(包括对方银行收到挂失通知前)被冒领,银行概不负责;如果遗失了未填明“现金”字样和代理付款人的汇票银行不予挂失,可通知有关单位请其协助防范。遗失的银行汇票在付款期满后,确未冒领的,可以办理退款手续。

(4)退汇。汇款单位(或持票人)如因银行汇票超过付款期限或其他原因要求退款时,应先备函向签发银行写明原因,同时交回汇票的第二、第三联,办理退款手续。

❊ **使用银行汇票,可以凭票购货,余款自动退回。这有利于贯彻钱货两清的原则,防止不合理的预付货款和交易尾欠的发生。**

【例 2—5】 某企业业务资料如下:

(1)企业需去外地采购原材料,采用银行汇票结算,填制“银行汇票委托书”向开户银行办理签发银行汇票 50 000 元,据汇票委托书存根联。

借:其他货币资金——银行汇票存款　　50 000
　　贷:银行存款　　50 000

(2)采购员持“银行汇票”和“解讫通知”前往外地采购,购入原材料价款 42 000 元,进项税金 7 140 元,货已运到入库。根据开户银行转来银行汇票“多余收款通知”联及发票账单。

借:原材料——×××　　42 000
　　应交税费——增值税——进项税额　　7 140
　　银行存款　　860
　　贷:其他货币资金——银行汇票存款　　50 000

(三)汇兑业务的办理

汇兑是汇款人委托银行将款项汇给外地收款人的结算方式。汇兑分为信汇、电汇两种。信汇是指汇款人委托银行通过邮寄方式将款项划转给收款人。信汇凭证为一式四联,见图表 2—15,第一联为回单联,是汇出行给汇款人的回单;第二联、第三联为汇出行作为支款付出与收款收入传票;第四联是给收款人的收账通知或代取款收据。电汇是指汇款人委托银行通过电传将款项划转给收款人的一种结算方式。电汇凭证一式三联,格式基本同信汇,但有单独的电汇凭证。信汇时间慢,电汇时间快,由汇款人根据汇款金额测算汇费高低选择使用。

表 2－15

中国××银行 信汇 凭证(回单) **1**

汇款单位编号：　　　　　　委托日期：　年　月　日　　　　　　第　　号

<table>
<tr><td rowspan="3">汇款人</td><td>全　称</td><td colspan="3"></td><td rowspan="3">收款人</td><td>全　称</td><td colspan="3"></td></tr>
<tr><td>账　号
或地址</td><td colspan="3"></td><td>账　号
或地址</td><td colspan="3"></td></tr>
<tr><td>汇　出
地　点</td><td></td><td>汇出行
名　称</td><td></td><td>汇　入
地　点</td><td></td><td>汇入行
名　称</td><td></td></tr>
<tr><td colspan="2">金　额</td><td colspan="5">人民币(大写)</td><td colspan="3">百 十 万 千 百 十 元 角 分</td></tr>
<tr><td colspan="2">汇款用途：</td><td colspan="5">货款</td><td colspan="3" rowspan="2">汇出行盖章

年　月　日</td></tr>
<tr><td colspan="7">上列款项已根据委托办理，如需查询，请持此回单来行面洽

单位主管　　会计　　复核　　记账</td></tr>
</table>

此联是汇出给汇款单位的回单

汇兑方式便于汇款人向异地主动付款，适用于单位、个体经济户和个人的各种款项的结算，一般可用于单位之间先付款后发货的商品交易。汇兑结算也可用于单位对个人的款项，如单位向在异地的退休职工支付工资、医药费等款项时，可采用信(电)汇结算方式，款项到达汇入地点后，汇入银行负责通知收款人，收款人持身份证件到银行领取款项。如果未在银行开立存款账户的个人需办理汇兑结算时，可将款项交给银行，由银行按汇款人要求办理划转。

汇兑结算的具体办理手续：

1. 汇兑结算凭证的填写与办理

汇款人指定人员到汇入银行领取汇款的，应在汇款凭证的“收款人全称”栏填写收款人单位名称，并在“账号及住址”栏内注明“留行待取”字样；信汇凭印鉴支取的，应加盖预留印鉴。汇款人确定不得转汇的，应在“备注”栏注明，有关栏目填写齐全。

填好后，在第二联“汇款人盖章”处加盖预留银行印鉴，交开户行办理划款手续。银行受理后，将第一联(回单)盖章后退回汇款单位，作为汇款单位编制付款凭证、登记银行存款日记账的依据。

2. 收款单位的入账手续

收款单位收到汇入银行转来的信汇凭证第四联(收账通知),通过审核确认此款为本单位应收取的款项后,由会计人员根据收账通知及有关原始凭证编制收款凭证,出纳人员据以登记银行存款日记账。如需要办理取款的,收款单位盖章后到银行取款。

采用电汇结算方式的,收款单位收到汇入银行的电寄补充报单第二联后,按汇入银行的通知办理转账或取款。

3. 收款人在汇入地因采购需要,需分次支取汇款的

可开立临时存款账户,将汇款暂时存入临时账户,分次支取。

4. 退汇手续的办理

汇款人因故对于汇出的款项要求退汇的,应备正式函件或本人身份证连同信汇、电汇回单,向汇出银行申请退汇,经确认汇入银行尚未付款,方可退汇。汇款单位因退汇而收到银行转来的收账通知时,据以编制收款凭证,出纳人员登记银行存款日记账。

汇入银行对收款人拒绝接受的汇款,应立即办理退汇;汇入银行对于发出取款通知后两个月仍无法交付的汇款,可主动办理退汇。

汇兑等于银行存款付出,核算不再举例。

近年来,由于商业银行推广各种银行卡、存折的电划转账,既快捷又节费,汇兑结算逐日萎缩。

(四)委托收款结算方式

委托收款是收款人委托银行向付款人收取款项的结算方式。委托收款按款项划回方式不同分邮划和电划两种,由收款人选用。

委托收款结算方式便于单位主动收款,同城异地均可使用,凡在银行或其他金融机构开立账户的单位和个体经营户的商品交易、劳务款项以及已承兑的商业汇票、债券、存单等存款人债务证明的结算,均可以使用委托收款结算方式。

1. 使用委托收款结算方式须注意的问题

委托收款在同城、异地均可办理,不受金额起点限制。付款期限

为 3 天，从付款人开户银行发出付款通知的次日算起(付款期内遇例假日顺延)。付款人在付款期内未向银行提出异议，银行视作同意付款，并在付款期内的次日(例假日顺延)，将款项主动划给收款人。

2. 委托收款结算的具体办理

收款单位需办理委托收款时，应填制“委托银行收款结算凭证”。该结算凭证分为“委邮”“委电”两种，均为一式五联。“委邮”结算凭证的第一联(回单)，交给收款单位；第二联(收款凭证)，收款人开户行作收入传票；第三联(支款凭证)由付款人开户行作付出传票；第四联(收账通知)为收款开户行在款项收妥后给收款人的收账通知；第五联(付款通知)付款人开户行给付款人按期付款的通知。“委邮”结算凭证，见图表 2－16。

表 2－16

委邮　　**中国××银行委托收款凭证(回单)**

委托日期：　年　月　日　　托收号码：

付款期限：　年　月　日

付款人	全称		收款人	全称	
	账号或地址			账号	
	开户银行			开户银行	
委托金额	人民币(大写)		千 百 十 万 千 百 十 元 角 分		
款项内容		委托收款凭证名称		附寄单据张数	
备注：			(收款人开户银行盖章) 年　月　日		

此联是收款人开户银行给收款人的回单

单位主管：　会计：　复核：　记账：　付款人开户银行　收到日期　年　月　日

支付日期　年　月　日

“委电”结算凭证的第一、第二、第三、第五等四联的作用与“委邮”相同，第四联(发电依据)由付款单位开户银行凭此发电传真。

“委电”结算凭证的样式基本同“委邮”。

收款单位在填制委托收款结算凭证时，在凭证上逐项填明。在第二联“收款人盖章”处加盖收款单位印章后，一并送交开户银行，经银行审核受理后，将第一联“回单”加盖印章退回收款单位。

付款单位在收到银行转来的委托收款凭证第五联及有关附件后应认真审查以下内容：委托收款凭证填列的付款人是否为本单位；委托收款的项目是否应由本单位承付；委托收款凭证所列内容和所附的有关附件填写是否要素齐全、正确；委托收款金额和应付金额是否一致，承付期限是否到期。审查无误后，如属本单位应全额承付的款项，在付款期限内，应筹足资金，以备划款。

3. 付款单位在审查有关附件后如需对委托收取的款项全部或部分拒付

应在付款期内向本单位开户银行填写全部或部分“拒绝付款理由书”，连同开户银行转来的全部附件一并送开户银行。开户银行受理后在拒付理由书第一联加盖银行业务章退回拒付单位；属于全部拒付的，付款单位将拒付理由书保管备查；属于部分承付的，凭“拒付理由书”第一联编制承付部分的付款凭证，出纳人员根据承付金额登记银行存款日记账。

4. 付款单位对收款单位委托收取的款项到期后，如无款支付或不足支付

开户银行将通知付款单位“无款支付，请退回凭证”。付款单位接到通知后，应在两天内，将委托收款凭证第五联(付款通知)连同有关单证退回开户银行，表示无款支付。

付款单位逾期不退回单证的，开户银行应按委托收款的金额自发出通知的第三天起，每天处以0.5‰的罚金，并暂停付款单位委托银行向外办理结算业务，直到退回单证时止。

5. 销售商品采用委托收款方式结算

应注意了解购货方的信用可靠程度。如果对购货方一无所知，只凭一张介绍信，或到对方单位表面看一看，就主动发货销售，

结果无款支付或节外生枝被拒付，便会受骗上当。

【例2－6】 某企业发出商品，办委托银行收款手续。业务资料如下：

(1)发给某市百货公司产品一批计货价30 000元，增值税5 100元，代垫运费800元，办妥委托银行收款手续。

借：应收账款——某市百货公司　　35 900

　　贷：主营业务收入　　30 000

　　　　应交税费——增值税——销项税额　　5 100

　　　　库存现金或银行存款(垫付运费)　　800

(2)接银行通知已全部收到账款。

借：银行存款　　35 900

　　贷：应收账款——某市百货公司　　35 900

(五)托收承付结算方式

托收承付结算方式与委托收款结算方式都是由收款单位委托当地开户银行收款，由付款单位承付，基本手续与凭证传递程序相同，但二者存在以下区别：

1. 结算条件不同

托收承付结算必须是国有企业、供销合作企业以及经营正常并经银行审查同意的城乡集体所有制工业企业，属于商品交易以及因商品交易而产生的劳务供应款项(代销、赊销、寄销的款项不得办理托收承付结算)，购销双方要订有经济合同，托收时应附货物发运凭证。而委托收款结算不拘于上述条件的限制。

2. 托收金额起点不同

托收承付结算金额起点10 000元，新华书店系统每笔起点为1 000元。委托收款结算金额起点不拘。

3. 承付期不同

托收承付结算承付期验单付款为3天。验货付款为10天。而委托收款结算承付期只规定为3天。

4. 接受办理银行监督责任不同

托收承付结算，银行在收款单位办理托收时，要对托收的条件进行监督，对付款单位无款支付要按规定扣收货款，并每日处以万分之五的罚金。付款单位无理拒付对其处以2 000～5 000元罚款。银行对付款单位拒付货款也要进行必要的审查，查清是否有足够的理由拒付。只有属于填单差错、不是托收承付结算范围以及验货付款货物规格、质量与合同不符，才能拒付。而委托收款结算，接受托收银行不监督，付款单位无款支付，只要能及时填单提出无款支付，银行即退单，拒付银行不审查。

托收承付结算收款人对同一付款发货托收累计 3 次收不回货款的，银行将要求收款人采用其他办法收款；付款人累计 3 次提出无理拒付，银行应暂停其向外办理托收。而委托收款结算都无上述的约束。

（六）商业汇票结算方式

商业汇票结算是收付款双方约定，出票人签发、委托付款银行在指定日期，无条件支付确定的金额给收款人或被背书持票人的票据。适用于法人以及其他组织之间具有真实的交易关系或债权债务关系，同城、异地均可使用。

商业汇票付款期限最长不超过 6 个月。所谓承兑，是指汇票付款人承诺到期日支付汇票金额并签章的行为。见票后定期付款的汇票，持票人应当自出票之日起 1 个月内向付款人提示承兑。出票定日付款的汇票，应当在汇票到期日前向付款人承兑。根据承兑人的不同，分为商业承兑汇票（付款人承兑）和银行承兑汇票（承兑申请人向其开户银行申请，经银行审查同意承兑的票据；银行收取手续费 1‰，不足 10 元，按 10 元收取）。承兑汇票收款人因资金紧张可以向银行申请提前付款，贴付利息，称为贴现。

同城承兑的汇票应于汇票到期日办理收款手续。对异地承兑的汇票，应于汇票前 5 日内办理收款手续，填写“委托收款凭证”，在“委托收款名称”栏注明“商业承兑汇票”及其号码，将商业承兑汇票作为收款依据，随同委托收款凭证一并送交开户银行，委托开户银行收款。对逾期的商业汇票收款单位应于汇票到期日的次日起10日内送交开户银行办理收款，超过期限银行不予受理。

商业承兑汇票到期日，付款人银行存款账户不足支付票款时，其开户银行可将承兑汇票退给收款人或被背书人，由收付款双方自行处理。同时对付款人按票面金额处以5%但不低于1 000元的罚款。银行承兑汇票，承兑申请单位于汇票到期日未能足额支付票款时，承兑银行除凭实向收款单位、被背书单位或贴现银行无条件支付款项外，应根据承兑协议规定，对承兑申请人执行扣款，并对尚未扣回的承兑金额每天处以万分之五罚息。

商业汇票可以促使货款结算规范化、法制化，加强企业之间结算的信用。

商业汇票的核算，持票方应设立“应收票据”科目，按不同票据种类进行明细核算。企业因销售商品等而收到的商业汇票，包括商业承兑汇票和银行承兑汇票，尚未收到款项借记本科目，贷记“应收账款”“主营业务收入”等科目。到期收回票据的票面金额，借记“银行存款”，贷记本科目。如为带息票据到期，按收到的本息，借记“银行存款”科目，按票面金额贷记本科目，按其差额，贷记“财务费用”科目。不能收回的应收票据，应按其账面余额转入应收账款，带息应收票据结转后再不计提利息。

企业持未到期的商业汇票申请银行提前兑现。企业按实际收到(票面额减贴息的净额)借记“银行存款”“财务费用”，贷记本科目。如票据是带息票据，应先算出票据到期日应兑付收到金额[票面额×(1+带息月利率×月份数)]；再计算申请银行提前取现的应贴付银行按规定利率计算的利息(到期承兑金额×贴现日利率×提前付款天数)。两者相减后的净额，借记“银行存款”，按票面额贷记“应收票据”，差额记借或贷“财务费用”科目。银行利息天数的计算算头不算尾，第一天要算息，最后一天归还正式结息不算息。

【例2—7】 某企业出售产品一批货价8 547元，税额1 453

元，收到商业承兑汇票 10 000 元一张，付款期限延期 5 个月。

(1)出售货产品时。

借：应收票据　　10 000

　　贷：主营业务收入　　8 547

　　　　应交税费——增值税——销项税额　　1 453

(2)过了 1 个月收款人要求银行提前 4 个月付款，银行同意，要按0.63%月利率贴息。

借：银行存款　　9 748

　　财务费用　　252

　　(10 000×0.63%×4)

　　贷：应收票据　　10 000

(3)如是带息票据，带息月利率0.57%，到期日付款人应兑付金额为 10 000×(1+0.57%×5)=10 285 元。要求银行提前付款，条件同前，应贴息金额为 10 285×0.021%×120=259.18元。

借：银行存款　　10 025.82

　　(10 285−259.18)

　　贷：应收票据　　10 000

　　　　财务费用　　25.82

　　　　(285−259.18)

(七)银行本票结算方式

银行本票是申请人将款交存银行，由银行签发给其凭以办理转账结算或支取现金的票据。银行本票分为定额和不定额本票两种。定额本票面额有 1 000 元、5 000 元、10 000、50 000 元四种。单位、个体工商户和个人在同一票据交换区域内的商品交易和劳务供应等可使用银行本票结算。

银行本票一律记名，见票付款，允许背书转让。付款期限自出票日起最长不得超过 2 个月，逾期银行不予受理。银行本票丧失，可以凭人民法院出具的其享有票据权利的证明，向出票行请求付款或退款。在使用上，填本票结算申请书，经银行审核同意划转本票存款，按银行统一制定印刷的票式使用，用于转账，注明“现金”字样的可以支取现金。银行本票在规定期限内办理结算清楚，多余本票金额划转存入本企业银行基本存款户。

银行本票结算，领现、转账、背书转让，方便灵活，并可提高金融机构工作效率。特别是非定额本票，只要付款单位有足够存款，由银行出票，可加速结算时间，很多当地银行都已推行。

企业申请银行本票结算交存银行专户存款的款项，以“其他货币资金—本票存款”科目核算，使用付出后，借记有关科目，贷记本科目。

（八）银行卡结算方式

银行卡是指商业银行向社会发行的具有消费信用、转账结算、存取现金等全部或部分功能的信用支付工具。卡及账户限于持卡单位（人）使用，不得出借和转租。银行卡分为单位卡和个人卡。单位卡账户的资金一律从其基本存款账户转账存入，不得交存现金。不得用于100 000元以上的商品交易、劳务供应款项的结算。银行卡的种类及特征的主要区别，见图表2—17。

图表2—17

- 银行卡的种类与区别
  - 信用卡（可透支）
    - 贷记卡——给信用额度先消费，存款不计利息，非信用卡现金交易可享受免息还款和最低额还款。
    - 准贷记卡——先存入一定备用金再给一定额度透支，存款计算利息。
  - 借记卡（不可透支存款计息）
    - 转账卡——转账、存取现金、消费三大功能。
    - 借记卡——专用卡，专门用途，特定区域内使用。
    - 储值卡——将资金转至卡内储存（钱包式），交易时从卡内扣款。

企业将银行存款存入银行卡时，借记“其他货币资金——××银行卡存款”，贷记“银行存款”科目；使用后，借记有关科目，贷记本科目。

【例2—8】 某企业贷记卡发生透支，卡内存款余额10 000元，购入办公用品15 000元，银行准予透支转账。会计分录如下：

借：管理费用　　　　15 000

　贷：其他货币资金——银行贷记卡存款　10 000

短期借款——××银行　　　　5 000

（九）国内信用证结算方式

国内信用证是指开证银行依照申请人（购货方）的申请向受益人（销货方）开出的一定金额、在一定期限内凭信用证规定的单据支付款项的书面承诺。未经批准可以开办信用证的商行银行或分支机构不得办理信用证业务。我国信用证为不可撤销、不可转让的跟单信用证。

信用证结算方式只适用于国内企业之间商品交易产生的货款结算，并且只能用于转账结算，不得支取现金。在信用证结算中，各有关当事人处理的只是单据，一切以单据为准，而不是与单据有关的货物及劳务。

购货方申请银行开出信用证，划出一定银行存款额度准备向销货方凭信用证付款时，借记“其他货币资金——信用证存款”科目，贷记“银行存款”科目；购妥货物取得发票，按购进商品或材料的会计分录同样处理。

第四节　非商品交易暂付款项的核算

在企业款项往来中，发生各种暂付款项，除货款往来的应收款项、存出保证金、长期应收款、应收股利、应收利息外的应收暂付款项，应以“其他应收款”科目进行核算，按应收暂付应收对象下设明细分类账。具体内容包括：

（1）预付给本单位职工个人预借旅差费、采购零星开支；

（2）已做出决定或协商，应收各种赔款、罚款和现金短缺款；

（3）应收出租包装物租金；

（4）应向职工个人收回的各种垫付款项；

（5）应收暂付上级所属单位的款项；

（6）货款结算以外的其他应收款项。

【例 2—9】 某厂业务资料如下：

(1)1 日，付给本厂专职采购员备用金 5 000 元。

借：其他应收款——采购员　　5 000

　　贷：库存现金　　5 000

(2)11 日，专职采购员报销零星差旅费 4 670 元，持票据报销，补足定额备用金。

借：管理费用——差旅费　　4 670

　　贷：库存现金　　4 670

【例 2—10】 13 日，某企业领导张奔出差预借旅差费 8 000 元。20 日张奔回来，填旅差费报销单，共 7 620 元，已审核批准，交回现金 380 元，出纳开出收款收据。

(1)张奔出差借款时。

借：其他应收款——张奔　　8 000

　　贷：库存现金　　8 000

(2)张奔出差回来。

借：库存现金　　8 000

　　贷：其他应收款——张奔　　8 000

借：管理费用——旅差费　　7 620

　　贷：库存现金　　7 620

【例 2—11】 某企业应收保险公司财产意外损失理赔决定应赔款4 800元。

借：其他应收款——保险公司　　4 800

　　贷：待处理财产损益——待处理流动资产损益

　　　　4 800

第三章　存货的核算

提示

存货在工业会计核算工作量中占着很大的比重。

通过本章的学习：

明确材料购进的组成价格，区别一般纳税人企业与小规模纳税人企业的不同核算方法。

熟知材料领用、发出由于购进前后批价格的不同，单价的计算方法和种类，理解材料按计划价格的核算、低值易耗品与包装物的含义。

明确存货清查的账务处理，最主要的是“待处理财产损溢”账户的应用。

本章内容复杂，学习进度应慢一点。

第一节　存货概述

一、存货的概念

存货是指企业在生产经营过程中因销售或耗用而储备的物

资。为销售而储备的物资主要指商品流通企业的商品库存、分期收款发出商品和工业企业的产成品库存；为耗用而储备的物资主要指工业企业的材料、燃料、自制半成品、在产品和工商企业生产销售保管使用的包装物及低值易耗品等。

存货的特点是不断处于销售和重置，或耗用和重置中，其价值一次转移，随着销售的实现一次得到补偿。存货是企业流动资产的重要组成部分。

二、存货的计价

（一）工业企业外购材料的计价

1. 一般纳税人材料购入成本的组成

（1）买价。

买价是指进货专用发票所开列的货价金额。已开票约定采用延期付款购料，企业如能提前付款，供应单位给予一定现金折扣，应冲减“财务费用”处理。采购农副产品，报经税务部门批准使用的收购凭证，按收购金额 87％作为采购成本，13％作为增值税进项税额；

（2）运杂费。

运杂费包括运输费、装卸费、保险费、包装费、建设基金等。其中运费和建设基金按税务规定，取得正式发票有抵扣联的，7％作为增值税——进项税额，其余均并入采购成本。运输企业营改增后，开出增值税发票由于税率变化，税额作为增值税进项税额，其余均并入采购成本。

（3）运输途中的合理损耗。

入库时作为购入数量减少，采购成本金额不变。

（4）入库前的整理挑选费用。

（5）购入材料应列入进价的税金。

如进口关税等（不包括增值税发票税价分离的税额）。

2. 小规模纳税人材料购入成本的组成

小规模纳税人采购原材料、包装物、低值易耗品、委托加工材料加工费及支付购货运杂费，不管是否取得增值税发票，均按支付货款全额列入进价成本，不能另列进项税金。

（二）商品流通企业购入商品的计价

根据要求采购成本构成各种企业应保持一致的原则，商品流通企业购入商品抵达仓库前发生的各种费用，直接并入进价成本的与工业企业相同（但煤炭等因价低进货运费高的大宗商品可以先行归集，期末以存销比例分摊运费，已销的记入“主营业务成本”，未销的并入进价成本）。采购费用金额较小或当期商品可以出售的，可以直接计入当期“销售费用”。

※ 小企业批发或零售业在购买商品过程发生的运输费、装卸费、包装费、保险费、运输途中的合理损耗和入库前挑选整理费，应作“销售费用”入账。

（三）自制存货

自制存货包括自制配件、包装物、低值易耗品、产成品等，其实际成本包括自制过程中发生的材料、工资和其他费用。

（四）委托外单位加工

委托外单位加工存货的实际成本，包括实际耗用的原材料、半成品、库存商品或加工费、运费、保险费、受托方代交消费税等。其中，一般纳税人发出加工材料的运费能取得正式发票，比照材料购进发生运费处理。加工费应取得增值税发票，按货价金额进入委托加工材料成本。

（五）投资者投入存货

投资者投入的存货，有购进规范增值税发票的，按发票价税计价；没有发票的，按股东根据市场公允价格，协商统一价格入账。

（六）盘盈存货

盘盈存货的实际进账价，账面上有同类实物价格的，按账面价格；无账面价格的，按市价。

（七）应计入存货成本的专门借款费用

企业应计入存货成本的专门借款费用，需要经过一年以上（含一年）的构建或生产活动，才能达到可使用或可销售状态，借款利息支出可以计入生产或存货成本。但必须资产支出已经发生、借款费用已经发生，为使资产达到预定可使用或可销售状态所必要的购建或生产活动已经开始，缺一不可。

存货在日常核算中，大多数企业按实际成本核算，但部分企业材料品种较多，收发频繁，为简化加速材料的收发凭证的计价和明细账的登记，也可以采用计划价格核算，但月终进入生产成本的金额，一定要调整材料计划成本与实际成本的差异，最终反映为实际成本。

第二节 工业企业材料收发的核算

一、材料收发的核算

材料是工业企业生产的基础，健全的材料收发制度关系到产品成本计算的正确和企业会计工作的质量，应引起高度重视。要建立材料收发制度，必须填制一定格式的材料收发凭证，按照规定的传递程序传递，为材料收发有序地进行，提高材料收发会计核算质量提供前提条件。

材料入库填入库单，见图表1－2；材料领用填领料单，见图表3－1；零星材料用领料卡，见图表3－2。

图表 3—1　　**领料单**

领料部门：　　　领料日期：　年　月　日　　　NO.

<table>
<tr><th rowspan="2">编号</th><th rowspan="2">材料名称</th><th rowspan="2">规格</th><th rowspan="2">单位</th><th colspan="2">数量</th><th rowspan="2">单价</th><th colspan="6">金额</th><th rowspan="2">用途说明</th></tr>
<tr><th>请领数</th><th>实发数</th><th>千</th><th>百</th><th>十</th><th>元</th><th>角</th><th>分</th></tr>
<tr><td></td><td></td><td></td><td></td><td></td><td></td><td></td><td></td><td></td><td></td><td></td><td></td><td></td><td></td></tr>
<tr><td></td><td></td><td></td><td></td><td></td><td></td><td></td><td></td><td></td><td></td><td></td><td></td><td></td><td></td></tr>
<tr><td></td><td></td><td></td><td></td><td></td><td></td><td></td><td></td><td></td><td></td><td></td><td></td><td></td><td></td></tr>
<tr><td></td><td></td><td></td><td></td><td></td><td></td><td></td><td></td><td></td><td></td><td></td><td></td><td></td><td></td></tr>
<tr><td></td><td></td><td></td><td></td><td></td><td></td><td></td><td></td><td></td><td></td><td></td><td></td><td></td><td></td></tr>
<tr><td></td><td></td><td></td><td></td><td></td><td></td><td></td><td></td><td></td><td></td><td></td><td></td><td></td><td></td></tr>
<tr><td></td><td></td><td></td><td></td><td></td><td></td><td></td><td></td><td></td><td></td><td></td><td></td><td></td><td></td></tr>
<tr><td colspan="3">合　计</td><td></td><td></td><td></td><td></td><td></td><td></td><td></td><td></td><td></td><td></td><td></td></tr>
</table>

联数：(一)存根联；(二)仓库保管员登记；(三)报财会部门记账

主管：　　　　领料人：　　　　发料人：

图表 3—2　　**零星材料领料卡**

领料车间：　　领料起止日期：　年　月　日至　日　　编号：

<table>
<tr><th rowspan="4">领料日期</th><th colspan="9">领用材料名称</th><th rowspan="4">领用人签　名</th></tr>
<tr><th></th><th></th><th></th><th></th><th></th><th></th><th></th><th></th><th></th></tr>
<tr><th>单位：</th><th>单位：</th><th>单位：</th><th>单位：</th><th>单位：</th><th>单位：</th><th>单位：</th><th>单位：</th><th>单位：</th></tr>
<tr><th>数 量</th><th>数 量</th><th>数 量</th><th>数 量</th><th>数 量</th><th>数 量</th><th>数 量</th><th>数 量</th><th>数 量</th></tr>
<tr><td></td><td></td><td></td><td></td><td></td><td></td><td></td><td></td><td></td><td></td><td></td></tr>
<tr><td></td><td></td><td></td><td></td><td></td><td></td><td></td><td></td><td></td><td></td><td></td></tr>
<tr><td></td><td></td><td></td><td></td><td></td><td></td><td></td><td></td><td></td><td></td><td></td></tr>
<tr><td></td><td></td><td></td><td></td><td></td><td></td><td></td><td></td><td></td><td></td><td></td></tr>
<tr><td></td><td></td><td></td><td></td><td></td><td></td><td></td><td></td><td></td><td></td><td></td></tr>
<tr><td>合计</td><td></td><td></td><td></td><td></td><td></td><td></td><td></td><td></td><td></td><td></td></tr>
</table>

保管员：

零星材料领料卡可用十六开纸印成，“领用材料名称”行下的空格填上材料名称，如机油、螺刀；单位栏旁填计量单位，如千克、把；领用人在卡上签字。该卡平时放保管员处，到月终加以合计，开出领料单，保管员登好保管账后，交给会计部门做账。

二、工业企业材料按实际成本计价的收发核算

（一）材料收入的总分类核算

材料按实际成本计价的总分类核算，材料收入应设置“原材料”和“在途物资”等科目，不必通过“材料采购”科目核算。“原材料”科目借方表示收入，贷方表示付出，余额为实存数。其按规定计价组成的各个项目金额，用实际或计划成本，收、付、存应同一口径。“在途物资”科目，核算企业购入尚未到达或尚未验收入库的各种物资的实际成本，按供应单位设置明细账。期末借方余额反映企业已付款或已开出、承兑商业汇票，但尚未到达或尚未验收入库的在途物资的实际成本。材料入库与付款或签发商业承兑汇票在同一日完成的，不必通过“在途物资”科目。

（二）外购材料收入的核算

外购材料由于结算方式和采购地点不同，往往使付款与收料的时间不一致，因而在账务处理上也不相同。

1. 货款付清，同时收料

对于发票账单与材料同时到达的采购业务，企业在支付货款、材料验收入库时，应根据发票账单和收料单，借记“原材料”科目，贷记“银行存款”等科目。

【例 3－1】 6 月 5 日，某企业从本市钢铁厂购入生铁 5 吨，买价 15 000 元，增值税 2 550 元，货款以支票付清，材料已验收入库。会计分录如下：

借：原材料——生铁	15 000	
应交税费——增值税——进项税额	2 550	
贷：银行存款		17 550

2. 付款在前，收料在后

对于已支付货款或已开出商业承兑汇票，但材料尚未到达的采购业务，应根据发票账单，借记“在途物资”科目，贷记“银行存款”“应付票据”等科目。待收到材料验收入库时，再根据收料单，

借记“原材料”科目，贷记“在途物资”科目。

【例 3—2】 6 月 12 日，某企业向外地钢铁厂采购圆钢 5 吨，买价20 000元，增值税3 400元，付运杂费1 500元，其中运费1 300元，保险费 130 元，装卸费 70 元；采购方钢 2 吨，买价8 000元，增值税1 360元，付运杂费 150 元，取到运输发票及抵扣联，共34 410元。付银行存款，材料未验收入库。会计分录如下：

(1)付款时。

借：在途物资 29 548.50

(20 000＋1 300×93%＋130＋70＋8 000＋150×93%)

应交税费——增值税——进项税额

4 861.50

(4 760＋101.50)

贷：银行存款 34 410

(2)圆钢于 6 月 20 日到达，并验收入库。

借：原材料——圆钢 21 409

(20 000＋1 300×93%＋130＋70)

贷：在途物资 21 409

(3)方钢尚未到达，即为“在途物资”借方余额。

【例 3—3】 6 月 15 日，某企业向本市五金公司购入一批修理用备件，买价 12 500 元，增值税额 2 125 元，签发一张为期 3 个月的商业承兑汇票，并交给五金公司，材料尚未验收入库。会计分录如下：

(1)付款时。

借：在途物资 12 500

应交税费——增值税——进项税额 2 125

贷：应付票据——五金公司 14 625

(2)材料到达，并验收入库。

借：原材料——修理备件 12 500

贷：在途物资 12 500

3. 收料在前，付款在后

对于材料已到，发票账单未到，货款尚未支付的采购业务，可先按合同价格暂估入账，借记“原材料”科目，贷记“应付账款”科目。在收到发票账单时，如果实际成本与暂估价相等，可以不作账务处理；如果实际成本与暂估价不等，应用红字作相同分录，予以冲销，再按实际成本入账。在实际工作中，为了简化核算手续，对材料已经验收入库，货款尚未支付的业务，可暂不作账务处理，待收到发票账单时，再按实际成本入账。但如果月终仍未收到发票账单，应按合同价格暂估入账，借记“原材料”科目，贷记“应付账款——暂估应付账款”科目，下月初用红字作相同会计分录，予以冲销，待以后发票账单到达后再按实际成本入账。

【例 3—4】 6 月 25 日，外地钢铁厂发来角钢 25 吨，已验收入库。月终，发票账单未到，货款暂未支付，按合同价格125 000元暂估入账。会计分录如下：

(1)6 月底做账时。

借：原材料——角钢　　125 000

　　贷：应付账款——暂估应付账款　　125 000

(2)次月初(7 月 1 日)用红字冲回原分录。

借：原材料——角钢　　[125 000]

　　贷：应付账款——暂估应付账款　　[125 000]

(3)15 日，发票账单到达，买价 125 000 元，增值税额21 250元，代垫运杂费附来增值税抵扣联运价5 000元，税额 550 元，共计151 800元，付银行汇款。

借：原材料——角钢　　130 000

　　应交税费——增值税——进项税额　21 800

　　(21 250＋550)

　　贷：银行存款　　151 800

4. 小规模纳税人

如果【例 3－1】购入生铁是小规模纳税人，或一般纳税人购进货物没有增值税专用发票，就应将所付货款的全额，记作：

借：原材料——生铁　　17 550
　　贷：银行存款　　17 550

5. 预付款

采购材料按购货合同预付货款，应设立“预付账款”科目进行核算，企业预付货款时，借记本科目，贷记“银行存款”科目。收到所购材料，借记“原材料”科目；如原材料按计划价格核算，借记“材料采购”科目，贷记本科目；补付货款，借记本科目，贷记“银行存款”科目；退回多付货款，借记“银行存款”科目，贷记本科目。预付账款不多的企业，可以将预付账款直接记入“应付账款”科目的借方。

【例 3－5】 6 月 1 日，某企业以银行转账支票预付本市钢铁厂货款14 000元。6 月 5 日，购入生铁 5 吨，买价 15 000 元，扣除预付账款后，补付 3 550 元。

(1)预付款时。

借：预付账款　　14 000
　　贷：银行存款　　14 000

(2)生铁收到时。

借：原材料——生铁　　15 000
　　应交税费——增值税——进项税额　　2 550
　　贷：预付账款　　17 550

借：预付账款　　3 550
　　贷：银行存款　　3 550

6. 采购过程中材料短缺和毁损的处理

企业在采购材料过程中，如果发生短缺和毁损，应根据造成短缺或毁损的原因，分别情况进行处理。

(1)定额内合理的途中损耗，应计入材料采购成本，按实际数量入库，总额不变，相应提高单位成本。

(2)能确定由供应单位、运输单位、保险公司或其他过失人负责赔偿的,应向有关单位或责任人索赔,自“在途物资”和“应交税费——增值税——进项税额”转出金额,一并转入“应收账款”(货款暂欠的转入“应付账款”)或“其他应收款”科目。

(3)凡尚待查明原因和需要报经批准才能转销的处理和损失,应将其损失从“在途物资”和“应交税费——增值税——进项税额”转出,一并转入“待处理财产损溢”科目。等查明原因后,再分别处理:①属于应由供应单位、运输单位、保险公司或其他过失人赔偿的,应将其损失从“待处理财产损溢”科目转入“应收账款”(货款暂欠的转入“应付账款)或“其他应收款”科目;②属于自然灾害造成的损失,应按扣除残料价值和保险公司赔偿后的净损失,从“待处理财产损溢”科目转入“营业外支出——非常损失”科目;③属于无法收回的其他损失,经批准后,应将损失从“待处理财产损溢”科目转入“管理费用”科目。

(三)自制材料和废料入库的核算

工厂由基本生产车间或辅助生产车间自制的材料以及在生产过程中产生的废料,在交库时,应按实际成本,借记“原材料”科目,贷记“生产成本(基本生产成本或辅助生产成本)”科目。

三、材料发出的总分类核算

工业企业材料领发业务非常频繁,如果逐笔进行总分类核算,工作量太大。为了简化核算手续,平时根据领料凭证或领料卡,逐笔登记材料保管明细账,以反映各种材料的收发和结存情况。月末将发料凭证进行汇总,根据领用部门和用途,编制“发料凭证汇总表”,见图表3—3。

表 3—3　　**发料凭证汇总表**

所属时期：　　年　　月

应贷科目 / 应借科目	原材料	包装物	低值易耗品	合　计
生产成本	125 000	85 000		210 000
制造费用	75 000		50 000	125 000
管理费用	25 000		15 000	40 000
其他业务成本	65 000			65 000
在建工程	40 000			40 000
委托加工物资	25 000			25 000
合　计	355 000	85 000	65 000	505 000

根据图表 3—3，会计分录如下：

借：生产成本　　125 000
　　制造费用　　75 000
　　管理费用　　25 000
　　其他业务成本　　65 000
　　在建工程　　40 000
　　委托加工物资　　25 000
　贷：原材料　　355 000

同时，将在建工程材料相应的增值税进项税额 6 800 元（40 000×17%）转出，由在建工程负担；对包装物、低值易耗品的领用，一并分录如下：

(1)借：在建工程　　6 800
　贷：应交税费——增值税——进项税额转出
　　　　6 800

(2)借：生产成本　　85 000
　贷：包装物（或周转材料——包装物）　　85 000

(3)借：制造费用　　50 000

管理费用　　　　　　　　　　15 000

贷:低值易耗品/周转材料——低值易耗品

65 000

按实际成本进行材料核算的优点是:可以反映各种材料收发和结存的实际成本;可以反映产品成本中材料的实际费用,成本计算比较准确。

其缺点是:材料收发实际成本的计算工作和材料收发凭证的计价工作比较繁重;不能反映外购、自制等材料成本的超支和节约的情况。

四、材料发出单价的计算

采用实际成本计价时,由于材料购入的时间和地点不同,各批材料的价格往往不一致,从而产生发出材料如何计价的问题。发出材料的计价方法主要有以下几种,企业根据具体情况,选择最适宜本企业实际的方法,一经确定,一年内不得改变。

(一)加权平均法

加权平均法是以数量为权数计算每种材料的平均实际单价,作为发出材料的单价。平时不计算材料的平均单价,每月只计算一次平均单价,是这种方法的一个显著特点。其计算公式为:

$$\text{加权平均单位成本}=\frac{\text{月初结存材料成本}+\text{本月购进材料总成本}}{\text{月初结存数量}+\text{本月购进材料总数量}}$$

$$\text{本月发出材料成本}=\text{本月发出材料数量}\times\text{加权平均单位成本}$$

$$\begin{aligned}\text{月末结存材料成本}&=(\text{月初结存材料总成本}+\text{本月购进材料总成本})\\&\quad-\text{本月发出材料成本}\\&=\text{本月结存材料数量}\times\text{加权平均单位成本}\end{aligned}$$

【例 3—6】 某企业 10 月份甲材料的入库、发出和结存的资料如图表 3—4。

图表 3—4

日期	摘　要	入库		发出数量	结存数量（件）
		数量（件）	单位成本（元）		
10 月 1 日	期初结存	2 000	2.00		2 000
10 月 7 日	购　入	5 000	2.40		7 000
10 月 12 日	发　出			4 000	3 000
10 月 15 日	购　入	3 000	1.90		6 000
10 月 20 日	发　出			2 000	4 000
10 月 26 日	发　出			3 000	1 000

根据上述资料，则：

$$\text{加权平均单位成本}=\frac{2\ 000\times2.00+5\ 000\times2.40+3\ 000\times1.90}{2\ 000+5\ 000+3\ 000}$$

$$=\frac{21\ 700}{10\ 000}=2.17(\text{元/件})$$

$$\text{本月发出材料成本}=(4\ 000+2\ 000+3\ 000)\times2.17$$

$$=19\ 530(\text{元})$$

$$\text{月末结存材料成本}=1\ 000\times2.17=2\ 170(\text{元})$$

加权平均法比较简便，但影响成本计算及时性，不利于存货成本的日常管理与控制。

（二）移动加权平均法

移动加权平均法是在每次购入材料以后，以购入数量和库存数量为加权数，计算购入材料和原有库存材料的加权平均单价的方法。与加权平均法比较，移动加权平均法一个月内可能要多次计算平均成本。其计算公式是：

$$\text{移动加权平均单价成本}=\frac{\text{本次购入前结存材料总成本}+\text{本次购入材料的成本}}{\text{本次购入前结存材料数量}+\text{本次购入材料数量}}$$

本次发出材料成本 = 当前移动加权平均单价成本 × 本次发出材料数量

月末结存材料成本 = 当前移动加权平均单价成本 × 月末结存材料数量

【例 3—7】 仍以【例 3—6】的资料，用移动加权平均法计算材料成本，见图表 3—5。

图表 3—5

年		摘要	收入			发出			结存		
月	日		数量	单价	金额	数量	单价	金额	数量	单价	金额
10	1	期初结存							2 000	2.00	4 000
10	7	购入	5 000	2.40	12 000				7 000	2.29	16 000
10	12	发出				4 000	2.29	9 160	3 000	2.29	6 840
10	15	购入	3 000	1.90	5 700				6 000	2.09	12 540
10	20	发出				2 000	2.09	4 180	4 000	2.09	8 360
10	26	发出				3 000	2.09	6 270	1 000	2.09	2 090
10	31	本月发生额及期末余额	8 000		17 700	9 000		19 610			

移动平均加权法克服了加权平均法期末一次计算平均单价、一次结转发出材料的缺点。每次购入材料后，只要单价有变动，就立即计算出库存材料的加权平均单价，以及时结转发出材料的成本，可以缩小物价变动对存货计价的影响。

（三）先进先出法

先进先出法是按假设先入库的材料先发出的原则计算领用实际成本的一种方法。每次发料，按账上所存的材料中最先收入或结存首批的材料单价计价，超出部分按次批购入的材料单价计价，依此类推。

【例 3—8】 仍以【例 3—6】的资料，按先进先出法计算如下：

10 月 12 日发出材料的成本＝2 000×2.00＋2 000×2.40

＝8 800（元）

10 月 20 日发出材料的成本＝2 000×2.40＝4 800（元）

10 月 26 日发出材料的成本＝1 000×2.40＋2 000×1.90

＝6 200(元)

本月发出材料的成本＝8 800＋4 800＋6 200＝19 800(元)

月末结存材料的成本＝1 000×1.90＝1 900(元)

先进先出符合材料(或商品)进出的规律。因“后进作存”,期末库存价值接近于近期的取得成本,但如果存货业务较多且物价不稳定时,采用这种方法工作量会较大。在物价上涨时,这种方法会高估企业当期利润;反之,会低估企业当期利润。

(四)个别计价法

个别计价法,实际上就是具体辨认法。每次发出材料时,查明其所属的购入批次,以它的实际成本作为材料的发出价值。这一计价法比较符合企业实际情况,但较为繁杂。本方法通常适用于单位价值较高的材料。

【例 3—9】 仍以【例 3—6】的资料,该企业 10 月末甲材料的结存为 1 000 件,经确认,10 月 12 日发出的4 000件中有2 500件是 10 月 7 日购入的,1 500 件是期初结存;10 月 20 日发出的2 000件均为 10 月 15 日购入的;10 月 26 日发出的 3 000 件中 500 件是期初结存的,2 000 件是 10 月 7 日购入的,500 件是 10 月 15 日购入的。则:

本月发出材料成本＝(2 500×2.40＋1 500×2.00)＋(2 000×1.90)＋(500×2.00＋2 000×2.40＋500×1.90)

＝9 000＋3 800＋6 750＝19 550(元)

本月结存材料成本＝500×2.40＋500×1.90＝2 150(元)

个别计价法成本计算准确、符合实际,但在存货收发频繁情况下,分辨发出成本的工作量太大。

五、工业企业材料按计划成本计价的收发核算

(一)按计划价格核算概述

若材料品种繁多、材料消耗品种比较固定,为简化结转成本手

续，原材料可以按计划价格核算。原材料科目收、付、存都是计划单价，购进时，实际价格与计划价格发生的差额通过“材料成本差异”科目核算。“材料成本差异”是原材料的调整科目。原材料购入借方收入金额按计划单价计算比实际价格高的差额表示实际比计划下降，有所节约，用贷“材料成本差异”科目来加以反映；如购入借方收入金额按计划单价计算比实际价格低，表示实际比计划升高超支，用借“材料成本差异”科目反映。月末结存余额在借方，用“+”符号，表示超支；结余在贷方，用“-”符号，表示节约。

在核算上，原材料购入时，应通过“材料采购”科目核算，反映材料采购执行计划成本的情况。其借方反映购入原材料的实际买价及“附加成本”，借记“材料采购”科目，贷记“银行存款”“应付票据”“其他货币资金”等科目；贷方反映材料运到入库，按计划成本转入“原材料”科目，借记“原材料”科目，贷记“材料采购”科目。如计划成本大于实际成本的差额，借记“材料采购”科目，贷记“材料成本差异”；计划成本小于实际成本的差额，分录则反之。每批材料购入款已付并已入库，“材料采购”科目经上述分录记账后，借贷双方金额平衡。如发生借方余额，表示该批材料货款已付、材料未到达，是在途材料。对于材料先到、货款未付，和按实际成本核算方法相同。平时不作账务处理，月终仍未付款，按计划成本借记“原材料”，贷记“应付账款”科目，下月初用红字将原分录冲回。均不通过“材料采购”科目核算。

“材料采购”科目应按供货单位结合品名设置明细分类账，或采用“平行式登记”账页进行登记。其转入原材料属于材料成本差异部分，登入明细账成本差异结转栏内，超支或节约在最右边栏作“+”或“-”符号。该栏不能代替“材料成本差异”科目的登记。

每种原材料计划单价，在年初由厂长召集采购供应部门、财会部门负责人，根据市场价格与本厂历史价格资料共同研究确定。除有特殊情况外，年度内不作变动。

发出的材料，平时都用计划单价计算发出金额，到月末要计算出材料成本差异率，算出差异额，调整发出材料进入有关成本费用的金额。计算公式为：

$$\text{材料成本差异率}=\frac{\pm\text{月初结存材料成本差异额}\pm\text{本月购入材料成本差异额}}{\text{月初结存材料计划成本}+\text{本月购入材料计划成本}}\times 100\%$$

$$\text{本月发出材料应计差异额}=\text{本月发出材料的合计金额}\times(\pm)\text{材料成本差异率}$$

以上公式算出的差异额是调整平时已结转付出材料金额，借记不同的有关成本费用科目，贷记“材料成本差异”科目，节约金额用红字，超支金额用蓝字。

（二）按计划价格核算举例

【例3—10】 ××年12月31日红星工厂“原材料——生铁”库存账户结存3 000千克，计划单价2.40元，金额7 200元，材料进销差价－446.40元，1月份发生业务如下：

(1)5日，从青山铁厂购入生铁1 500千克，实际单价2.36元，合计货价3 540元，增值税601.80元，货款用银行汇兑付4 141.80元，用现金支票支付运杂费150元，未取得运输发票抵扣联。材料已运到入库。

借：材料采购——青山铁厂　　3 690
　　应交税费——增值税——进项税额　　601.80
　　贷：银行存款　　4 291.80

借：原材料——生铁(1 500×2.40)　　3 600
　　材料成本差异　　90
　　贷：材料采购　　3 690

(2)30日，据仓库领料汇总表，铸件车间本月共领用生铁2 020千克，用计划单价计算发出材料金额。

借：生产成本——铸件——主要材料　　4 848
　　贷：原材料——生铁　　4 848

(3)31日，计算出材料成本差异率，调整生产成本金额。

$$\text{材料成本差异率}=\frac{-446.40+90}{7\ 200+3\ 600}\times 100\%$$

$$=\frac{-356.40}{10\ 800}\times 100\%$$
$$=-3.3\%$$

本月领用材料应调整金额＝4 848×(－3.3%)

＝－159.98(元)

借:生产成本——铸件——主要材料 [159.98]

贷:材料成本差异 [159.98]

(4)月终,盘点生铁短缺5千克,属自然损耗。

借:管理费用 11.60

贷:原材料——生铁 12

(5×2.40)

材料成本差异 [0.40]

[12×(－3.3%)]

材料成本差异率是正的,冲出不用红字,而应用蓝字。

将上列分录有关"材料采购"科目金额,登入材料采购明细账,见图表3－6。

(三)计划成本核算的优缺点

按计划成本核算可以简化材料发出的计价工作量;通过材料购入实际成本与计划成本差异的检查,及时发现材料采购过程中存在的问题。当然材料成本差异的调整,比实际成本核算的正确程度要差;制订计划成本单价,在市场开放与物价不可能绝对稳定情况下,也有一定难度。

图表 3－6

物资(材料)采购　明细账(平行式登记)

户名(供货单位名称)	借方															贷方															成本差异结转额	超支(＋)或节约(－)符号	转销符号√
	××年		记账凭证		购进材料名称	摘要	金额									××年		记账凭证		入库单号码	摘要	金额											
	月	日	种类	号数			百	十	万	千	百	十	元	角	分	月	日	种类	号数			百	十	万	千	百	十	元	角	分			
青山铁厂	1	5	银	1	生铁	购入				3	6	9	0	0	0	1	5	记	2	××	生铁运到入库				3	6	0	0	0	0	90	＋	√

第三节　委托加工物资的核算

一、委托加工物资的概念

企业外购的材料不能满足企业生产工艺的要求或自制配件中的某个工序设备与技术条件受限制，需将材料或配件在制品送往外单位工厂加工，并在短期内可以完成收回，这个过程即委托加工物资。在加工过程中，企业支付加工费，应取得增值税发票。为了保证账实相符，反映委托加工物资的费用成本及最后增加委托加工物资价值的情况，必须对委托加工物资进行认真核算。

二、委托加工物资的核算

委托加工物资应设立“委托加工物资”科目进行核算。其借方登记拨出加工物资的实际成本、来回运输加工物资的运费支出、支付加工费用，以及由受托方代付应由委托方负担的消费税等；贷方反映委托加工物资完成工艺收回的转出；余额为未完工委托加工物资。委托加工物资，应按受托单位名称与委托加工物资的品名设立明细账。商品流通企业为扩大货色品种，将该种库存商品拨出加工成另一种库存商品，也可以比照工业委托加工材料核算处理。但拨出与加工后收回不是原材料，而是库存商品。

付出与收回的手续，可以通过填制领料单与入库单，和其他材料的收发手续相同。

【例 3－11】 某企业委托加工一批物资，资料如下：

(1)根据材料领料单发出 130 毫米钢筋 1 000 千克，成本价每公斤 4 元，委托 A 工厂加工成 45 毫米钢筋。

借：委托加工物资——A 工厂——45 毫米钢筋

4 000

贷:原材料——130 毫米钢筋　　　　　4 000

(2)支付加工材料费,取得增值税发票,金额 200 元,增值税 34 元,开给银行转账支票。

借:委托加工物资——A 工厂——45 毫米钢筋

200

应交税费——增值税——进项税额　　34

贷:银行存款　　　　　　　234

(3)支付材料发出加工与加工完成收回入库的来回运费 150 元,未取得运费增值税发票抵扣联,付现金。

借:委托加工物资——A 工厂——45 毫米钢筋

150

贷:现金　　　　　　　　　150

(4)委托加工材料收回 45 毫米钢筋 1 000 千克,填制入库凭证。

借:原材料——45 毫米钢筋　　　　4 350

贷:委托加工物资——A 工厂——45 毫米钢筋

4 350

第四节　低值易耗品的核算

一、低值易耗品的概念

低值易耗品是指不能作为固定资产的各种用具物品,如工具、管理用具、玻璃器皿,以及企业内部用于储存、保管商品而使用的包装容器等。

低值易耗品具有价值低、易消耗的特点。价值低即单位价值在固定资产标准以下。有没有金额起点呢?这可以根据企业管理的要求,例如,50 元以上作为低值易耗品,50 元以下列作费用成本。假如小型企业生产用设备物品,固定资产单位价值是1 000

元，那么，1 000元以下 50 元以上的就是低值易耗品。易消耗就是使用年限不能保证一年以上。两者只要具备其一，就是低值易耗品。例如，假设玻璃柜的单价超过 1 000 元，但存在偶然中会被打破的可能，不能保证使用一年以上，它就属于低值易耗品。

二、低值易耗品的摊销方法

企业应分情况，对低值易耗品领用采用一次、分期或“五五”摊销法。

（一）一次摊销法

一次摊销法是将其全部价值摊入有关的成本费用科目。这种方法核算虽简便，但成本费用负担不均衡；同时，列支费用后，低值易耗品的存量没有账，不利于保管。为解决这种情况，可以登记备查簿或使用登记卡，见图表 3—7。

（二）分次或分期摊销法

分次或分期摊销法是指领用低值易耗品时，价值较大、数量较多转作长期待摊费用，再确定其使用年限，计算分次（分期）摊销额。这种办法可以解决成本费用的均衡负担。由于低值易耗品科目只是反映在库数，因而领用后也必须设置备查账或保管卡。

（三）“五五”摊销法

“五五”摊销法是在领用时摊销其价值 50%，在报废时再摊销其余的 50%。这种方法有利于低值易耗品的保管，但费用摊销不均衡。在用低值易耗品应设置明细账。

❀ **小企业会计准则规定，对于周转材料，采用一次摊销法进行会计处理，金额较大的，也可以采用分次摊销法进行会计处理。**

三、低值易耗品的核算

低值易耗品的总分类核算，应设置“周转材料”科目，下设“低值易耗品”分类科目；也可以设置“低值易耗品”科目单独核算。借方反映购入增加数，贷方反映领用等发出减少数，余额为结存数。

图表 3—7

在用低值易耗品保管领用备查账

品　　名＿＿＿＿＿＿

计量单位＿＿＿＿＿＿

注：表中“领用保管人（部门）”名称填线下空格内

年		领用摊销凭证号数	摘　要	领用数	报废或其他减少	在用数	领用保管人（部门）				
月	日										

领用保管人（部门）																								
摘　要	月	日	数量	月	日	数量	月	日	数量	月	日	数量	月	日	数量	月	日	数量	月	日	数量	月	日	数量

下设“在库”“在用”和“摊销”科目进行明细核算。

※ **小企业因机构较小，“低值易耗品”和“包装物”合并为“周转材料”科目核算，下设或不设“低值易耗品”“包装物”明细科目。**

一般纳税人低值易耗品购入取得增值税专用发票的，以货价作为购入价。发生的购进运输费用取得增值税发票抵扣联的，税额作为增值税进项税额，其余并入购入成本。未取得运费发票抵扣联的，运费全额并入购入价。

【例 3－12】 某一般纳税人工厂购入电焊机 5 台，每台货价 400 元，增值税税额 68 元，合计 2 340 元，付转账支票，另以现金付人力三轮车费 10 元。会计分录如下：

借：低值易耗品——电焊机——在库　　2 010
　　　　　　　　　　　　　　　　　（400×5＋10）
　应交税费——增值税——进项税额　　340
　贷：银行存款　　　　　　　　　　　　2 340
　　库存现金　　　　　　　　　　　　　10

购入领用的低值易耗品，应区分领用用途和环节，分别借记“制造费用”“管理费用”“销售费用”“其他业务成本”等科目，还应区别领用数量多少、金额大小，分别采用一次摊销法、分期摊销法或“五五”摊销法。

【例 3－13】 生产车间领用 2 台电焊机，数量不多、金额不大、一次摊销。平均单价 402 元，计 804 元。会计分录如下：

借：制造费用——低值易耗品摊销　　804
　贷：低值易耗品——电焊机——在库　　804

如果领用的低值易耗品单价较高、使用期限较长，但又达不到固定资产的标准，可采用“五五”摊销法。

【例 3－14】 车间领用小型发电机一台，原值 900 元，采用“五五”摊销法。会计分录如下：

借：制造费用——低值易耗品摊销　　450
　贷：低值易耗品——发电机——摊销　　450

借:低值易耗品——发电机——在用　　　900
　贷:低值易耗品——发电机——在库　　　900

待报废时,再摊销其在用的价值,借记科目同,贷记“低值易耗品——发电机——摊销”科目,金额同领用时摊销金额;同时,再借记“低值易耗品——发电机——摊销”科目,贷记“低值易耗品——发电机——在用”原价金额。

低值易耗品报废,如果残料出售,收到现金或银行存款,借记“库存现金”或“银行存款”科目,贷记领用摊销分录的借方科目。

第五节　包装物的核算

一、包装物的概念

包装物是指为包装本企业产品而储备的各种包装容器,如桶、箱、坛、袋等,包括:生产过程中用于包装产品,作为产品组成部分的包装物;随同商品出售而不单独计价的包装物;随同商品出售而单独计价的包装物;出租或出借给购货单位使用的包装物。

下列情况不属于包装物核算的范围:①各种包装材料,如纸、绳、铁丝、铁皮等,应在“原材料”科目核算;②用于储存和保管商品、材料而不对外出售的包装物,应按其价值大小和使用期限长短,分别在“固定资产”或“低值易耗品”科目核算;③单独列作商品产品的自制包装物以及购进准备出售的包装物,应作为库存商品处理。

二、包装物的核算

包装物的总分类核算,应设置“周转材料”科目,下设“包装物”分类科目;也可以设置“包装物”科目单独核算,用来核算企业库存包装物的收入、付出与结余成本,还应按包装物的种类、品名设置明细科目。

❊ **小企业因机构较小，合并为“周转材料”科目核算。（见第四节低值易耗品）。**

（一）包装物购入的核算

一般纳税人包装物购入取得增值税发票，进价为购入货价，购入的运输费可比照低值易耗品购入的运输费用处理。小规模纳税人按前述，货价、增值税进项税额、运输费用一并作为购入价入账。

【例3—15】 某企业购入包装产品用的纸箱1 500只，每只5元，计货价7 500元，增值税1 275元，另付运输费用166.50元，其中运价150元，税额16.50元，取得增值税发票抵扣联，均以银行转账支票支付。会计分录如下：

借：包装物——纸箱　　7 650
　　（7 500＋150）
　应交税费——增值税——进项税额　　1 291.50
　　（1 275＋16.50）
　贷：银行存款　　8 941.50

（二）包装物领用与出租、出借的核算

包装物的领用应区别不同用途，归类不同的科目。领用的包装物作为产品外层结构的，借记“生产成本”，贷记“包装物”；随同产品一并出售不单独计价的，借记“销售费用”，贷记“包装物”；随同产品出售单独计价的，借记“其他业务成本”，贷记“包装物”。少数特殊工业企业有出借、出租包装物的情况，包装物的出借、出租区别在于：对常来客户为兜揽生意不收租金使用费的暂借，是出借；收取租金使用费是出租。其核算分录差别，见图表3—8。

图表 3—8　　包装物的出租与出借

经济事项	出租		出借	
	借　方	贷　方	借　方	贷　方
领出包装物	其他业务成本	包装物	销售费用	包装物
领出金额较大的包装物	长期待摊费用	包装物	长期待摊费用	包装物
收回	不作账务处理	不作账务处理	不作账务处理	不作账务处理
收到租金	现金或银行存款	其他业务收入	—	—
报废收回残料	原材料	其他业务成本	原材料	销售费用

出租、出借的包装物一次性摊销后，为加强管理，应按租借户与包装物品名设立分户辅助数量账。

（三）收到包装物押金的核算

企业收到出租、出借或某些随同产品出售、不单独计价、非收回不可的包装物押金，借记“银行存款”或“库存现金”科目，贷记“其他应付款”科目。退还押金时，做相反分录。应收出租包装物的租金，可以在退还押金时扣除，借记“其他应付款”，贷记“其他业务收入”和“银行存款”或“库存现金”科目。

例如，退还押金 800 元，扣除应收租金 50 元，余付现金，会计分录如下：

借：其他应付款——××　　800

　贷：库存现金　　750

　　　其他业务收入　　50

收取押金的出租、出借应回收而发出的包装物，应规定期限收回。逾期不交还，可没收押金。出租、出借包装物的押金没收，借记“其他应付款”科目，没收押金应交纳的增值税，贷记“应交税费——增值税（销项税额）”科目，按其余额贷记“其他业务收入”科目。

例如,某一般纳税人企业没收押金1 000元。会计分录如下:

借:其他应付款　　1 000

　贷:其他业务收入　　854.70

(1 000÷1.17)

　　应交税费——增值税——销项税额　145.30

[(1 000÷1.17)×0.17]

回收随同商品出售不单独计价未退包装物加收的押金,逾期不退还,没收押金,作"营业外收入",并计算应交增值税。

例如,没收随同商品出售不单独计价,逾期未退还包装物的押金 1 000 元。分计分录如下:

借:其他应付款——××　　1 000

　贷:营业外收入——逾期包装物押金没收收入

854.70

(1 000÷1.17)

　　应交税费——增值税——销项税额　145.30

(854.7×0.17)

小规模纳税人没收包装物押金应交增值税 = [没收金额 ÷ (1 + 征收率)] × 征收率

❊ **小企业出借、出租包装物,不将包装物转出,只是在备查簿上进行登记就可。出租租金收入,贷记"营业外收入"科目。**

第六节　库存商品的核算

一、库存商品的概念

库存商品是指库存的外购商品、自制供出售的产成品、存放在门市部准备出售的商品、发出展览的商品以及外库或存放在仓库的商品等。

已经完成销售手续，但购买单位在月末未提取的库存商品，结转商品销售成本后，应作为代管商品处理，另设“代管商品备查簿”进行登记。工业企业的库存商品是指企业已经完成全部生产过程并已验收入库、合乎标准规格和技术条件、可以按照合同规定的条件送交订货单位或可以作为商品对外销售的产品。它包括企业对外销售的自制半成品、接受外来原材料加工制造的代制品和为外单位加工修理的代修品。可以降价出售的不合格品，视同企业的产成品，但由于售价与合格产品不同，应与合格产品分别核算和管理。

商品流通企业的库存商品主要指外购或委托加工完成验收入库用于销售的各种商品。零售门市部还包括陈列在门市部待售的各种商品。委托代销商品应从库存商品转出作委托代销商品处理。

二、库存商品的总分类核算

（一）账户设置

为了总括反映和监督库存商品收发、结存情况，应设置“库存商品”科目，用来核算企业库存各种库存商品的实际成本。该账户的借方登记验收入库等库存商品的实际成本或计划成本（或售价）；贷方登记发出、销售等库存商品的实际成本或计划成本（或售价）；余额在借方，反映企业各种库存商品的实际成本（或进价）或计划成本（或售价）。

（二）账务处理

1. 工业企业的账务处理

工业企业的库存商品主要指产成品，一般应按实际成本进行核算。

企业对本月生产完工验收入库的产成品，应借记“库存商品”科目，贷记“生产成本”科目。

工业企业在实际工作中，平时产成品收入填“入库凭证”，发出填“出库凭证”。对于产成品收发的总分类核算，通常在月末编制“产成品收入汇总表”和“产成品发出汇总表”进行。“产成品收入汇总表”是根据“产成品入库单”和“产品成本计算单”编制的，“产成品发出汇总表”是根据“产成品出库凭证”和产成品明细账中用计算原材料发出单价的不同计算方法求出的单位成本编制的。

【例3—16】 某企业月末根据产品入库单和产品成本计算单编制“产成品收入汇总表”，见图表3—9。

图表3—9　　产成品收入汇总表

年　月　日至　月　日

产品名称	规　格	计量单位	数　量	单位成本	总成本
甲产品		件	300	307	92 100
乙产品		台	200	505	101 000
合　计					193 100

借：库存商品——甲产品　　92 100
　　　　　——乙产品　　101 000
　贷：生产成本　　193 100

【例3—17】 某企业月末根据产成品出库凭证和产成品明细账中的单位成本编制“产成品发出汇总表”，见图表3—10。

图表3—10　　产成品发出汇总表

发出结算方式：分期收款　　年　月　日至　月　日

产品名称	规　格	计量单位	数　量	单位成本	总成本
甲产品		件	303	306	92 718
乙产品		台	250	504	126 000
合　计					218 718

(1)如采用分期收款方式销售。

借：发出商品　　218 718
　贷：库存商品——甲产品　　92 718
　　　　　　——乙产品　　126 000

(2)如采用其他结算方式销售。

借:主营业务成本　　218 718

　贷:库存商品——甲产品　　92 718

　　　　　　——乙产品　　126 000

(3)产成品作为样品发出,赠送他人应视同销售。该企业发出甲、乙产品各1件,成本金额计810元,售价1 050元,赠给外单位销售作柜窗陈列广告样品。

借:销售费用——广告费　　1 228.50

[1 050×(1+17%)]

　贷:主营业务收入　　1 050

　　应交税费——增值税——销项税额　　178.50

(1 050×17%)

借:主营业务成本　　810

　贷:库存商品——甲产品　　306

　　　　　　——乙产品　　504

产成品种类较多的企业,可以按计划成本进行日常核算。采用计划成本进行产成品日常核算的企业,除应设置"库存商品"科目外,还应设置"产品成本差异"科目,核算产成品实际成本和计划成本的差异。在这种情况下,产品的收入、发出和销售,平时可以采用计划成本核算;月终,计算入库产品的实际成本,并将实际成本与计划成本的差异额计入"产品成本差异"科目,再将产品成本差异在发出、销售和结存的产成品之间进行分配。具体计算方法与"材料成本差异"计算方法相同。

产品生产未全部完工但已完成一定工艺生产过程,构成单独成品实体,单独验收入库,以后由另一车间领用继续生产完全成品或进行单独出售,称为自制半成品,如纺织厂生产完工的棉纱。对这种中间产品,会计部门应计算完工成本,借记"库存商品——自制半成品",贷记"生产成本"科目。以后分别由下一车间作为原材料继续加工生产,如纺织厂织布车间领用棉纱或棉纱出售,生产用借记“生产成本”，出售借记“主营业务成本”科目，贷记“库存商品——自制半成品”科目。

2. 商品流通批发企业库存商品的账务处理

批发企业一般采用数量进价金额核算。

【例 3－18】 某企业购进 A 商品 100 000 元，增值税进项税额 17 000 元，支付商品运输途中运杂费1 200元，未取得正式发票。会计分录如下：

(1)货到入库，货款及运费用银行存款付清。

借：库存商品——A 商品　　101 200

　　应交税费——增值税—进项税额　　17 000

　　贷：银行存款　　118 200

(2)货到入库，货款及对方代垫运费未结算付清。

借：库存商品——A 商品　　101 200

　　应交税费——增值税——进项税额　17 000

　　贷：应付账款　　118 200

(3)采用银行汇票结算，已付清货款及运费，采购员委托铁路或水路运输办妥手续后，回到企业，商品尚未到达，将结算票据交到财会部门。

借：在途物资——A 商品　　101 200

　　应交税费——增值税——进项税额　17 000

　　贷：其他货币资金——汇票存款　　118 200

(4)货到后，按实际收到数量填入库单验收入库。

借：库存商品——A 商品　　101 200

　　贷：在途物资——A 商品　　101 200

批发商品出售发出结转成本，其单价按工业材料发出的几种计算方法求出金额，借记“主营业务成本”科目，贷记“库存商品——A 商品”科目。

❊ 小企业(批发业、零售业)在购买商品过程中发生的各种费用，不并入采购成本，应作“销售费用”核算，见本章第一节。

【例 3—19】 某燃料公司从产地购进燃料用煤炭 20 吨，购进金额 6 000 元，到达本地共支付运费 8 000 元，取得正式发票。其中，可以扣除 7%的运输费用与建设基金 7 000 元，煤炭实行 13%低额税率，款均以银行存款支付。煤炭运费另行汇集，月终按存销比例分摊。会计分录如下：

(1)购进燃料时。

借：库存商品——煤炭　　5 220

(6 000×87%)

库存商品——待摊煤炭运费　　7 510

[7 000×93%+(8 000−7 000)]

应交税费——增值税——进项税额　　1 270

[(6 000×13%)+(7 000×7%)]

贷：银行存款　　14 000

(2)月终，根据存销比例 4∶6(销∶存)进行分摊，已销的转入"主营业务成本"。

借：主营业务成本　　3 004

(7 510×40%)

贷：库存商品——待摊煤炭运费　　3 004

❊ **运输费用营改增改革后，按增值税发票确定的运价与税额进行核算。**

第七节　存货清查的核算

一、存货清查的意义和方法

为了如实反映存货的数量和金额，监督存货的安全完整，保证存货核算的真实性，做到账实相符，企业必须对存货进行定期或不定期的盘点清查，以保证账实相符与财务会计报告的真实性。清查结果应填“存货清查盈缺报告表”，见图表 3－11，并据此提出处理初步意见，报领导与财会部门各一份。

图表 3－11　　　　　存货清查盈缺报告表

存货保管部门：　　　　盘点日期：　　年　月　日

存货名称规格	计量单位	数量		单价	盘盈		盘亏		盈亏原因	处理初步意见
		账存	实存		数量	金额	数量	金额		

部门负责人：　　　　　　清查小组负责人：　　　　保管员：

二、存货清查结果的核算

为了反映和监督存货盘盈、盘亏和毁损的发生和处理情况，应设置“待处理财产损溢——待处理流动资产损溢”科目进行核算。企业盘盈、盘亏和毁损的存货，应按规定程序，报经董事会或单位负责人审批。待批准后，再根据不同情况分别处理。

应当注意，企业购进的原材料、库存商品发生非正常损失，其增值税进项税额也应相应转入“待处理财产损溢”科目，并与遭受非正常损失的购进货物、在产品、库存商品成本一并处理。

(一)存货盘盈的核算

对于盘盈的存货，在未批准前，应借记“原材料”“库存商品”等科目，贷记“待处理财产损溢——待处理流动资产损溢”科目；待批准后，冲减“管理费用”(商品流通企业冲减“销售费用”)，借记“待处理财产损溢——待处理流动资产损溢”科目，贷记“管理费用”或“销售费用”科目，小企业贷记“营业外收入”科目。

【例 3－20】 某企业在财产清查中，发现盘盈甲材料 500 千克，每千克实际成本 30 元，经查明是计算差错所造成。会计分录如下：

(1)批准前。

借:原材料——甲材料　　15 000

　贷:待处理财产损溢——待处理流动资产损溢

　　15 000

(2)批准后。

借:待处理财产损溢——待处理流动资产损溢

　　15 000

　贷:管理费用　　15 000

【例 3—21】 某企业零售部 B 柜组月底盘点库存商品金额,实存19 850元,账存19 810元,发生溢余 40 元,已报告,原因待查。该柜组上月进销差价率 12%。

(1)批准前。

借:库存商品——B 柜组　　40

　贷:待处理财产损溢——待处理流动资产损溢

　　35.20

　　商品进销差价　　4.80

　　(40×12%)

(2)经查明原因,属商品自然升溢。

借:待处理财产损溢——待处理流动资产损溢

　　35.20

　贷:销售费用　　35.20

(二)存货盘亏和毁损的核算

对于盘亏和毁损的存货,在未批准前,应先通过“待处理财产损溢——待处理流动资产损溢”科目处理;待批准后,再根据不同原因,分别按下列情况进行账务处理。

(1)由于自然损耗造成的定额内的短缺,工业企业应计入管理费用,借记“管理费用”,贷记“待处理财产损溢——待处理流动资产损溢”科目。商品流通企业应计入销售费用,借记“销售费用”科目,贷记“待处理财产损溢——待处理流动资产损溢”科目。

❀ **小企业借记“营业外支出”科目，贷记“待处理财产损溢”科目。**

(2)由于各种原因造成的超定额短缺的报失，应明确经济责任。应由过失人和保险公司负责赔偿的，按索赔金额，借记“其他应收款”科目，贷记“待处理财产损溢——待处理流动资产损溢”科目；如有残料，应按残料价值，借记“原材料”科目，贷记“待处理财产损溢——待处理流动资产损溢”科目；全部损失扣除过失人、保险公司赔款和残料价值后的净损失，工业企业借记“管理费用”(商品流通企业借记“销售费用”)科目。

❀ **小企业借记“营业外支出”科目，贷记“待处理财产损溢——待处理流动资产损溢”科目。**

(3)由于自然灾害等非常原因造成的存货毁损，应由保险公司负责赔偿。按索赔金额，借记“其他应收款”科目，贷记“待处理财产损溢——待处理流动资产损溢”科目；如有残料，按残料价值，借记“原材料”科目，贷记“待处理财产损溢——待处理流动资产损溢”科目；全部损失扣除保险公司赔款和残料价值后的净损失，计入营业外支出，借记“营业外支出——非常损失”科目，贷记“待处理财产损溢——待处理流动资产损溢”科目。

【例3－22】 某鞋厂在财产清查中，发现鞋面布发霉变色50米，每米实际成本20.40元，计1 020元，进项税额173.40元。会计分录如下：

(1)批准前。

借：待处理财产损溢——待处理流动资产损溢

1 193.40

贷：原材料——鞋面布　　1 020

应交税费——增值税(进项税额转出)　　173.40

(2)经查是由仓库保管员李明失职造成，按规定李明赔偿20%，其余由企业核销。残料作价150元，验收入库，经批准后。

借：其他应收款——李明　　238.68

(1 193.40×20%)

原材料——变色鞋面布　150

营业外支出——非常损失　804.72

贷:待处理财产损溢——待处理流动资产损溢

1 193.40

【例 3－23】 某日光灯管厂在财产清查中,发现盘亏灯管 3 条,经查明,占产品入库数0.3%,属于定额内耗损。该产品每条实际成本 3 元。会计分录如下:

(1)批准前。

借:待处理财产损溢——待处理流动资产损溢　9

贷:库存商品——日光灯管　9

(2)核实后。

借:管理费用/销售费用　9

贷:待处理财产损溢——待处理流动资产损溢　9

(3)若为小企业。

借:营业外支出　9

贷:待处理财产损溢——待处理流动资产损溢　9

【例 3－24】 某皮鞋厂遭受台风洪水袭击,清查后,发现毁损皮革料 140 米,每米实际成本 180 元,计25 200元,进项税额 4 284 元。会计分录如下:

(1)批准前。

借:待处理财产损溢——待处理流动资产损溢

29 484

贷:原材料——皮革　25 200

应交税费——增值税——进项税额转出

4 284

(2)非常事故造成,由保险公司赔偿 60%。

借:其他应收款——保险公司　17 690.40

(29 484×60%)

营业外支出——非常损失　　　　11 793.60

（29 484×40%）

贷：待处理财产损溢——待处理流动资产损溢

29 484

【例 3—25】 某企业零售部 C 柜组月底盘点库存商品，金额实存比库存少 120 元（售价不含税），上月综合差价率 10%，尚未查明原因。会计分录如下：

（1）批准前。

借：待处理财产损溢——待处理流动资产损溢

108

商品进销差价　　　　12

（120×10%）

贷：库存商品——C 柜组　　　　120

（2）经查明是部分商品自然损耗与营业员差错造成，由柜组赔 50%，其余报销。批准后。

借：其他应收款——C 柜组　　　　54

销售费用　　　　54

贷：待处理财产损溢——待处理流动资产损溢

108

上列"待处理财产损溢"科目发生额在期末编制资产负债表前应处理完毕。个别确实无法查清情况的，也应经董事会或类似机构或单位负责人批准，做出"账销案存"另列案情调查的决定，从而在报表上可以减少企业的虚资产。

第四章　固定资产和无形资产的核算

提示

固定资产核算，在企业会计核算中占有重要的位置。

首先，应明确固定资产定义和量定界限。办公用与生产设备以及大、中、小企业具体划分的区别，固定资产的计价种类原始价值的内涵，固定资产增加分别不同来源账务的处理方法，固定资产的折旧的计算，弄懂直线折旧法与加速折旧法的计算公式。计提固定资产折旧的范围也不能忽视。

其次，掌握固定资产修理的核算，付出小额与较大金额在核算上的不同，固定资产出售与报废在核算上相同之处与不同之处。

此外，关于“无形资产”的实务核算，虽是冷门，但必须明确无形资产的概念和无形资产的计价原则，熟知无形资产的摊销方法及有关规定和长期待摊费用的核算。

第一节　固定资产概述

一、固定资产的概念、特点和标准

固定资产是企业为生产产品、提供劳务、出租或经营管理而持有的，使用时间超过 1 年(不含 1 年)的有形资产，包括房屋、建筑物、机器、机械、运输工具，以及其他与生产经营有关的设备、器具、工具等。企业可根据规模不同确定划分固定资产与低值易耗品的金额界线。例如，单价 2 000 元及以上(或 1 500 元及以上、或 1 000元及以上)且使用年限超过 1 年，当两个条件同时具备，列作固定资产核算；如只具备一个条件，列为低值易耗品核算。

固定资产与低值易耗品有了明确的划分界线，执行时就能前后统一、便于管理、不致混乱。

固定资产的特点是价值较高、使用寿命较长、多次使用不改变实物形态。固定资产的价值随其磨损程度，逐步转移到成本费用，再通过商品销售的实现，得到补偿，逐步转化为货币资金，形成固定资产实物更新的货币准备金，实现新的资金循环。

二、固定资产的分类和计价

(一)固定资产的分类

1. 按经济用途分类

(1)经营用固定资产。

经营用固定资产是指直接服务于企业生产、流通经营过程的各种固定资产，如厂房、机器、货物运输车辆等。

(2)非经营用固定资产。

非经营用固定资产是指不直接服务于企业生产、流通经营过程的各种固定资产，如职工宿舍、办公大楼等。

2. 按使用情况分类

(1)使用中固定资产。

使用中固定资产是指企业正在使用的固定资产,包括季节性生产和大修理暂停使用的固定资产、存放在使用部门以备替换使用的固定资产,以及出租的固定资产。

(2)未使用固定资产。

未使用固定资产是指虽已完工、购建但尚未交付使用,或因改、扩建暂停使用,或因其他原因停止使用的固定资产。

(3)不需用固定资产。

不需用固定资产是指企业多余的、不适用的、准备处理掉的固定资产。

3. 按所有权分类

(1)自有固定资产。

自有固定资产是企业拥有的可供企业自由支配使用的固定资产。

(2)租入固定资产。

租入固定资产是企业采用租赁方式从其他单位租入的固定资产。其中,融资租入固定资产,是指企业采用融资租赁的方式租入的固定资产,在租赁期内,视同自有固定资产进行管理。

实际工作中,通常按经济用途和使用情况综合分类,主要有生产经营用固定资产、非生产经营用固定资产、租出固定资产、不需用固定资产、未使用固定资产、土地及融资租入固定资产。

(二)固定资产的计价

1. 原始价值

(1)购入的固定资产。

按照买价金额(如收到增值税发票,应税价分离,按发票上的货价)加上支付的运输费、保险费、包装费、安装成本、缴纳的有关税金等计价。增值税发票上的税额可以作为增值税进项税额抵扣。

(2)自行建造的固定资产。

按达到预定可使用状态前建造过程中实际发生的全部基建支出计价,但因基建取得土地使用权而支付的费用,应作无形资产单独核算,不作为固定资产合并入账。企业外购建筑物,包括转让房屋权属而交纳的契税。实际支付的价款中,包括土地占用费,可以通过分配等形式分开计算的,土地部分以无形资产核算;确定无法对地上建筑物与土地使用分开计价的,全部作为固定资产核算。

(3)投资者投入的固定资产。

按投资各方约定的价值作为计价成本,但约定价值不公允的除外。

(4)融资租入的固定资产。

按租赁开始日租赁资产的协商价值或根据一定标准按租赁分期付款额折算为现值,两者孰低者作为入账价值。

(5)在建工程。

属于建筑物领用的原材料或外购材料,其增值税进项税额不准抵扣(小规模纳税人不存在进项税额)。购入设备安装试运行的收入,直接冲减在建工程成本。

(6)接受捐赠的固定资产。

捐赠方能提供发票账单的,按所列金额加上由企业负担的相关税费等计价;无发票账单的,按照同类设备市价计价,无同类设备市价,按预计未来现金流量现值,作为入账价值。旧的固定资产,按上述方法确定的价值减去新旧程度磨损的价值后的余额入账。

(7)改建、扩建的固定资产。

非提足折旧固定资产的改良支出,在原有固定资产基础上进行改扩建或改良装置的,按照固定资产的净值,加上改扩建、改良装置的支出,减去改扩建过程中发生的固定资产变价收入后的余额计价,适当延长折旧年限。租入固定资产的改良支出,视租用年限,一年以上的以“长期待摊费用”入账,分期分摊。

(8)盘盈的固定资产。

按照同类固定资产的重置完全价值,估计新旧程度的净值入账。

2. 折余价值

折余价值,也称净值,是指固定资产原值或市场重置价格减累计已提折旧后的余额。有提固定资产减值准备的固定资产还应减去该账户的贷方余额,称固定资产净额。折余价值反映企业实际占用于固定资产的资金,也可以反映实际使用固定资产的金额。

❊ **企业必须按以上计价原则,对固定资产进行计价入账。没有国家政策明文规定可以进行重估调整外,不得随便对固定资产重估价调整账面价值。**

第二节　固定资产增加的核算

企业固定资产增加的来源,主要有购入、自行建造、其他单位投资转入、盘盈、接受捐赠、融资租入等,应区别不同情况进行核算。

一、购入设备不需要安装的固定资产

购入货价金额加上支付的运输费、包装费等,借记“固定资产”科目,付出增值税进项税额,借记“应交税费——增值税——进项税额”科目,贷记“银行存款”等科目。

【例4—1】 企业购入不需安装的进口发电机一台,取得增值税发票,价款80 000元,增值税进项税额13 600元,发生包装费和运输费共计2 000元,款项均以银行存款支付,设备已交付使用。会计分录如下:

借:固定资产　　82 000

　应交税费——增值税——进项税额　13 600

　　贷:银行存款　　95 600

二、购入设备需要安装的固定资产

购入货价金额加上支付的运输费、包装费等，借记“在建工程”科目，付出增值税进项税额，借记“应交税费——增值税——进项税额”科目，贷记“银行存款”等科目；发生安装费时，借记“在建工程”科目，贷记“银行存款”“应付职工薪酬”等科目；安装完工交付使用时，按其实际发生的支出，借记“固定资产”科目，贷记“在建工程”科目。

【例 4－2】 企业购入需要安装的刨床一台，取得增值税发票，价款 30 000 元，增值税进项税额 5 100 元，发生包装费和未取得正式发票运输费共计 800 元，均以银行存款支付。在安装过程中，领用原材料 1 200 元，应付工人安装工资 1 000 元，安装完工交付使用。会计分录如下：

(1)支付价款和运输费时。

借：在建工程　　30 800
　　应交税费——增值税——进项税额　　5 100
　　贷：银行存款　　35 900

(2)发生安装费时。

借：在建工程　　2 200
　　贷：原材料　　1 200
　　　　应付职工薪酬　　1 000

(3)安装完毕交付使用时。

借：固定资产　　33 000
　　贷：在建工程　　33 000

三、自行建造的固定资产

自行建造的固定资产交付使用时，按建造过程中实际发生的全部基建支出，借记“固定资产”科目，贷记“在建工程”科目。

【例 4－3】 某企业自行建造厂房一幢，在建造过程中实际发生的全部基建支出为450 000元，用银行存款另行支付取得土地使用权费用88 000元，厂房完工验收并交付使用。会计分录如下：

借：固定资产——厂房　　450 000

　　贷：在建工程——厂房　　450 000

借：无形资产——土地使用权　　88 000

　　贷：银行存款　　88 000

四、投资者投入的固定资产

投资者投入的固定资产，按投资各方评估确认的价值入账。不论评估确认的价值大于或小于投出单位的账面价值，均按评估双方确认的价值，借记“固定资产”科目，贷记“实收资本”科目。

【例4—4】 某企业接受联营单位投入的摇臂钻一台，该固定资产在联营单位的账面原价12 000元，已提折旧2 000元，经双方评估确认该固定资产的价值为9 000元。会计分录如下：

借：固定资产　　9 000

　　贷：实收资本　　9 000

五、盘盈的固定资产

盘盈的固定资产按市场同类或类似固定资产的市场价格，减去按该项资产的新旧程度估计的价值损耗后的余额，借记“固定资产”科目，按净值，贷记“待处理财产损溢”科目。

【例4—5】 企业在固定资产清查过程中，盘盈自用电动机一台，市场同类价格为1 600元，估计八成新。会计分录如下：

(1)报批时。

借：固定资产　　1 280

　　(1 600×80%)

　　贷：待处理财产损溢——待处理固定资产损溢

　　1 280

(2)经批准作为前期差错处理。

借：待处理财产损溢——待处理固定资产损溢

1 280

贷：以前年度损益调整　　　1 280

❋ **小企业没有"以前年度损益调整"科目，只要是固定资产盘盈，查明确实，贷记"营业外收入"科目。**

六、接受捐赠的固定资产

接受捐赠的固定资产，有附发票、合同、账单的按表明的金额，无附票据的以市场公允价值加上运输费、保险费、安装费、调试费等，借记"固定资产"科目，按应交所得税，贷记"应交税费——所得税"科目。自支自付增加固定资产价值部分金额，贷记"现金"或"银行存款"或"原材料"科目，以及其增值税进项税额的转出等。

【例 4—6】 企业接受国内某厂家捐赠小轿车一辆，所附单据确定其价值为240 000元，增值税进项税额40 800元。会计分录如下：

借：固定资产　　　240 000

应交税费——增值税——进项税额　40 800

贷：应交税费——所得税　　　70 200

(280 800×25%)

营业外收入　　　210 600

七、融资租入的固定资产

❋ **融资租入固定资产是小企业，在交付使用时，按租赁协议确定的设备价款、运输费、途中保险费、安装调试费等，借记"在建工程"科目；不需要安装的，借记"固定资产"科目，贷记"长期应付款——应付融资租赁款"科目。**

非小企业融资租入固定资产，在下编第四章第四节另行阐述。

【例 4—7】 某小企业以融资租赁方式租入钻床一台，该固定资产的价款为120 000元，以银行存款支出钻床运输费1 500元，途中保险费 1 000 元，安装调试费 2 500 元。安装完毕交付使用。租赁期满，按合同规定，将该固定资产所有权转归租入企业。会计分录如下：

(1)融资租入钻床时。

借：在建工程——融资租赁钻床工程 120 0 000

贷：长期应付款——××融资租赁单位 120 000

(2)安装时。

借：在建工程——融资租赁钻床工程　　5 000

(1 500＋1 000＋2 500)

贷：银行存款　　5 000

(3)安装完毕，交付使用时。

借：固定资产——融资租入固定资产——钻床

125 000

贷：在建工程——融资租赁钻床工程　125 000

(4)租赁期满，该固定资产所有权转归租入企业时。

借：固定资产——经营用固定资产——钻床

125 000

贷：固定资产——融资租入固定资产——钻床

125 000

注：以上各项业务内容实际分录时，固定资产还应以品名作为子目或细目。

第三节　固定资产减少的核算

企业固定资产减少一般有盘亏、调出或捐赠、对外投资等情况。

一、固定资产盘亏

固定资产因清查或其他原因发现短缺，未明原因报经批准处理前应将净损失暂列借记“待处理财产损溢——待处理固定资产损溢”科目，并转出“固定资产”和“累计折旧”科目，结平余额。

【例 4—8】 某工业企业在固定资产清查中，发现盘亏日本产 10 千瓦发电机一台，原值 18 000 元，已提累计折旧 6 000 元，原因不明。

(1)报告要求批准处理时。

借：待处理财产损溢——待处理固定资产损溢 12 000

累计折旧 6 000

贷：固定资产——发电机 18 000

(2)经董事会研究批准，作财产损失处理。

借：营业外支出——盈亏损失 12 000

贷：待处理财产损溢——待处理固定资产损溢 12 000

二、固定资产调出或捐赠

固定资产调出或捐赠(包括有偿与无偿调出)均通过固定资产清理科目，在本章第七节详细述解。

三、固定资产对外投资

见下编第三章第四节。

第四节 固定资产的明细分类核算

为了详细反映和监督每项固定资产的增减变动，管好、用好固定资产，除进行上述总分类核算外，还应设置“固定资产明细分类账”进行固定资产的明细分类核算，见图表 4—1。也可另行设计固定资产核算内容有关项目的卡片，一物一卡进行核算。账页首部内容的填列应特别注意，不能大意遗漏。

图表 4—1

固定资产明细分类账(登记簿)

月折旧率:________ 估计残值:________ 建造年份:________ 构 造:________ 固定资产名称:____________________

年折旧率:________ 估计拆除费:________ 耐用年限:________ 所在地点:________ 固定资产编号:________ 计量单位:________

记账日期			记账凭证		摘要	数量		固定资产原值																											已提折旧																											固定资产净值								
								增加									减少									余额									增加									减少									余额																	
年	月	日	种类	号数		增加	减少	百	十	万	千	百	十	元	角	分	百	十	万	千	百	十	元	角	分	百	十	万	千	百	十	元	角	分	百	十	万	千	百	十	元	角	分	百	十	万	千	百	十	元	角	分	百	十	万	千	百	十	元	角	分	百	十	万	千	百	十	元	角	分

第五节　固定资产折旧的核算

一、固定资产折旧的概念

固定资产折旧，是指固定资产在使用过程中，由于逐渐磨损与损耗而转移到产品中的那部分价值的补偿。固定资产的损耗，分有形损耗和无形损耗两种。有形损耗是指固定资产由于使用和自然力的影响而引起的使用价值和价值损失；无形损耗是指由于技术上的进步而引起的价值损失。固定资产折旧是以折旧费的形式按月计入成本费用，随着商品销售的实现，计入成本费用的折旧费逐步从取得的产品销售收入中得到补偿。因此，正确地计算和提取折旧，不仅是正确计算成本费用的前提条件，也是保证更新固定资产资金来源的重要措施。

二、固定资产折旧的计算方法

固定资产折旧的计算方法很多，一般分为直线法和加速折旧法两大类。直线法，包括平均年限法和工作量法，为一般企业所采用；加速折旧法，包括双倍余额递减法和年数总和法等。生物药品制造业，专用设备制造业，铁路、船舶、航空航天和其他运输设备制造业，计算机、通信和其他电子设备制造业，仪器仪表制造业，信息传输、软件和信息技术服务业这 6 个行业的企业，2014年 1 月 1 日后新购进的固定资产，可缩短折旧年限或采取加速折旧的方法。其他常年处于震动、酸、碱强烈腐蚀、超强度使用的机器设备，经税务部门批准也可使用加速折旧法。

加速折旧法，是指在固定资产使用前期负担较多的折旧额，从而使固定资产的成本在其折旧年限中尽早得到补偿的一种折旧法。采用这种方法，每期计提的折旧额，随时间的增加而逐渐减少，因此这种方法也称递减费用折旧法。

采用加速折旧法，主要是基于两个方面的考虑。第一，固定资产在其折旧年限内各个时期的使用效率不同。在固定资产使用的前期，使用效率高，产出的产品数量多、质量好，企业的营业收入多；在固定资产使用的后期，使用效率明显不如前期，产出的产品的数量和质量也不如前期，营业收入相对减少，即固定资产的使用效率是逐渐递减的。为合理配比，在固定资产使用的前期应多提折旧，在其后期可少提折旧。第二，使用固定资产的费用主要是由折旧费用和维修费用两部分组成，在固定资产折旧年限内各期使用固定资产的费用应该大致保持均衡。在固定资产的使用前期，由于固定资产一般不需修理或修理次数不多，修理费用相对较少；随着使用时间的增加，修理费用逐渐增加。因此，前期修理费用少应多提折旧费用，而后期修理费用多则应少提折旧。

下面具体介绍各种折旧方法。

（一）直线法

1. 平均年限法

平均年限法，是根据固定资产预计使用年限平均计算折旧的一种方法。采用这种方法计提折旧时，必须考虑四个因素：①原始价值，是指购建固定资产时按制度规定所列的原始价值；②折旧年限，是指根据固定资产损耗的价值大小来确定的使用期限；③残值，是指固定资产报废时，经过清理剩下的废料和零件等残余价值；④清理费用，是指固定资产报废时，在清理过程中所发生拆卸、搬运等费用。

残值减去清理费用的余额称为净残值。净残值与原值之比为净残值率。无法正确估算时，净残值率按固定资产原值的3%～5%确定。一经确定，不得变更。

在这四个因素中，固定资产的原始价值和折旧年限是基本因素，对固定资产在一定时期内计算折旧额的大小起着决定性的影响，其他两个因素对计算折旧额的大小影响不大。折旧年限、残值和清理费用，一般采用预计的方法来确定。

固定资产折旧额的计算公式为：

$$\text{固定资产年折旧额} = \frac{\text{固定资产原值} - \text{预计残值} + \text{预计清理费用}}{\text{预计折旧年限}} \quad (\text{式 1})$$

$$= \frac{\text{固定资产原值} - (\text{预计残值} - \text{预计清理费用})}{\text{预计折旧年限}} \quad (\text{式 2})$$

$$= \frac{\text{固定资产原值} - \text{预计净残值}}{\text{预计折旧年限}} \quad (\text{式 3})$$

$$\because \text{净残值率} = \frac{\text{净残值}}{\text{固定资产原值}} \times 100\%$$

$$\text{固定资产年折旧额} = \frac{\text{固定资产原值} - \text{固定资产原值} \times \text{预计净残值率}}{\text{预计折旧年限}} \quad (\text{式 4})$$

$$= \frac{\text{固定资产原值} \times (1 - \text{预计净残值率})}{\text{预计折旧年限}} \quad (\text{式 5})$$

$$\text{固定资产月折旧额} = \text{固定资产年折旧额} \div 12$$

在实际工作中，固定资产折旧额是根据固定资产原值乘以固定资产折旧率来计算的。固定资产折旧率，是指一定时期内固定资产折旧额与固定资产原值的比率。其计算公式为：

$$\text{固定资产年折旧率} = \frac{\text{固定资产年折旧额}}{\text{固定资产原值}} \times 100\%$$

按(式 5)÷固定资产原值

$$\text{年折旧率} = \frac{1 - \text{预计净残值率}}{\text{预计折旧年限}} \times 100\%$$

$$\text{月折旧率} = \text{年折旧率} \div 12$$

固定资产折旧率按固定资产的范围划分，可分为个别折旧率、分类折旧率和综合折旧率三种。

(1)个别折旧率。

个别折旧率是指按每项固定资产单独计算的折旧率，其计算公式为：

$$\text{某项固定资产年折旧率} = \frac{1 - \text{某项固定资产净残值率}}{\text{折旧年限}} \times 100\%$$

$$\text{某项固定资产月折旧率} = \text{该项固定资产年折旧率} \div 12$$

$$某项固定资产月折旧额=该项固定资产原值\times月折旧率$$

【例 4—9】 某项固定资产原值为 50 000 元，预计使用年限为 10 年，预计残值 3 000 元，预计清理费用为 1 000 元。计算如下：

$$净残值率=\frac{3\ 000-1\ 000}{50\ 000}=4\%$$

$$年折旧率=\frac{1-4\%}{10}\times100\%=9.6\%$$

月折旧率＝9.6%÷12＝0.8%

年折旧额＝50 000×9.6%＝4 800(元)

月折旧额＝5 000×0.8%＝400(元)

(2)分类折旧率。

分类折旧率是指按固定资产的类别分类计算的平均折旧率，其计算公式为：

$$某类固定资产年折旧率=\frac{该类固定资产年折旧额}{该类固定资产原值}\times100\%$$

$$某类固定资产月折旧率=该类固定资产年折旧率\div12$$

$$某类固定资产月折旧额=该类固定资产原值\times该类固定资产月折旧率$$

(3)综合折旧率。

综合折旧率是指按全部固定资产计算的平均折旧率，计算公式同上。

目前，很多企业都采用个别折旧率计算折旧，如嫌之过繁，可采用分类折旧率计算折旧。分类折旧年限附表见下编第四章第一节至第三节。

2. 工作量法

工作量法，是根据固定资产实际完成的工作量(如行驶里程、工作小时)计算折旧的一种方法。这种方法适用于运输汽车、大型设备和大型建筑施工机械。

其基本计算公式为：

$$单位折旧额=\frac{固定资产原值-预计净残值}{固定资产预计总工作量}$$

$$各期折旧额 = 单位折旧额 \times 各期实际工作量$$

工作量视具体情况而定，有以下形式：

(1)按行驶里程。

$$单位行驶里程折旧额 = \frac{固定资产原值 - 预计净残值}{规定的总行驶里程}$$

$$本月折旧额 = 单位行驶里程折旧额 \times 本月实际行驶里程$$

$$本期折旧额 = 单位行驶里程折旧额 \times 本期实际行驶里程$$

(2)按工作小时。

$$单位工作小时折旧额 = \frac{固定资产原值 - 预计净残值}{规定的总工作小时}$$

$$本期折旧额 = 单位工作小时折旧额 \times 本期实际工作小时$$

【例 4—10】 某企业有运输车一辆，原值 150 000 元，规定行程500 000公里，预计残值 6 000 元，清理费用 1 000 元，本月行驶 10 000 千米。计算如下：

$$单位行驶里程折旧额 = \frac{150\ 000-(6\ 000-1\ 000)}{500\ 000}$$

$$=0.29(元)$$

$$本月折旧额 = 0.29 \times 10\ 000 = 2\ 900(元)$$

※ **小企业已废除使用工作量法提取折旧。运输汽车等均采用平均年限法提取折旧。**

(二)加速折旧法

1. 双倍余额递减法

双倍余额递减法，又称为双重余额递减法，是指以固定的、加倍的直线折旧率应用于递减的账面余额来计算折旧的方法。采用这一方法时，先计算年度直线折旧率，对固定资产的残值不予考虑，然后按照直线折旧率的双倍折旧率乘以该固定资产的期初账面余额，计算出第一年的折旧额，再按同一折旧率乘以每年递减的固定资产折余价值，计算以后各年的折旧额。其计算公式为：

$$r = \frac{2}{n} \times 100\%$$

$$D_t = 年初折余价值 \times r$$

式中，r 为年折旧率；n 为使用年限；D 为折旧额；t 为某一计算折旧的年份。

【例 4—11】 某项固定资产原值为30 000元，预计使用年限为 8 年，预计净残值为 900 元。计算如下：

$$r=\frac{2}{8}\times100\%=25\%$$

根据折旧率，计算出各年的折旧额，见图表 4—2。

图表 4—2　　折旧额计算表

（双倍余额递减法）　　单位：元

年次	年初折余价值×折旧率	折旧费用	累计折旧	折余价值
1	30 000×25%	7 500	7 500	22 500
2	22 500×25%	5 625	13 125	16 875
3	16 875×25%	4 218.75	17 343.75	12 656.25
4	12 656.25×25%	3 164.06	20 507.81	9 492.19
5	9 492.19×25%	2 373.05	22 880.86	7 119.14
6	7 119.14×25%	1 779.79	24 660.65	5 339.35
7	(5 339.35—900)÷2	2 219.68	26 880.33	3 119.67
8	(5 339.35—900)÷2	2 219.67	29 100	900

❊ **实行双倍余额递减法计提折旧，为了使固定资产最终折余价值与预计净残值相符，财务制度规定在其固定资产折旧年限到期前两年内，将固定资产净值扣除预计净残值后的净额平均摊销。**

2. 年数总和法

年数总和法是按提取使用年限各个顺序年份第一年起到最后的一年折旧率计算，折旧率计算的分子是折旧期初尚可使用年数，即：第一年为使用年限年数，第二年为使用年限减 1；第三年为使用年限减 2，以此类推，最后一年为 1；折旧率计算的分母为使用年限每年年数的总和，如使用年限为 4 年，其分母为 1＋2＋3＋4，如使用年限为5年，其分母为1+2+3+4+5，以此类推。其计算公式为：

$$年折旧率=\frac{折旧期初尚可使用年数}{预计使用年限的年数总和}\times 100\%$$

如使用年限为n年，分母可简化为：$\frac{1+n}{2}\times n$

$$年折旧率=\frac{预计使用年限-已使用年限}{预计使用年限\times(预计使用年限+1)\div 2}\times 100\%$$

【例4—12】 某项固定资产的原值价值为10 000元，预计使用年限为4年，预计净残值为400元。计算如下：

$$第1年的折旧率=\frac{4}{4\times\left(\frac{4+1}{2}\right)}\times 100\%=40\%$$

$$第2年的折旧率=\frac{(4-1)}{4\times\left(\frac{4+1}{2}\right)}\times 100\%=30\%$$

$$第3年的折旧率=\frac{(4-2)}{4\times\left(\frac{4+1}{2}\right)}\times 100\%=20\%$$

$$第4年的折旧率=\frac{(4-3)}{4\times\left(\frac{4+1}{2}\right)}\times 100\%=10\%$$

根据折旧率，计算为各年的折旧额，见图表4—3。

图表4—3 **折旧额计算表**

（年数总和法） 单位：元

年次	年折旧率	年折旧额	累计折旧	折余价值
				10 000
1	40%	$(10\ 000-400)\times\frac{4}{10}=3\ 840$	3 840	6 160
2	30%	$(10\ 000-400)\times\frac{3}{10}=2\ 880$	6 720	3 280

续表

年次	年折旧率	年折旧额	累计折旧	折余价值
3	20%	$(10\ 000-400)\times\frac{2}{10}=1\ 920$	8 640	1 360
4	10%	$(10\ 000-400)\times\frac{1}{10}=960$	9 600	400

选择不同固定资产的折旧方法会对固定资产使用期间的折旧费用产生重大影响，小企业兼顾税法规定，一经确定不得随意变更。

三、固定资产计提折旧的范围

（一）应计提折旧的固定资产

（1）房屋和建筑物；

（2）机器设备、仪器仪表、运输工具、工具器具；

（3）季节性停用、大修理停用的固定资产；

（4）以经营租赁方式租出的固定资产和融资租入的固定资产。

已达到预定可使用状态的固定资产，尚未办理竣工结算的，应暂估价值确定成本入账计提折旧；办理竣工决算后，按实调整原暂估价值，但已提折旧不再调整。

※ **小企业为竣工决算时间开始计提折旧。**

（二）不计提折旧的固定资产

（1）已提足折旧的固定资产，不论是否继续使用，均不再计提折旧；

（2）提前报废的固定资产；

（3）按规定单独估价作为固定资产入账的土地；

（4）以经营租赁方式租入的固定资产。

※ **小企业应当对所有固定资产计提折旧，但已提足折旧仍继续使用的固定资产和单独计价入账的土地不得计提折旧。**

固定资产折旧一般应根据月初在用固定资产的账面原值和月折旧率，按月计算提取，并计入当月成本费用。当月增加的固定资产，当月不计提折旧，从下月起计提折旧；当月减少的固定资产，当月照提折旧，从下月起停止计提折旧。

四、固定资产折旧的总分类核算

在实际工作中，固定资产折旧的总分类核算，通过编制“固定资产折旧计算表”进行，其计算公式为：

$$\text{上月已提折旧额}+\text{上月增加的固定资产应计折旧额}-\text{上月减少的固定资产应计折旧额}=\text{本月应计提的折旧额}$$

固定资产折旧计算表，见图表4—4。

图表4—4　　固定资产折旧计算表

所属月份：××月　　制单日期：××年××月31日

使用部门	上月计提折旧额	上月增加的固定资产应计折旧额	上月减少的固定资产应计折旧额	本月应计提的折旧额
基本生产车间	60 000	5 000	2 000	63 000
第一车间	(35 000)	(1 500)		(36 500)
第二车间	(25 000)	(3 500)	(2 000)	(26 500)
辅助生产车间	25 000		500	24 500
供电车间	(15 000)			(15 000)
机修车间	(10 000)		(500)	(9 500)
企业管理部门	5 000			5 000
合　计	90 000	5 000	2 500	92 500

根据图表4—4，进行账务处理：

借：制造费用——基本生产车间　　63 000
　　　　　　——辅助生产车间　　24 500
　　管理费用　　5 000
　　贷：累计折旧　　92 500

商品流通企业提取固定资产累计折旧，不必分固定资产的使用部门，一律借记“销售费用——折旧费”科目。

第六节　固定资产修理的核算

企业发生的固定资产日常修理或大修理费用等支出，属于确保固定资产正常工作状态的，直接计入当期损益科目。企业生产车间和行政管理部门等发生的固定资产修理费，计入“管理费用”，企业专设销售机构发生的固定资产修理费计入“销售费用”。修理费支出数额较大、发生额达到税务部门认可的固定资产入账价值50%以上、修理后能延长固定资产使用寿命2年以上，应计入“长期待摊费用”，分期摊销，分摊期限不得低于3年。

【例4－13】　某企业发生以下有关固定资产修理业务，为一般修理支出。由基本生产车间修理工对本车间机器设备进行日常修理，领用原材料150元，工人工资100元，以库存现金支付其他修理费用50元。会计分录如下：

借：管理费用——基本生产车间	300	
贷：原材料		150
应付职工薪酬		100
库存现金		50

❊ **小企业对车间设备进行日常修理，应借记“制造费用”科目。**

【例4－14】　某企业有德国进口的自动化控制设备1台，原入账价值824 000元，预计使用年限8年，已使用年限6年，现聘请技术工人对其进行大修理，预计可延长使用寿命5年。发生修理费用450 000元，超过原值50%，其中，原材料335 000元，辅助材料47 000元，应付修理工人工资60 000元，应付电费16 000度计8 000元。会计分录如下：

(1)修理时。

借:长期待摊费用——自动化控制设备大修理 450 000
　　贷:原材料——××品名 335 000
　　　　原材料——辅助材料——××品名 47 000
　　　　应付职工薪酬 60 000
　　　　应付账款——应付电厂电费 8 000

(2)以后5年每月分摊。

分摊费用=450 000÷(5×12)=7 500(元)

借:制造费用——机修费 7 500
　　贷:长期待摊费用——自动化控制设备大修理 7 500

企业对于房屋或建筑物结构的固定资产进行改建,延长使用寿命,未提足折旧的,应将余值转入“在建工程”,借记“在建工程”“累计折旧”科目,贷记“固定资产”科目,之后在改建过程中发生的支出,都作为“在建工程”成本的增加。收回的残料应扣除在建工程成本,完工时转为改建后建筑物成本价值,借记“固定资产”科目,贷记“在建工程”科目。

第七节　固定资产清理的核算

企业进行固定资产清理,主要有以下三种情况:

(1)因不需用或多余而出售、无偿调出或履行义务捐赠给其他单位的固定资产;

(2)因磨损严重不能使用而报废的固定资产;

(3)因自然灾害或意外事故造成毁损而报废的固定资产。固定资产清理,不论何种原因,都要按规定程序办理手续,取得或填制必要的凭证,才能进行账务处理。

企业进行固定资产清理的核算,要设置“固定资产清理”科目,核算因出售、调出、捐赠、报废和毁损等原因转入清理的固定资产净值以及清理过程中所发生的清理费用和清理收入，并按清理的固定资产品名设置明细分类账进行核算。

一、固定资产出售、无偿调出或捐赠的核算

企业将不需用或多余的固定资产出售或无偿调出、捐赠给其他单位时，应按下列步骤进行：

(1)注销由于上述原因拨出减少的固定资产已提折旧和已提取固定资产减值准备金额，借记“累计折旧”和“固定资产减值准备”科目，贷记“固定资产清理”科目；按固定资产原值，借记“固定资产清理”科目，贷记“固定资产”科目。

(2)处理固定资产出售、有偿调出的作价收入，按双方议定价格，借记“银行存款”等科目，贷记“固定资产清理”科目。

(3)固定资产有偿转让或者清理报废的变价净收入与其账面净值的差额，计入“营业外收入”或“营业外支出”科目。固定资产捐赠，通过固定资产清理将固定资产的净存值转入“营业外支出”科目。

【例 4－15】 企业将多余的设备一台出售给其他单位，该设备账面原值为30 000元，已提折旧 16 000 元，经双方协商作价13 000元，价款已收到，应交营业税 390 元。会计分录如下：

(1)注销固定资产原值和已提折旧额。

借：固定资产清理　　14 000

　　累计折旧　　16 000

　　贷：固定资产——不需用固定资产——××设备

　　　　30 000

(2)收到固定资产的价款。

借：银行存款　　13 000

　　贷：固定资产清理　　13 000

(3)提取应交营业税及附加税费。

借:固定资产清理　　429

　　贷:应交税费——营业税　　390

　　　　(1 300×3%)

　　　　——城建税　　27.3

　　　　(390×7%)

　　　　——教育费附加　　11.7

　　　　(390×3%)

(4)结转出售固定资产的净损失。

借:营业外支出——处置非流动资产损失 1 429

　　贷:固定资产清理　　1 429

【例 4－16】 企业将多余的设备一台捐赠给协作单位,账面原价 60 000 元,已提折旧 32 000 元,固定资产减值准备 10 000 元。会计分录如下:

(1)注销固定资产及有关科目的金额。

借:固定资产清理　　60 000

　　贷:固定资产　　60 000

借:累计折旧　　32 000

　　固定资产减值准备　　10 000

　　贷:固定资产清理　　42 000

(2)差额转入营业外支出。

借:营业外支出——处置非流动资产损失

　　18 000

　　贷:固定资产清理　　18 000

二、固定资产报废的核算

固定资产报废有两种情况:

(1)由于磨损或陈旧,不能继续使用;

(2)由于技术进步,必须由先进设备替代落后设备。

固定资产报废应先填制“固定资产报废单”,详细填明使用部门、固定资产名称、规格、数量、规定使用年限、已使用年限、原始价值、已提折旧和报废原因等资料，并经有关部门技术鉴定，签署意见，审查批准，才能进行处理。

固定资产报废核算主要包括两个方面的内容：一是由于固定资产退出企业生产过程，需要注销报废固定资产的原值和已提折旧；二是反映固定资产在清理过程中所发生的清理费用和变价收入。因此，在进行固定资产的报废核算时，应按下列步骤进行：

(1)注销报废固定资产原值和已提折旧额，有提固定资产减值准备的同时注销。按固定资产的净值，借记"固定资产清理"科目，按已提折旧额、固定资产减值准备，借记"累计折旧""固定资产减值准备"科目，按固定资产原值，贷记"固定资产"科目。

(2)处理固定资产报废的残值，按回收残料价值或变价收入，借记"原材料""银行存款"等科目，贷记"固定资产清理"科目。

(3)支付清理费用，按实际发生的清理费用，借记"固定资产清理"科目，贷记"银行存款"等科目。

(4)结转固定资产清理后的净收益(或净损失)。固定资产清理后的净收益，借记"固定资产清理"科目，贷记"营业外收入"科目；固定资产清理后的净损失，借记"营业外支出"科目，贷记"固定资产清理"科目。

【例 4—17】 某企业的一条生产线，原值 450 000 元，已提折旧420 000元，没有提减值准备。由于技术进步的原因决定报废，该生产线在清理过程中，支付清理费用6 000元，残料出售取得变价收入 40 000 元存入银行。会计分录如下：

(1)注销报废固定资产原值和已提折旧额。

借：固定资产清理　　30 000

　　累计折旧　　420 000

　　贷：固定资产——××生产线　　450 000

(2)支付清理费用。

借：固定资产清理　　6 000

贷:银行存款　　6 000

(3)收到残料变价收入。

借:银行存款　　40 000

贷:固定资产清理　　40 000

(4)结转固定资产净收益。

借:固定资产清理　　4 000

贷:营业外收入——非流动资产处置利得4 000

三、固定资产毁损的核算

固定资产毁损的核算与固定资产报废的基本相同,不同之处在于结转固定资产清理后的净损失时,应区别情况处理。属于自然灾害等非常原因造成的损失,借记“营业外支出——非常损失”科目,贷记“固定资产清理”科目;由保险公司或过失人赔偿的损失,借记“其他应收款”“银行存款”“现金”等科目,贷记“固定资产清理”科目;属于正常的处理损失,借记“营业外支出——处理固定资产净损失”科目,贷记“固定资产清理”科目。

【例 4－18】 某企业因洪水毁坏设备一台,该设备原值250 000元,已提折旧200 000元,保险公司同意按设备净值的 80% 赔偿损失。在清理过程中,以银行存款支付清理费用2 000元,残值作价9 000元,已验收入库。会计分录如下:

(1)注销固定资产原值和已提折旧额。

借:固定资产清理　　50 000

累计折旧　　200 000

贷:固定资产　　250 000

(2)支付清理费用。

借:固定资产清理　　2 000

贷:银行存款　　2 000

(3)残料作价入库。

借:原材料　　9 000

贷：固定资产清理　　9 000

(4)由保险公司赔偿损失。

借：其他应收款——保险公司　　40 000

[(250 000－200 000)×80%]

贷：固定资产清理　　40 000

(5)结转固定资产清理后的净损失。

借：营业外支出——非常损失　　3 000

贷：固定资产清理　　3 000

第八节　固定资产租赁的核算

一、经营性租出固定资产的核算

经营性租出的固定资产，由于所有权仍属本企业，所以应在“固定资产”科目下，单设“租出固定资产”二级科目，进行明细分类核算。租出固定资产时，借记“固定资产——租出固定资产”科目，贷记“固定资产——不需用固定资产”科目；租出的固定资产应照提折旧，按月计提折旧时，借记“其他业务成本——固定资产出租”科目，贷记“累计折旧”科目；收到租金时，借记“银行存款”等科目，贷记“其他业务收入——固定资产出租”科目。

【例 4－19】　某企业租出未使用房屋 2 间，原价500 000元，月折旧率0.5%，出租合同规定租赁期为 3 年，每季初收取一季租金收入25 000元。会计分录如下：

(1)按月计提折旧时。

借：其他业务成本——固定资产出租　　2 500

贷：累计折旧　　2 500

(2)每季初收到租金时。

借：银行存款　　25 000

贷:其他业务收入——固定资产出租　　25 000

(3)全年按租金收入计提应交纳12%房产税。

借:其他业务成本——固定资产出租　　12 000

贷:应交税费——房产税　　12 000

❀ **小企业将不需用的固定资产出租,提取折旧,借记"其他业务成本",贷记"累计折旧",租金收入计入"其他业务收入",与非小企业相同。**

二、经营性租入固定资产的核算

经营性租入固定资产于签订协议后,如只要预付一年租金,分用途,作为办公用房或保管材料、产品仓库,借记"管理费用"科目;作为生产车间,借记"制造费用"科目,贷记"银行存款"等科目。如经营租赁预付租金一年以上,借记"长期待摊费用"科目,贷记"银行存款""库存现金"等科目。以后按期分摊,不再重述。

第九节　在建工程的核算

一、在建工程的概念和计价

在建工程指企业处于施工前期准备、正在施工中的建筑工程和安装工程,包括房屋的新建、改建、扩建工程,设备改造、更新工程和大修理工程等。

为了正确核算和监督在建工程所发生的各项支出,企业必须按一定的方法对在建工程进行计价,其计价方法如下:

(1)自营建筑工程,按直接材料、直接人工、直接机械施工费以及所分摊的工程管理费等计价;

(2)出包建筑工程,按应支付的工程价款以及所分摊的工程管理费等计价;

(3)设备安装工程,按所安装设备的原价、工程安装费用、工程试运转支出以及所分摊的工程管理费等计价;

(4)其他各种工程,按实际成本,包括工程所耗用的工、料、费的实际成本。

二、在建工程核算应设置的账户

企业在进行在建工程的总分类核算时,应设置"在建工程"科目。该科目主要用来核算企业进行各项工程基建、更新改造等在建工程发生的支出,其借方登记各项工程所发生的实际支出数,贷方登记完工程转出的实际成本,余额在借方,表示尚未完工或虽已完工但尚未办理竣工决算的工程实际支出的实际成本。

在建工程可采用自营和出包两种方式。为了反映和监督在建工程的详细情况,除进行上述总分类核算外,企业还应设置"在建工程""安装工程""在安装设备""技术改造工程""大修理工程"和"待摊支出"六个明细科目,进行明细分类核算,用来核算有关工程的实际成本。同时,应设置"工程物资"科目,主要用来核算购进和领用工程物资的实际成本。按"专用材料""专用设备""工器具"下设明细科目。企业在进行自营或出包工程时,应以不同类别工程区分不同立项工程和工程责任人进行明细分类核算。

三、在建工程核算的账务处理

(一)自营工程

企业购入工程用物资时,应借记"工程物资——专用材料"科目,贷记"银行存款"等科目。企业领用工程物资时,应借记"在建工程——自营建筑工程 "科目,贷记"工程物资——专用材料"科目。

领用产品拨出基建。企业进行工程而使用本企业的产品时,按成本价结转,同时根据售价按 17%计算应交增值税一并转入工程成本,借记"在建工程——自营建筑工程"科目,贷记"库存商品"

和“应交税费——增值税(销项税额)”科目。

长期借款进行基建的利息支出,借记“在建工程——××建筑工程”科目,贷记“应付利息”等科目。

生产用的材料拨出进行基建,按材料成本价格,同时按17%计算的增值税额一并转入工程成本,借记“在建工程”科目,贷记“原材料”和“应交税费——增值税(进项税额转出)”科目。

生产用设备安装拨出生产用原材料,只计货价成本,不包括增值税进项税额。

企业在建工程在试运转过程中所取得的收入扣除税费后,冲减在建工程成本。

工程完工交付使用时,应按工程的实际成本,借记“固定资产”科目,贷记“在建工程——××工程”科目。

【例4—20】 企业采用自营方式,进行设备安装工程,发生经济业务如下:

(1)企业购入工程用材料钢筋、水泥等货价90 000元,增值税进项税额15 300元,以银行存款支付。

借:工程物资——专用材料　90 000
　应交税费——增值税——进项税额　15 300
　贷:银行存款　105 300

(2)购入需要安装的机组一套,货价493 600元,增值税进项税额83 912元。销售方送货到厂,以银行存款支付。

借:工程物资——专用设备　493 600
　应交税费——增值税——进项税额　83 912
　贷:银行存款　577 512

(3)进行机组安装。

借:在建工程——设备安装工程——自营工程　493 600
　贷:工程物资——专用设备　493 600

(4)领用安装材料钢筋、水泥等。

借：在建工程——设备安装工程——自营工程

90 000

贷：工程物资——专用材料　　90 000

(5)应负担的工人工资16 000元。

借：在建工程——设备安装工程——自营工程

16 000

贷：应付职工薪酬——工资　　16 000

(6)按月结转预提工程应负担的水电费等12 000元。

借：在建工程——设备安装工程——自营工程

12 000

贷：其他应付款　　12 000

(7)计入在建工程的长期借款利息4 200元。

借：在建工程——设备安装工程——自营工程

4 200

贷：应付利息　　4 200

(8)工程完工交付使用。

借：固定资产——经营用固定资产——××机组

615 800

贷：在建工程——设备安装工程——自营工程

615 800

(二)出包工程

出包工程的账务处理与自营工程基本相同。所不同的是出包工程在施工前应向承包单位预付一定比例的工程款，然后在根据工程进度定期结算。企业按规定向承包单位预付工程款时，应借记“在建工程——出包建筑工程”科目，贷记“银行存款”等科目；工程完工收到承包单位工程决算，经审查无误，补付或补计工程款时，应借记“在建工程——出包建筑工程”科目，贷记“银行存款”等科目。

【例4—21】 企业采用投标确定承包单位，新建车间一座，标的已经注明，车间建成照明装置材料自备。经济业务如下：

(1)以银行存款预付承包单位工程款 190 000 元。

借:在建工程——新建车间工程——出包工程

190 000

贷:银行存款　　190 000

(2)工程完工收到承包单位工程决算，经审查核实，根据开来发票，补付工程款 365 000 元。

借:在建工程——新建车间工程——出包工程

365 000

贷:银行存款　　365 000

(3)拨付新建车间照明装置材料 12 820.51 元，转出增值税进项税额2 179.49元。

借:在建工程——新建车间工程——出包工程

15 000

贷:原材料——辅助材料　　12 820.51

应交税费——增值税——进项税额转让

2 179.49

(4)工程完工交付使用。

借:固定资产——经营用固定资产——新建车间

570 000

贷:在建工程——新建车间工程——出包工程

570 000

第十节　无形资产的核算

无形资产具有实物形态不见性，价值不确定性，使用效益性的特点。因此，一些不具备实物形态，而能够在企业的生产经营中长期发挥作用的权利、技术，可辩认的如专利权、商标权、著作权、土地使用权、非专利技术，不可辩认的如商誉等均属于无形资产。无法与企业自身分离企业自创的商誉以及未满足无形资产确认条件的其他项目，不能作为企业无形资产核算。小企业对自创商誉也不能估价入账。

一、无形资产的计价

无形资产计价总的原则是按照取得时的实际成本计价。具体来说：

（1）投资者作为资本金或者合作条件投入的，按投资各方确认的价值作为实际成本计价。

（2）购入的无形资产，按照实际支付的价款计价。

（3）自行开发并且依法申请取得的无形资产，依照取得时发生的注册费、聘请律师费等费用，作为实际成本；研究开发过程中发生的材料费用、直接开发人员工资及福利费等费用，设置“研发支出”科目予以核算反映。以是否形成无形资产区分：不满足无形资产条件的在本账户下以“费用化支出”明细核算，之后转入“管理费用”科目；可达到确定用途形成无形资产的，本账户下以“资本化支出”的明细核算，之后转入“无形资产”科目。

（4）接受捐赠的无形资产，按照发票账单所列金额或者同类或者类似无形资产市价估价，加上应支付的相关税费，作为实际成本。无法按市价估价的，预计未来可能获取净收益的现值，作为实际成本。

（5）除企业合并外，商誉不得估价入账。

（6）非专利技术和商誉的计价应当经法定评估机构评估确认。

二、无形资产的核算

为反映监督无形资产的增减变动和摊销情况，企业应设置“无形资产”科目进行核算。该科目的借方登记取得无形资产的成本，贷方登记无形资产转让所有权，丧失使用效能的报废等的减少，余额在借方。无形资产按其名称类别设置明细账,进行明细分类核算。

(一)无形资产取得增加的核算

【例4—22】 某新办工厂向上海科学研究所购入一项新产品专利权,共计费用72 000元,以银行存款支付。会计分录如下:

借:无形资产——专利权　　72 000

　　贷:银行存款　　72 000

【例4—23】 接受股东经营用场地1 000m²,使用费130 000元,作为资本投入。会计分录如下:

借:无形资产——经营场地使用权　　130 000

　　贷:实收资本——××股东　　130 000

【例4—24】 上级无偿授予的著名商标,评估价格50 000元。会计分录如下:

借:无形资产——商标　　50 000

　　贷:营业外收入　　50 000

(二)无形资产研发支出的核算

企业自行研发无形资产,是一项创新活动。企业决策层认为本企业具有技术与经济能力、且可给企业带来较大经济效益,目标意图明确,仔细研究可行性后,统一认识,由企业领导带头,召集技术人员、工人骨干、财务人员等组成无形资产研发小组。产品或技术绘成施工图纸后,进入研究试验阶段,这有失败和成功两种可能,前者是后者的基础。在核算上,研究试验阶段以"研发支出——费用化支出"科目列账,若研究试验失败,将这些费用的支出转入"管理费用"科目;如果研究试验后达到要求取得成功,即可转入开发。证明研发取得成功的标准,应达到下列要求:

(1)该无形资产以使其能够使用或出售在技术上具有可行性;

(2)具有完成该无形资产并使用或销售的意图;

(3)能够证明运用该无形资产生产的产品在市场竞争中取得优势,或该无形资产自身进入市场具有实用性。

(4)归属于该无形资产开发的支出能够可靠地计量；

(5)有足够的技术、资源的支持，以完成该无形资产的开发，并有能力使用或出售该无形资产。

【例 4—25】 某企业研究试验开发一项新产品，在研制过程中，以现金支付绘图表费用 400 元，领用原材料 10 000 元，研制人员工资 6 000 元，福利、教育经费、工会经费的提取 1 110 元，共 17 510元。会计分录如下：

(1)研究试验阶段。

借：研发支出——××无形资产——费用化支出　17 510

　贷：库存现金　400

　　原材料　10 000

　　应付职工薪酬——工资　6 000

　　　——职工福利　840 (6 000×14%)

　　　——教育经费　150 (6 000×2.5%)

　　　——工会经费　120 (6 000×2%)

(2)本研发试验失败。

借：管理费用　17 510

　贷：研发支出——××无形资产费用化支出　17 510

研究试验成功，开发该项无形资产，在核算上以“研发支出——资本化支出”科目汇集有关支出，包括专利注册费用。

【例 4—26】 某企业开发成功一项新产品，开发过程中，领用原材料300 000元，增值税进项税额转出51 000元，研究人员工资42 000元，福利费、工会经费、教育经费提取7 770元，零星费用付现金4 000元。会计分录如下：

(1)研发试验阶段。

借:研发支出——××无形资产——资本化支出 404 770

贷:库存现金 4 000

原材料 300 000

应交税费——增值税——进项税额转出 51 000

(300 000×0.17)

应付职工薪酬——工资 42 000

——工会经费 840

(42 000×2%)

——教育经费 1 050

(42 000×2.5%)

——职工福利 5 880

(42 000×14%)

(2)申报专利注册费36 000元,付银行存款。

借:研发支出——××无形资产——资本化支出 36 000

贷:银行存款 36 000

(3)将研发支出转入无形资产。

借:无形资产——××无形资产 440 770

贷:研发支出——××无形资产——资本化支出 440 770

(三)无形资产摊销的核算

无形资产从开始使用之日起,在有效使用期限内摊入管理费用。当月增加当月开始摊销,当月减少当月不再摊销。使用寿命不确定的无形资产不予摊销。无形资产使用期限照下列原则确定:

1. 法律和合同或者企业申请书分别规定有法定有效期限的,

使用寿命不应超过合同性权利或其他法定权利的期限，续约可以延续。法律或合同规定有效期限通常以同行业情况比较，参照历史经验，主要有以下两种：

(1)专利权。发明专利权的有效期限一般为 15 年，实用新型和外观设计专利权的法定有效期限一般为 5 年。自申请之日起计算，期满可申请续展 3 年。

(2)商标权。注册商标权的法定有效期限一般为 10 年。

2. 法律和合同或企业申请书均未规定法定有效期限或者受益年限、经专家论证也无法确定使用年限的，暂不予摊销。按照规定提取无形资产减值准备的单位，也可以对上述情况，不提"累计摊销"，但应对实际提取的减值准备定期进行评估，做出实际调整。

❊ 小企业根据《小企业会计准则》规定，不能可靠估计无形资产使用寿命的摊销期不得低于 10 年。

【例 4－26】 续【例 4－22】，购买的专利权有效期限为 15 年。

每月摊销额为 72 000÷(15×12)＝400(元)

每月摊销时：

借：管理费用——无形资产摊销　　　　400

　　贷：累计摊销——专利权摊销　　　　400

❊ 小企业如该无形资产属于车间专利的生产技术，应借记"制造费用"，贷记"累计摊销"。

(四)无形资产转让的核算

企业拥有的无形资产，可以依法出售，也可以出租。出售所取得的收入，借记"银行存款"或"库存现金"等科目，贷记"无形资产"科目，并借记结转该无形资产的"累计摊销"科目，计算应交纳的营业税、城建税和教育费附加等税费，贷记"应交税费"科目。该笔分录发生差额属收益，应贷记"营业外收入——非流动资产处置利得"科目，若损失应借记"营业外支出——非流动资产处置损失"科目。转让使用权出租所取得的收入列"其他业务收入"科目。出租使用权按规定应交纳的营业税和出租使用权过程中所支付的费用和无形资产每月摊销额均列“其他业务成本”科目。无形资产价值仍保留账面上，并继续按规定有效期限进行摊销。

【例 4—27】 续【例 4—25】，如企业出让自己试验成功的新产品专利权440 770元，得款600 000元存入银行，摊销期 15 年，已摊销7 346元。

借：银行存款　　600 000
　　累计摊销——××新产品专利　　7 346
　贷：应交税费——营业税　　30 000
　　　　　　　　　　（600 000×5％）
　　　　　　——城建税　　2 100
　　　　　　　　　　（600 000×5％×7％）
　　　　　　——教育费附加　　900
　　　　　　　　　　（600 000×5％×3％）
　　　无形资产——××新产品专利　　440 770
　　　营业外收入——非流动资产处置利得
　　　　　　　　　　133 576

第十一节　长期待摊费用的核算

一、长期待摊费用的概念

长期待摊费用是企业发生的不能全部计入当年损益，应当在以后年度内分期摊销的各项费用，因此长期待摊费用是摊销期限一年以上（不含一年）的待摊费用，包括开办费、固定资产大修理支出、已足额提取折旧的固定资产改建支出、租入固定资产的改良或改建支出、股票发行费用，以及摊销期限在一年以上的其他长期待摊费用。

固定资产的改建支出，是指改建房屋或者建筑物结构延长使用年限等发生的支出。

开办费是指企业在筹建期间发生的费用，包括筹建期间人员工资、办公费、培训费、差旅费、印刷费、注册登记以及不计入固定资产和无形资产购建成本的汇兑损益、利息等支出。应列入固定资产、无形资产购建成本的支出，不能列作开办费。

开办费从企业开始生产、经营月份的当月起，一次计入开始生产经营当月的损益，借记“管理费用”科目，贷记本科目。

以经营租赁方式租入的固定资产改良支出，按照合同约定的剩余租赁期限，平均分期摊入“制造费用”和“管理费用”（流通企业为“销售费用”）。如属于改建支出，应是租赁期限较长，并征得出租方的同意，租入方必须考虑经济效益，进行可行性研究，双方同意写成协议后始得改建。

二、长期待摊费用的核算

为了反映监督长期待摊费用的发生和摊销情况，设置“长期待摊费用”科目，进行核算。借方登记长期待摊费用的发生数，贷方登记摊销数，余额在借方，该科目按费用的用途设置明细分类账。

【例 4—28】 某企业筹建期 2 年，发生筹建开办费1 088 000元。其中，筹建人员工资300 000元，办公费 600 000 元，培训费120 000元，注册费 20 000 元，差旅费 48 000 元。会计分录如下：

（1）发生费用时。

借：长期待摊费用——筹建开办费　1 088 000

　　贷：银行存款/现金/其他应付款　788 000

　　　　应付职工薪酬——工资　300 000

（2）开始营销经营的当月一次计入损益。

借：管理费用/销售费用——筹建开办费

　　　　1 088 000

　　贷：长期待摊费用——筹建开办费　1 088 000

【例 4—29】 某企业租入房屋 1 000 m^2，租赁期 4 年，用做办公及会议室，进行油漆装饰改良总共支出费用240 000元。认定以租赁期平均摊销。会计分录如下：

(1)发生费用时。

借：长期待摊费用——办公会议室改良支出 240 000

贷：银行存款/现金 240 000

(2)按月进行摊销。

240 000÷(4×12)=5 000(元)

借：管理费用/销售费用——办公会议室改良支出 5 000

贷：长期待摊费用——办公会议室改良支出 5 000

❀ **小企业在筹建期间发生的开办费(包括相关人员的职工薪酬、办公费、培训费、差旅费、印刷费、注册登记费以及不计入固定资产成本的借款费用等费用)，在实际发生时，借记“管理费用”，贷记“银行存款”“库存现金”等科目，不再通过“长期待摊费用”科目。**

第五章　负债的核算

提示

明确负债、流动负债与长期负债的概念。

在负债中应付职工薪酬各个子目、应交税费、应付票据、预收账款、其他应付款、短期借款、长期借款、长期应付款等及各个部分进行分节学习。

"应付职工薪酬"的各项内容，特别是职工工资及职工福利费与企业及职工关系特别密切，在核算上比较复杂，应切实掌握。

"应交税费"有"应交增值税""应交营业税""应交消费税""应交城建费"等，在其核算上，本章都作了概括的介绍。增值税在本书下编第五章第一节有详细的介绍。

"应付票据"是采用商业汇票结算，开出承兑汇票后，承兑付款方专用的账户，其他货款结算方式，绝对不能应用本账户核算。

正常性货款结欠通过"应付账款"账户核算，未发生销售预收货款通过"预收账款"账户核算，这是会计基础知识，一学便会。

本章是会计实务处理的重点，要迎难而上，绝不能中途而退。

第一节 负债概述

负债是由于过去的经济事项形成、能以货币计量、具有合法手续所确认将以资产或劳务偿还的债务。《企业会计准则》第二十三条:“负债是指过去交易或者事项形成的、预期会导致经济利益流出企业的现时义务。”第二十四条:“同时满足(一)未来流出的经济利益金额能够可靠地计量,(二)与该义务有关的经济利益很可能流出企业时,应确认为负债。”企业的负债按偿还期限的长短分为流动负债和长期负债。

流动负债是指将在 1 年(含 1 年)或超过 1 年的一个营业周期内偿还的债务,包括应付职工薪酬、短期借款、应付票据、应付账款、预收账款、其他应付款、应交税费、应付股利等。

长期负债是指偿还期在 1 年以上(不含 1 年)或超过 1 年的一个营业周期以上的债务,包括长期借款、应付债券、长期应付款等。

负债是企业经营资金来源的重要手段,要按时清付、讲求信用,借款要支付利息。没有负债,企业就不能扩大经营规模;但负债累累,将导致企业财务风险增加,甚至陷于困境。负债与债权人利益关系直接,因此要正确核算负债,包括发生日期、计息、借还款条件等内容,都要根据协议正确反映。

第二节 应付职工薪酬——工资的核算

职工薪酬是指企业为获得职工提供的服务而给予各种形式的报酬及其他相关支出,包括企业为职工在职期间和离职后提供的全部货币性薪酬和非货币性福利,提供给职工配偶、子女或其他被赡养人的福利等。具体可分为“工资”(含工资、奖金、津贴和补贴)、“职工福利”“工会经费”“职工教育经费”“社会保险费”(五保)、“住房公积金”“非货币性福利”“辞退补偿与福利”“股份支付”及其他与获得职工提供的服务相关的支出等。

一、应付职工薪酬——工资的概念及核算范围

“应付职工薪酬——工资”是企业应付给职工的工资总额,包括在工资总额内的各种工资、奖金、津贴和补贴等,不论是否在当月支付,都要在“应付职工薪酬——工资”中予以反映。不列入工资总额的款项,包括创造发明、合理化建议、技术改进奖、劳动保护支出、独生子女补贴、出差补贴等。

二、应付职工薪酬——工资的原始记录

企业应付工资的原始记录是计算应支付给职工工资的根据。企业工资核算的原始记录主要是考勤记录和产量记录。

1. 考勤记录

考勤记录是反映职工出、缺勤情况的原始记录,是计算职工工资、分析考核职工出缺勤情况和工作情况的依据。

考勤簿由企业负责人事、劳动工资部门干事登载,是编制工资表的依据。

2. 产量记录

产量记录是登记工人或小组在出勤时间内生产多少产品或每件产品实际耗用多少工时的原始记录,是统计产量和工时及计算计件工资的原始依据。

企业常用的产量工时记录有工作班产量记录。

三、应付工资的结算

应付工资的结算,是指应付职工的工资、代扣款项和实发工资等的结算和发放。

1. 计时工资的计算

实行计时工资的企业应付职工的计时工资，是根据考勤记录的职工出、缺勤日数，按照每人的工资等级、工资标准以及其他有关规定计算的。具体计算过程又因采用月薪制或日薪制而有所不同。

采用月薪制计时工资时，计算公式为：

应付计时工资 = 月标准工资 - 日工资率 × 缺勤天数

日工资率的计算方法有两种：

第一种方法是每月固定按 30 天计算：

日工资(率) = 月基本工资 ÷ 30

第二种方法是按每月平均法定工作天数计算：

以实行每周五天工作制的单位为例，将 365 天减去 104 天(星期六和星期日)再减去 11 天(法定节假日)再将所有的工作日分摊到 12 个月，即每月平均法定工作天数为20.8天。

日工资(率) = 月基本工资 ÷ 20.8

同样方法可推算出实行每周单休工作制的单位，每月平均法定工作天数＝(365－52－11)÷12＝25.2天。

日工资率 = 月基本工资 ÷ 25.2

2. 计件工资的计算

实行计件工资制的企业，应付工人的计件工资，应根据产量凭证登记的合格品产量乘以规定的计件单价计算。在计件工资制下，非工人过失产生的废品，例如由于材料的缺陷所造成的废品(俗称料废)，应照付工资；由于加工过失所造成的废品即工废，不支付工资。计算公式为：

应付计件工资 = (合格品数量 + 料废品数量) × 计件单价

对于在月份内加工多种产品而计价单价又各不相同的工人，可按以下方法计算应付职工的工资。

应付计件工资 = ∑[(每种产品合格数量 + 各种产品料废数量) × 各该产品计件单价]

上述公式中的各该产品计件单价，应该按各种产品的定额工时数，分别乘以制造各该产品所需的某种等级工人的小时工资率求得。

实际工作中，计件工资还可以按完成定额工时乘以工时单价（经测算确定的小时工资率）计算。

计算月份内完成的各种产品的定额工时数的公式为：

完成定额工时数 = ∑(每种产品完成数量 × 该种产品单位定额工时)

其中，产品完成数量包括合格产品数量和料废品数量。

根据定额工时数和小时工资率计算应付计件工资的公式为：

应付计件工资 = 完成定额工时数 × 工时单价

对于小组集体计价，应按小组的产量和计件单价先计算出小组应得的工资总额，然后在小组成员之间根据各人的小时工资率与实际工作时间的乘积占小组计件工资总额的比例进行分配。

【例 5—1】 某生产小组由甲、乙、丙三个不同等级的工人组成，共同完成 A 产品加工任务。本月实际完成 A 产品1 228件，每件计件单价为7.20元，甲、乙、丙各自的小时工资率分别为12.00、9.60、7.80元，本月实际工作小时数分别为 200、208、192 小时，根据以上资料计算每人应得计件工资。计算过程如下：

全组应得计件工资＝1 228×7.20＝8 841.6(元)

按小组成员工资率与实际工作小时计算的工资

＝200×12＋208×9.6＋192×7.8＝5 894.40(元)

计件工资分配率＝8 841.60÷5 894.4＝1.5

甲应得计件工资＝200×12.00×1.5＝3 600(元)

乙应得计件工资＝208×9.60×1.5＝2 995.2(元)

丙应得计件工资＝192×7.80×1.5＝2 246.4(元)

3. 加班加点工资

加班加点工资是按照考勤记录的加班天数/加点时数和职工的日工资率/小时工资率计算的。其公式为：

加班加点工资 = 加班天数 × 日工资率 + 加点小时数 × 小时工资率

4. 各种奖金的计算

按企业有关规定计算。

5. 其他工资的计算

国家建立社会保险制度，设立社会保险基金，使劳动者在年老、患病、工伤、失业、生育等情况下获得帮助和补偿。企业与职工个人向社会劳保机构缴纳社会劳动保险金之后，这些待遇就不在企业支出。

但下列工资费用应按规定在企业开支：

(1)职工在工伤治疗期间、公假、探亲假、婚丧假的规定假期时间内，照标准工资全额发放。产假“带薪假期”的工资津贴，由主管统筹部门发放，不足部分由用人企业予以补足。

(2)病假或非因工负伤，根据实际工龄与在本企业工龄的长短确定其医疗期，为3～24个月。病假工资可以低于当地最低工资支付，但最低不能低于最低工资的80%，由用人单位支付。医疗期内不能解除或终止患者劳动合同。有的难病确定不能在规定时间内痊愈而有必要解除劳动合同时，用人单位需按经济补偿规定给予经济补偿。

6. 代扣款项的计算

计算出应付工资后，在工资发放时，企业财会部门需要根据有关单位和部门转来的扣款通知及有关规定代扣一些款项，如房租、住房公积金、食堂饭菜票、个人所得税等，计算出实发工资。

四、应付工资的核算程序

1. 工资计算

企业按照劳动工资制度规定，由工资核算员根据考勤记录、工时记录、产量记录、工资标准等编制“工资单”，计算工资，如图表5—1。“个人所得税”栏按该法规定，企业员工应发工资3 500元以上，剔除个人交社会养老保险不交“个税”外，根据7级累计，其余不超过1 500元的部分，以3%税率计算征收，由单位代扣。

图表 5—1

工　资　单

部门:所属月份:××年 2 月　　发放日期: 3 月 15 日　　单位:元

序号	姓名	应发工资						各项扣款						实发金额	领取人
		各种工资	各种奖金	各种定额补贴	特殊补贴	扣事病假	合　计	住房公积金	社会保险费	房租	食堂饭菜票	个人所得税	合　计		
1	张三	4 470	150	68		22.50	4 665.50	420	513	8		23.78	964.78	3 700.72	
2	李四	3 420	140	68		30.10	3 597.90	420	396	8			824	2 773.90	
后面省略															
总　计		703 800	3 000	2 160		306.90	708 653.10	70 800	78 000	2 400	12 700	9 760	173 660	534 993.10	

工资单应按行政管理人员、车间管理人员、不同车间工人、不同环节的工作人员分别填制，以便财会部门据此提取应付工资。

2. 工资发放

工资单经过有关科室或人员核定审批后，进行发放。工资现金发放的，财务部门检查银行存款金额，根据每个职工的工资实发数计算需要提取的现金数，并备有足够的零钱。将工资装入工资袋或信封中，注明部门、姓名，分类存放，并立即通知各部门及时领取。工资发放形式还有工资流水和工资转账。

3. 应付工资的账务处理

应付工资的账务处理包括提取现金、发放工资、分配工资以及应付工资明细核算四个基本内容。

为了核算企业应付职工工资的发放及分配等，企业应设置"应付职工薪酬——工资"科目。凡属于工资总额范围内的各种工资、津贴、奖金、补贴等，不论是否在当月支付，都应通过该科目核算。

每月发放工资之前，根据工资的实发金额向银行提取现金准备发放工资时，借记"库存现金"，贷记"银行存款"科目。

支付工资时，借记"应付职工薪酬——工资"，贷记"库存现金"科目。从应付工资中代扣的各种款项，借记"应付职工薪酬——工资"，贷记"其他应付款"科目；代扣个人所得税，借记"应付职工薪酬——工资"，贷记"应交税费——代扣个人所得税"科目。

职工在规定期限内未领取的工资，应由发放工资的部门及时交回财会部门，借记"库存现金"，贷记"其他应付款——未发工资"科目。

月份终了，根据工资单，企业根据不同环节的人员分别进行工资核算：基本生产工人工资借记"生产成本"，车间管理人员工资借记"制造费用"，企业管理人员工资借记"管理费用"，销售部门人员工资借记"销售费用"，企业附营业务人员工资借记"其他业务成本"，基建人员工资借记"在建工程"，福利部门人员工资借记"应付职工薪酬——职工福利"科目。

【例5—2】 某工厂××年2月份的工资单合计反映，应发工资数708 653.10元，其中代扣食堂饭菜票12 700元、房租2 400元、社会保险费78 000元、住房公积金70 800元，代扣个人所得税9 760元，实发金额534 993.10元。会计分录如下：

(1)根据工资单的实发金额提取现金，准备发放工资时。

借：库存现金　　534 993.10

　　贷：银行存款　　534 993.10

(2)发放工资时。

借：应付职工薪酬——工资　　534 993.10

　　贷：库存现金　　534 993.10

(3)结转代扣款项与个人所得税时。

借：应付职工薪酬——工资　　173 660

　　贷：其他应付款——代扣职工房租　　2 400

　　　　——代扣职工食堂饭菜费　　12 700

　　　　——代扣职工社会保险费　　78 000

　　　　——代扣职工住房公积金　　70 800

　　　　应交税费——代扣职工个人所得税　　9 760

(4)月终，根据各部门的工资单，假设基本生产车间工人应发工资合计371 849.14元，辅助生产车间应发工资合计108 274元，基本生产车间管理人员应发工资合计52 901.80元，辅助生产车间管理人员应发工资合计31 055.20元，行政管理人员应发工资合计108 336.06元，附设托儿所人员应发工资合计17 638元，厂房基建工作人员应发工资合计18 598.90元。

借：生产成本——基本生产成本——工资

　　371 849.14

——辅助生产成本——工资
108 274
制造费用——基本生产车间——工资
52 901.80
——辅助生产车间——工资
31 055.20
管理费用——工资 108 336.06
应付职工薪酬——职工福利 17 638
在建工程——工资 18 598.90
贷:应付职工薪酬——工资 708 653.10

第三节 应付职工薪酬——职工福利的核算

一、职工福利的概念及核算范围

职工福利是指企业在工资、社会保险之外,根据国家有关规定,所采取的补贴措施和建立的各种服务设施,对职工提供直接的和间接的物质帮助。一般按照工资总额的一定比例掌握使用,主要用于大型企业的医务室医务经费,职工因公负伤就医路费,独生子女补贴,上下班交通补贴,职工探亲假路费,职工特殊生活困难补助,集体职工浴室、理发室、幼儿园、托儿所等。

二、职工福利费的核算

企业在“应付职工薪酬”科目下设置“职工福利”明细科目进行核算,其贷方登记职工福利费的提取数,借方登记职工福利费的使用支付数。

(一)职工福利费提取的核算

根据《中华人民共和国企业所得税法实施条例》第四十条“企

业发生的职工福利费支出，不超过工资、薪金总额14%的部分，准予扣除。”据此，平时按14%提取的金额到年终如有结余，应用红字将余额全部冲销。企业提取的职工福利费，是一种应付的工资附加支出，其分配一般可以按照工资的分配办法进行分配。但按财务制度规定企业医务、福利部门人员提取的福利费应由管理费用负担，不能随工资进行分配，应借记“管理费用”科目，贷记“应付职工薪酬——职工福利”科目。

企业在进行计提职工福利费和分配时，应根据“工资单”及有关规定和资料，编制“职工福利费提取及分配表”作为计提和分配福利费的依据。

【例5—3】 某企业××年2月份根据【例5—2】(4)工资分配分录，编制“应付福利费提取及分配表”，如图表5—2所示：

图表5—2　　福利费提取计算及分配表

所属月份：2月　　制单：××年2月28日　　单位：元

车间和部门	人员类别	本月应付工资额	提取比率	提取福利费金额	应列会计科目
基本生产车间	生产工人	371 849.14	14%	52 058.88	生产成本
辅助生产车间	生产工人	108 274		15 158.36	生产成本
基本生产车间	管理人员	52 901.80		7 406.25	制造费用
辅助生间车间	管理人员	31 055.20		4 347.73	制造费用
管理部门	管理人员	108 336.06		15 167.04	管理费用
托儿所	工作人员	17 638		2 469.32	管理费用
厂房基建	工作人员	18 598.90		2 603.85	在建工程
合　计		708 653.10		99 211.43	

月末，企业根据“职工福利费提取及分配表”，会计分录如下：

借：生产成本——基本生产成本——职工福利费
　　　　52 058.88
　　　　——辅助生产成本——职工福利费
　　　　15 158.36

制造费用——基本生产车间——职工福利费
7 406.25
——辅助生产车间——职工福利费
4 347.73
管理费用——职工福利费 17 636.36
(15 167.04+2 469.32)
在建工程——职工福利费 2 603.85
贷:应付职工薪酬——职工福利 99 211.43

商品流通企业职工工资与计提职工福利费,不管工作人员在哪个环节工作,工资与职工福利一律借记"销售费用"科目。

(二)职工福利费使用的核算

企业用现金、银行存款支付职工的生活福利补助时,应根据有关凭证,借记"应付职工薪酬——职工福利"科目,贷记"库存现金"或"银行存款"科目。

【例5—4】 企业用现金支付本月食堂补贴3 000元。会计分录如下:

借:应付职工薪酬——职工福利 3 000
贷:库存现金 3 000

【例5—5】 年终,职工福利费结余10 000元,按不同工种人员年度工资小计所占年度工资总额比例,即不同车间、部门职工本年工资小计÷本单位本年工资总额,求得基本生产车间工人占57%,管理人员占12%;辅助生产车间工人占8%,管理人员占3%;行政管理人员占14%;托儿所工作人员占2.5%;厂房基建工程管理人员占3.5%。用红字冲回,会计分录如下:

借:生产成本——基本生产成本——职工福利费
5 700
(10 000×57%)

——辅助生产成本——职工福利费 800

(10 000×8%)

制造费用——基本生产成本——职工福利费 1 200

(10 000×12%)

——辅助生产成本——职工福利费 300

(10 000×3%)

管理费用——职工福利费 1 650

[10 000×(14%+2.5%)]

在建工程——职工福利费 350

(10 000×3.5%)

贷:应付职工薪酬——职工福利 10 000

第四节 应付职工薪酬——其他的核算

一、提取工会经费的核算

工会经费是建立工会的企业,按照工资总额2%的比例提取解交上一级总工会,上一级总工会再下拨60%给基层企业工会作为开展工会活动的费用支出。

【例5—6】 根据图表5—2所列2月份各人员类别提取2%工会经费,会计分录如下:

借:生产成本——基本生产——工会经费

7 436.98

(371 849.14×2%)

——辅助生产——工会经费

2 165.48

(108 274×2%)

制造成本——基本生产车间管理——工会经费

1 058.04

(52 901.80×2%)

——辅助生产车间管理——工会经费

621.10

(31 055.20×2%)

管理费用——行政管理——工会经费

2 166.72

(108 336.06×2%)

应付职工薪酬——托儿所人员——职工福利

352.76

(17 638×2%)

在建工程——基建工程管理——工会经费

371.98

(18 598.90×2%)

贷:应付职工薪酬——工会经费　　14 173.06

(708 653.10×2%)

用银行存款上缴总工会:

借:应付职工薪酬——工会经费　　14 173.06

贷:银行存款　　14 173.06

总工会拨给基层工会的分成60%,直接由企业工会会计做账,无须行政财会部门做账。

二、教育经费的核算

职工发生教育经费支出,按工资总额2.5%先予提取。年终,如有结余应用红字冲回，如发生超支可结转下年继续扣除。

【例 5—7】 根据图表 5—2 所列 2 月份各人员类别工资提取 2.5%教育经费，分录如下：

借：生产成本——基本生产——教育经费
9 296.23
(371 849.14×2.5%)
辅助生产——教育经费
2 706.85
(108 274×2.5%)
制造费用——基本生产车间管理——教育经费
1 322.55
(52 901.8×2.5%)
辅助生产车间管理——教育经费
776.38
(31 055.2×2.5%)
管理费用——行政管理——教育经费
2 708.40
(108 336.06×2.5%)
应付职工薪酬——托儿所人员——职工福利
440.95
(17 638×2.5%)
在建工程——基建工程管理——教育经费
464.97
(18 598.9×2.5%)
贷：应付职工薪酬——教育经费　　17 716.33
(708 653.1×2.5%)

本月举办安全生产学习班，用现金支付聘请讲课老师报酬 11 200元，资料费 900 元。

借：应付职工薪酬——教育经费　　12 100

贷:库存现金　　　　　　　　　　　12 100

三、企业按照规定应交“社会保险费”“住房公积金”的核算

(一)社会保险费

社会保险,是指国家依法建立由国家、用人单位和个人共同筹集建立基金,使个人在年老(退休)、患病、工伤、失业、生育“五险”的情况下,获得物质帮助和补偿的一种社会保障制度。

根据国务院、省人民政府的有关条例,地、县(市)主管部门落实执行的规定意见,社会保险费根据不同行业确定计交基数,企业负担部分一般以工资总额为基数,即单位缴交金额=缴交基数×缴交比例。以浙江省为例,2015 年职工个人计交基数,按每月平均工资2 226～11 130元(部定)区间内自行申报;企业单位缴交“五险”比例为职工基本养老保险 14%、医疗保险9.5%、工伤保险 1%、生育保险 1%、失业保险 2%,共27.5%;职工个人应缴纳的比例为基本养老保险 8%、医疗保险 2%、失业保险 1%,共 11%。

(二)住房公积金

住房公积金是国家法律规定,为解决职工住房困难,由职工所在单位及其在职职工共同缴存有偿借贷等的长期专储基金,是具有保障性、互助性、长期性、保全返还性的一项重要福利制度。

住房公积金按省定月平均工资额与缴存比例计算缴存金额,即企业缴存金额=缴存基数×缴交比例。单位与职工个人各一半缴存。以浙江省为例,2013年月平均工资额为4 775.83元,企业与个人各按 12%缴存。

(三)不同年份、不同地区对“两金”缴交(存)比例不可能完全统一

由于各省经济发展不同,职工平均工资有别,国家出于各方面考虑可能对缴交比例做适当调整,以最新规定为准。社会保险费、住房公积金在执行时,由当地政府办公室或相关主管局联文,一般委托税务部门代理征缴。

(四)“社会保险费”“住房公积金”的核算

社会保险费和住房公积金的单位应缴部分都是“应付职工薪酬”科目下的明细科目,所缴金额摊入成本费用,比照工资及其相关费用基金等提取,分摊计算方法也无不同,只是需标出不同明细科目。如经过计算摊入基本生产车间的金额,借记“生产成本——基本生产——社会保险费或住房公积金”,贷记“应付职工薪酬——社会保险费或住房公积金”。

由职工个人负担的社会保险费或住房公积金,由企业代扣代缴。若先扣后缴,借记“银行存款”,贷记“其他应付款”科目;若先缴后扣,借记“其他应收款”,贷记“银行存款”科目;实际缴交后分录科目则反之。单位用银行存款一并缴交。

借:应付职工薪酬——社会保险费
　　　　　　　——住房公积金
　其他应收款或其他应付款
　贷:银行存款

【例5—8】 某单位本月应交社会保险费195 000元,住房公积金70 800元,已替职工代扣代缴社会保险费78 000元,住房公积金708 000元,一并缴税务代理征收部门,会计分录如下:

借:应付职工薪酬——社会保险费　　195 000
　　　　　　　——住房公积金　　70 800
　其他应付款——代扣职工社会保险费
　　　　　　　　　　　　　　　　78 000
　　　　　——代扣职工住房公积金
　　　　　　　　　　　　　　　　70 800
　　贷:银行存款　　　　　　　　　414 600

财会部门应建立“住房公积金”缴存备查簿。

四、非货币性福利支出的核算

非货币性福利支出是指企业以非货币性资产支付给职工的薪

酬，如利用企业自有的产品、设施无偿提供给本企业职工作为职工福利的行为。

【例 5—9】 某企业利用闲置房屋改造成职工住房共2 000平方米，年折旧额80 000元，经评议分给 40 位住房困难的职工，并向每位住房职工收取房租费1 000元/年，会计分录如下：

借：应付职工薪酬——非货币性福利　　80 000

　　贷：累计折旧　　　　　　　　　　　　80 000

向职工收取房租现金：

借：库存现金　　　　　　　　　　　10 000

　　贷：应付职工薪酬——非货币性福利　　10 000

“应付职工薪酬——非货币性福利”明细账借方余额 40 000 元，按照住房各类职工比例分摊，借记“生产成本”“制造费用”“管理费用”等有关科目，贷记“应付职工薪酬——非货币性福利”科目。

第五节　应交税费的核算

一、应交税费的概念及核算范围

应交税费是企业应交纳的各种税金及附加费用，如增值税、营业税、消费税、城市维护建设税、“费用四税”（印花税、房地产税、土地使用税、车船税）以及代扣的个人所得税、教育费附加、水利经费等。在这些税金及附加费用中，一部分是每月月内提取、月外缴交，与税务机关定期进行清算，设置“应交税费”科目核算，贷方反映应交数，借方反映已交数，期末贷方余额表示欠交数，期末借方余额表示多交数。“应交税费”是与税务部门结算税金的科目，以不同税种下设明细科目。凡是不需要预提计交、与税务机关不存在定期结算或清算的税金，如印花税、耕地占用税、契税等，不通过

“应交税费”科目核算。但房地产税、土地使用税、车船税如果金额较大，虽一年缴交一次，为正确计算盈亏，也可以按月（季）预提，通过“应交税费”科目核算，实际缴交后结算清户。

二、增值税的核算

本节简要介绍，详见下编第五章第一节。

增值税是价外税，是以商品流转过程中产生的增值额作为计税依据进行征收的一种流转税。应交增值税的企业收到的销货款，应按一定的增值税率进行税价分离，计算公式为：

$$货款 \div (1+增值税率)=货价$$

$$货价 \times 增值税率=税额$$

$$货价+税额=收到的销货款$$

一般纳税人应交增值税＝本月开出销售发票销项税额合计－本月购进原材料商品进项税额合计，正数为本月应交增值税，负数为留待下月抵扣的税额。即：

$$本月应交增值税=本月销项税额合计-(上月留抵进项税额+本月进项税额)$$

$$\begin{matrix}小规模纳税人\\应交增值税\end{matrix}=\begin{matrix}本月普通发票开出\\的销货金额合计\end{matrix}\div(1+征收税率)\times 征收税率$$

【例5－10】 一般纳税人企业上月结存尚未抵扣的进项税额1 320元，本期购进商品，原材料的进项税额4 250元，本期销项税额合计6 800元，则：

本期应交增值税＝6 800－(4 250＋1 320)＝1 230(元)

【例5－11】 某生产企业小规模纳税人开出普通发票销售额合计50 000元，收到银行存款。则：

应交增值税＝50 000÷(1＋3％)×3％＝48 543.69×3％
＝1 456.31(元)

借：银行存款　　50 000
　贷：主营业务收入　　48 543.69
　　应交税费——应交增值税　　1 456.31

三、营业税的核算

工商企业交纳营业税的征收对象主要是转让无形资产、销售不动产和原来的附营运输收入。转让无形资产和销售不动产,营业税税率为5%,附营运输收入已改征增值税。营业税计税依据是收取全部价款和价外费用,其计算公式为:

应纳税额=营业收入额×税率

其账务处理如下:

(1)出售房屋的应纳税额:

借:固定资产清理

　　贷:应交税费——营业税

(2)实际解交时:

借:应交税费——营业税

　　贷:银行存款

其他行业的营业税税率为:建筑工程业3%、娱乐休闲业5%~20%、广告服务业5%(现代服务业除外)、邮电通讯业3%、文化体育业3%、不属企业会计核算范围的金融保险业8%。财政部、国家税务总局试点营业税改征增值税方案。至2 013年1月上海有19.9万户纳入试点,至同年8月,全国各省均有试点。国家税务总局已决定,基础电信与增值电信服务业全国都要改征增值税;交通运输业改征增值税,税率11%;部分现代服务业适用税率6%。

应交营业税的企业,会计分录如下:

借:营业税金及附加

　　贷:应交税费——营业税

四、消费税的核算

消费税是对货物普遍征收增值税的基础上,根据宏观产业政策和消费政策的要求,有目的、有重点地选择少数消费品征收的税

（价内税），以调节产品结构、引导消费方向、保证财政收入。目前，征收消费税的消费品有：烟、酒、化妆品、高档手表、贵重首饰及珠宝玉石、鞭炮焰火、汽油（含铅汽油不征）、柴油、摩托车（自2014年12月1日起，气缸容量250毫升以下的小排量摩托车停征）、小汽车等14个税目19个子目。上述商品的消费税除进口应税消费税，金银首饰、钻石及钻石饰品在零售环节纳税外，其余都在生产环节缴纳。

消费税的计算有两种方法：

1. 从价定率

应纳税额 = 销售额 × 税率

2. 从量定额

应纳税额 = 销售数量 × 单位税额

【例5—12】 某酒厂本月销售黄酒75吨，每吨应税240元。则：

应纳税额＝75×240＝18 000（元）

借：营业税金及附加　　　　18 000

　　贷：应交税费——消费税　　　　18 000

五、城市维护建设税的核算

城市维护建设税简称城建税，是为适应城市、乡镇建设需要而向具有经营收入的单位和个人征收的一种税。

城建税是作为增值税、消费税、营业税的附加形式上缴的，其税率是：县（市）城所在地为7%，区镇所在地为5%，乡村所在地为1%。

【例5—13】 某县城区甲工厂本月实际缴纳增值税、营业税共17 800元，则甲工厂应缴纳城建税＝17 800×7%＝1 246元。

某区镇乙工厂本月实际缴纳增值税、消费税、营业税共26 200元，则：

乙工厂应缴纳城建税＝26 200×5%＝1 310（元）

借:营业税金及附加　　　　　　　　　　1 310
　　贷:应交税费——城建税　　　　　　　　　　1 310

六、应交教育费附加的核算

为加快发展地方教育事业、扩大地方教育经费的资金来源,特征收教育费附加。企业上缴征收率与城建税依据相同口径,县(市)城所在地3%,区镇所在地5%,乡村所在地9%。提取时,借记“营业税金及附加——教育费附加”科目,贷记“应交税费——教育费附加”科目。

第六节　其他流动负债的核算

一、短期借款的核算

(一)短期借款概述

短期借款是指企业向银行或其他金融机构借入的、偿还期限在一年以内(含1年)的各种借款。企业借入的期限在一年以上的各种借款,属“长期借款”。短期借款设置“短期借款”科目进行核算。企业借入短期借款时,借记“银行存款”,贷记“短期借款”。企业向银行借款,应支付规定的利息。实际发生的短期借款利息,借记“财务费用”,贷记“银行存款”。企业向银行借款,应支付规定的利息。实际发生的短期借款利息,借记“财务费用”,贷记“银行存款”科目。按月预提的利息,借记“财务费用”,贷记“应付利息”,等到实际支付时,按已经预提的金额,借记“应付利息”,贷记“银行存款”。

本科目可按债权人设置明细账,并按借款种类进行明细分类。

【例5—14】 某工厂2月1日向工商银行借来为期3个月的贷款500 000元,月利率6.4‰。

(1)2 月 1 日借款时。

借:银行存款 500 000

贷:短期借款 500 000

(2)2 月末借款利息在当月支付。

借:财务费用——利息 3 200

贷:银行存款 3 200

(3)假设 3 月末未付利息采用预提。

借:财务费用——利息 3 200

贷:应付利息 3 200

(4)4 月份归还借款并支付 3、4 月份利息。

借:财务费用——利息 3 200

应付利息 3 200

短期借款 500 000

贷:银行存款 506 400

二、应付账款的核算

应付账款是指企业因购买材料、商品或接受劳务供应等而应付给供应单位的款项。

为了正确反映和核算应付账款的情况,应设置"应付账款"科目,该科目贷方登记应付账款的增加数,借方登记应付账款的偿还减少数。余额在贷方,反映期末企业尚未偿还的应付账款数。"应付账款"科目应按债权人分设明细账进行明细核算。

企业购入的材料、物资等已验收入库但货款尚未支付时,应根据发票账单等有关凭证借记"原材料"等科目,贷记"应付账款"科目。企业接受供应单位提供劳务而应付未付款项,应根据供应单位的发票账单,借记"制造费用"等科目,贷记"应付账款"科目。企业偿付应付账款时,借记"应付账款"科目,贷记"银行存款"等科目。当企业开出承兑商业汇票抵付应付账款时,借记"应付账款"科目,贷记"应付票据"科目。

【例5—15】 某工厂向交电公司购入钢材12吨,每吨3 000元,增值税6 120元,已运达企业并验收入库,货款尚未支付,据发票账单等凭证,会计分录如下:

(1)购入时。

借:原材料——钢材 36 000

应交税费——增值税——进项税额 6 120

贷:应付账款——交电公司 42 120

(2)支付前欠交电公司甲材料货款。

借:应付账款——交电公司 42 120

贷:银行存款 42 120

三、预收账款的核算

预收账款是指企业按照合同规定向购货单位或个人预收的货款。

为了核算企业预收的货款,应设置"预收账款"科目。收到预收货款时,借记"银行存款",贷记"预收账款"。余额在贷方,表示已经预收但产品尚未发出的款项。待产品发出或劳务已提供,销售实现时,借记"预收账款",贷记"主营业务收入"。该科目按购买单位设置明细科目。

【例5—16】 场桥羊毛衫厂根据销货合同预收百货公司货款30 000元,按合同规定1个月后向对方发货,会计分录如下:

(1)收到预收货款时。

借:银行存款 30 000

贷:预收账款——百货公司 30 000

(2)1个月后,企业按规定向百货公司发出羊毛衫一批,开具专用发票应收货款总额29 250元。其中,货价25 000元,增值税4 250元,并电汇退还货款750元。

借:预收账款——百货公司 30 000

贷:主营业务收入 25 000

应交税费——增值税——销项税额 4 250

银行存款 750

预收账款不多的企业，可以将预收的货款直接记入“应收账款”科目，不必单设“预收账款”科目。

四、应付票据的核算

应付票据是指企业购买材料、商品和接受劳务供应等开出、承兑的商业汇票，包括银行承兑汇票和商业承兑汇票。

企业开出购货承兑汇票或以承兑汇票抵付货款，借记“材料采购”“在途物资”“原材料”“应付账款”等科目，贷记“应付票据”科目；支付银行承兑汇票的手续费时，借记“财务费用”，贷记“银行存款”科目。收到银行支付到期票据通知时，借记“应付票据”，贷记“银行存款”科目。企业应设置“应付票据备查簿”，详细登记应付票据的种类、号数、签发日期、到期日、票面金额、票面利率、收款人以及付款日期和金额等资料。当应付票据到期付清时，应在备查簿内逐笔注销。“应付票据备查簿”如图表 5—3 所示。

图表 5—3　　应付票据备查簿

××年

收款单位	合同号码	摘要	商业汇票记录									付款记录						备注
			票据种类	汇票号码	签发日期	第一次		第二次		第三次		第一次		第二次		第三次		
						承兑日期	金额	承兑日期	金额	承兑日期	金额	承兑日期	金额	承兑日期	金额	承兑日期	金额	

【例 5—17】 新光工厂根据购销合同向二轻公司购买材料一批，价款 40 000 元，增值税 6 800 元，当即付给承兑的商业汇票一

张，材料尚未运到，根据汇票存根，会计分录如下：

(1)材料按实际成本计价。

借：在途物资　　40 000

　应交税费——增值税——进项税额　　6 800

　　贷：应付票据——二轻公司　　46 800

(2)新光工厂对商业承兑汇票 46 800 元于到期日前一天，根据银行转来的付款通知。

借：应付票据　　46 800

　　贷：银行存款　　46 800

【例 5－18】 新光工厂签发承兑汇票一张，期限为 4 个月、面额为50 000元，用于支付前欠京华车床灯厂货款。汇票经银行承兑并用银行存款支付，银行手续费 100 元，会计分录如下：

(1)支付承兑手续费时。

借：财务费用　　100

　　贷：银行存款　　100

(2)支付承兑汇票抵付货款时。

借：应付账款——京华车床灯厂　　50 000

　　贷：应付票据——京华车床灯厂　　50 000

五、其他应付款的核算

其他应付款一般是指企业应付、暂收其他单位或个人的款项，如应付租入固定资产和包装物的租金、存入保证金等。企业应设置“其他应付款”科目进行核算。并按暂收、应付款项的类别和单位或个人设置明细科目。

【例 5－19】 某酒厂收到客户交来酒坛押金 450 元，会计分录如下：

借：银行存款　　450

　　贷：其他应付款——存入保证金——某酒厂450

退还存入保证金时，作相反的会计分录。

六、应付利息的核算

本账户核算企业按照合同约定应支付的利息，包括吸收存款、分期付息到期还本的长期借款、企业债券的应付利息。贷方反映本期应付未付数，借方反映已付数，贷方余额反映尚未支付数。

【例 5—20】 企业向内部股东临时集资借款1 000 000元，月利率0.8%。

(1)当月提取应付利息8 000元。

借:财务费用	8 000	
贷:应付利息		8 000

(2)支取应付利息8 000元时。

借:应付利息	8 000	
贷:库存现金或银行存款		8 000

企业发行债券的应付利息，在下编第五章第二节介绍。

第七节　长期负债的核算

长期负债是指偿还期限在 1 年或者超过 1 年的一个营业周期以上的负债，它是企业向债权人筹集的可供长期使用的资金。长期负债包括长期借款、应付债券、长期应付款、专项应付款等。长期负债具有金额较大、偿还期限较长、利息负担较重等特点。企业要重视和加强对长期负债的管理，以减少长期负债的风险。

一、长期借款的核算

长期借款是指企业向银行或其他金融机构借入的期限在 1 年以上(不含 1 年)的各种借款。企业应当按照规定办理借款手续，计提和支付借款利息，恪守信誉，按期归还借款。

企业应设置“长期借款”科目进行核算，核算内容包括借款的借入、到期还本付息。借入长期借款时，借记“银行存款”科目，贷记“长期借款”科目；如用长期借款直接支付购置机器设备或工程价款时，借记“固定资产”“无形资产”“在建工程”科目，贷记“长期借款”科目。长期借款的利息支出和借入外币借款的折合差额，应分情况进行处理：与固定资产或无形资产有关的，在资产尚未支付使用办理竣工决算之前，应计的借款利息和外币折合差额或其他借款费用，计入资产的价值，借记“在建工程”等科目，贷记“应付利息”科目；达到预定可使用状态交付使用至还款期应计的借款利息和外币折合差额，计入当期损益，借记“财务费用”，贷记“应付利息”科目；归还长期借款本金和利息时，借记“长期借款”“应付利息”科目，贷记“银行存款”科目。余额在贷方，反映企业尚未归还的本金与利息。

【例 5－21】 某工厂 20×1 年 1 月 1 日新建仓库一幢，向银行借款5 000 000元存入银行，期限一年六个月，年利息率5.4%，到期还本付息，不计复利。企业用银行存款支付工程价款4 800 000元（仓库基建一年竣工决算，验收使用，应计利息270 000元），竣工决算后至还款期内应计利息135 000元，会计分录如下：

（1）取得借款时。

借：银行存款　　5 000 000

　　贷：长期借款——本金　　5 000 000

（2）支付工程价款时。

借：在建工程　　4 800 000

　　贷：银行存款　　4 800 000

（3）工程竣工决算前应计利息。

借：在建工程　　270 000

　　贷：应付利息　　270 000

（4）工程竣工结转。

借：固定资产　　5 070 000

　　贷：在建工程　　5 070 000

(5)工程竣工决算后至还款期内应计利息。

借:财务费用　　135 000

　贷:应付利息　　135 000

(6)归还借款本金和利息。

借:长期借款——本金　　5 000 000

　应付利息——利息　　405 000

　贷:银行存款　　5 405 000

【例 5—22】 如果该项工程采用投标出包,总造价4 800 000元,工程款分三次支付,首付1 600 000元,半年后付1 600 000元,竣工决算验收后再付1 600 000元,借款落实额度,分次贷款,利息年利率5.4%,利息每季预提,每半年付息一次。会计核算如下:

(1)1 月 1 日取得借款时。

借:银行存款　　1 600 000

　贷:长期借款　　1 600 000

(2)首付工程款。

借:在建工程　　1 600 000

　贷:银行存款　　1 600 000

(3)3 月末预提借款利息。

(5.4%÷12)×3×1 600 000=21 600(元)

借:在建工程　　21 600

　贷:应付利息　　21 600

(4)6 月末预提利息。

(5.4%÷12)×3×1 600 000=21 600(元)

借:在建工程　　21 600

　贷:应付利息　　21 600

(5)6 月末偿还银行利息。

借:应付利息　　43 200

　贷:银行存款　　43 200

(6)7 月 1 日,又向银行借款 1 600 000 元,当即付工程款。

借:银行存款　　　　1 600 000

　　贷:长期借款　　　　1 600 000

借:在建工程　　　　1 600 000

　　贷:银行存款　　　　1 600 000

(7)9 月末预提利息。

(5.4%÷12)×3×3 200 000=43 200(元)

借:在建工程　　　　43 200

　　贷:应付利息　　　　43 200

(8)年终预提借款利息。

(5.4%÷12)×3×3 200 000=43 200(元)

借:在建工程　　　　43 200

　　贷:应付利息　　　　43 200

(9)偿还银行利息:86 400 元。

借:应付利息　　　　86 400

　　贷:银行存款　　　　86 400

(10)次年 1 月 1 日,又向银行借款 1 600 000 元,当即付工程款。

借:银行存款　　　　1 600 000

　　贷:长期借款　　　　1 600 000

借:在建工程　　　　1 600 000

　　贷:银行存款　　　　1 600 000

(11)次年 3 月末,预提借款利息。

(5.4%÷12)×3×480 000=64 800(元)

借:在建工程　　　　64 800

　　贷:应付利息　　　　64 800

(12)6 月末偿还本金与半年利息。

借:长期借款　　　　4 800 000

　　应付利息　　　　129 600

　　贷:银行存款　　　　4 929 600

(13)工程竣工决算结转完工成本。

借:固定资产　　　　　　　　　　5 059 200

　　贷:在建工程　　　　　　　　　　5 059 200

❀ **关于短期借款、长期借款预提应付利息的,小企业与非小企业明显不同,前者为应付利息日,后者为编制资产负债表日。**

二、长期应付款的核算

长期应付款是企业除长期借款和应付债券外,超过 1 年或长于 1 年的一个营业周期以上的其他长期应付款项,是企业生产经营活动中的一项长期负债,主要包括补偿贸易方式下应付引进设备款和应付融资租入固定资产的租赁费用。企业引进国外设备和融资租入固定资产,都是形成在前、支付在后,且具有分期付款的特点。

会计核算上应设置“长期应付款”科目进行总分类核算,贷方反映各种长期应付款的增加,借方反映各种长期应付款的减少。余额在贷方,反映企业尚未偿还的各种长期应付款。该科目可设“应付引进设备款”和“融资租入固定资产”明细科目,进行明细分类核算。引进设备,借记“固定资产”或“在建工程”科目,贷记“长期应付款”科目;融资租入固定资产,小企业在第四章第二节讲述、非小企业在下编第四章第四节讲述,本处不再重复。

三、专项应付款的核算

国家或上级拨入专项用于技术改造、技术研究等,以及从其他来源取得的款项,应在“专项应付款”科目,按拨款种类设置明细账进行核算。

(1)企业收到国家或上级有关拨款。

借:银行存款

　　贷:专项应付款——×××

(2)企业使用后未能形成资产、报经拨款部门批准核销,如有积余一并解还。

借：专项应付款——×××

贷：银行存款 （解还数）

在建工程/其他应收款

（平时支付挂账的金额）

（3）企业使用后能形成固定资产的，支出时。

借：在建工程

贷：银行存款/现金/原材料

（4）完工验收，报拨款部门竣工完成特定项目报告，请求批准。

借：固定资产

贷：在建工程

借：专项应付款——×××

贷：营业外收入

政府为扶植小企业发展，以财政拨款、财政贴息、税收返还、无偿划拨非货币性资产的形式支持小企业。小企业会计准则要求小企业对政府补助能真实完整地反映相关信息，通过“其他应收款”“营业外收入”和“递延收益”科目核算。“递延收益”是非流动负债，专为核算不能一次而应分期计入当期损益的政府补助而设置。

【例5－23】 2013年1月1日，前进小企业需要购买一台污水排放分离机，预计价值150 000元，考虑到环保要求，政府根据其申请报告，批准给予全额补助。1月30日收到财政拨款如数，2月15日购入污水排放分离机及相关设施支出180 000元。污水排放分离机使用寿命15年，用年限平均法计提折旧，假设无残值。会计分录如下：

（1）1月30日，收到财政拨款。

借：银行存款 150 000

贷：递延收益 150 000

（2）2月15日，购入污水排放分离机，设施装置完毕，通过“在建工程”核算，完工后转入固定资产。

借:固定资产 180 000

贷:在建工程 180 000

(3)自使用次月起,在每个编制资产负债表日计提折旧,月终。

借:管理费用 1 000

(180 000÷15÷12)

贷:累计折旧 1 000

(4)分摊递延收益。

借:递延收益 833.33

(150 000÷15÷12)

贷:营业外收入 833.33

第六章　所有者权益的核算

提示

所有者权益的核算包括实收资本、资本公积、盈余公积三个账户。它是企业资金运动起点和会计分期内资金运动小结的有关核算账户。一个新企业的会计首笔账以及担任会计一年年终核算结束有关利润分配的最后几笔账，都与之有关。

本章在核算上比较复杂，涉及资本公积科目的核算。资本公积核算的内容应弄清情况、正确反映。盈余公积的明细科目，即“法定盈余公积”，一般提取比例是企业净利润的10%，“任意盈余公积”的提取比例由企业决策机构决定。原有限责任公司章程中规定提取公益金（按净利润提取）可提取5%，2005年已取消。

还应明确盈余公积补亏或转增资本金的会计核算方法。

第一节　所有者权益概述

所有者权益在西方会计中称为业主权益、资本等，在原来股份制企业会计制度中称为股东权益。虽然提法不同，但实际上都是指企业所有者(即投资者)对企业净资产的要求权。净资产是企业全部资产减去全部负债后的余额,包括实收资本、资本公积、盈余公积和未分配利润。

要办企业,首先要投资,没有一定数额的资金,办不了企业。国家投资的企业为国有企业;集体入股的企业为集体股份企业;私人办的企业,具有一定规模的为私营企业,小商小贩为个体工商业户企业。国营、股份、私营、个体户是所办企业的所有者,对投资以及经营获利的税后留利公积和未分配利润(留存收益)拥有不可否认的所有权。所有者权益是企业资金的主要来源。

第二节 实收资本的核算

实收资本是投资者按照企业章程,或合同、协议的约定,实际投入企业的资本。

我国《企业法人登记管理条例》明确规定,企业申请开业,必须具备符合国家规定并与其生产经营和服务规模相适应的资金数额。

自 2014 年 3 月 1 日起,新的《公司法》放宽了注册资本登记的要求,公司或其他企业成立注册,不限定资本金的多少。

企业收到资本金,应设置“实收资本”科目,股份有限公司应将本科目改为“股本”科目。本科目贷方登记企业实际收到投资者投入的现金、房屋、建筑物、无形资产等评估投资各方确认的价值,以及资本公积、盈余公积转增资本的价值。余额在贷方,表示企业实际收到的资本总额。资本在企业工商注册年限内不能随便退出。企业可按投资者名称设置明细科目。

【例 6—1】 企业收到股东甲投入现金 200 000 元,存入银行。会计分录如下:

借:银行存款 200 000

贷:实收资本——股东甲　　　　　　　　200 000

【例 6—2】 企业收到股东乙投入机器一台,根据提供的发票等资料,机器原价 60 000 元,现经股东共同协议或中介机构评估,机器新旧程度 80%,作价 48 000 元。会计分录如下:

借:固定资产——机器　　　　　　　　48 000

贷:实收资本——股东乙　　　　　　　　48 000

第三节　资本公积的核算

资本公积是指企业在筹办过程中,缴付的出资额超过其认缴资本金所形成的资本(或股票)溢价、发行股票溢价等,直接计入所有者权益的利得和损失等也以本科目核算。资本公积可以按照规定转增资本,但不能补亏。

企业开展经营后,生产势头很好、产品畅销,单位或个人要投资加入经营,董事会决定,要其溢价投资入股,即 1∶1 元以上投入,确认其 1 元入股。溢价部分,应贷记“资本公积”科目。

【例 6—3】 某厂为合作股份工厂,原确定每股1 000 000元,经营半年后,经营形势看好,张某要参股,股东集体讨论要其以1 200 000元资金投入,确认其1 000 000元入股。张某表示同意,签署协议,交来现金,存入银行。会计分录如下:

借:银行存款　　　　　　　　1 200 000

贷:实收资本——张某　　　　　　　　1 000 000

资本公积——资本溢价　　　　　　　　200 000

股份有限公司发行股票,每股发行价格共实收总额超过股票票面金额的差额总额,减去发行费用,也作“资本公积——股本溢价”入账。

【例 6—4】 某股份有限公司发行股票1 000 000股,每股票面金额 15 元,实际发行每股16.50元,支付发行费用20 000元,余额存入银行。

借：银行存款　　　　　　　　　　164 980 000

（1 000 000×16.50－20 000）

　　贷：股本　　　　　　　　　　　150 000 000

　　　　资本公积——股本溢价　　　　14 980 000

【例 6—5】 某股份有限公司的股本为10 000 000股，股票面值 10 元，现按市场价格每股9.98元回收股票2 000 000股，要通过"库存股"科目进行核算(该科目为所有者权益的调整账户)。会计分录如下：

(1)回购公司股票：

借：库存股　　　　　　　　　　19 960 000

（2 000 000×9.98）

　　贷：银行存款　　　　　　　　　19 960 000

(2)转销本公司股票：

借：股本　　　　　　　　　　　20 000 000

（2 000 000×10）

　　贷：库存股　　　　　　　　　　19 960 000

　　　　资本公积——其他　　　　　　　40 000

如果回收金额每股大于 10 元，发生的差额最后应借记"资本公积"科目。账户余额不够冲减时，相差金额应借记"盈余公积"或"利润分配——未分配利润"。

通常，中小企业不可能发行股票，更没有股票回收，这里仅供开阔视野，参考学习。

第四节　盈余公积的核算

盈余公积是指企业按照规定从税后利润中提取的各种积累资金。企业的盈余公积应通过设置"盈余公积"科目进行核算。企业提取法定盈余公积，按税后利润扣除罚没损失和弥补以前年度亏损后的10%提取，但不包括年初未分配利润。非公司制企业的盈余公积的提取比例，可以超过净利润的10%提取任意盈余公积。提取时，借记“利润分配”科目，贷记“盈余公积——法定或任意盈余公积”。盈余公积已达注册资金50%时，不再提取。为积聚财力，应付特殊情况，经董事会决议提取的任意盈余公积，可减少当期的股利分配。企业以盈余公积转增资本时，借记“盈余公积”，贷记“实收资本”科目。

【例6—6】 某有限责任公司2012年度税后净利润1 500 000元，无补亏与赔罚。根据规定从税后净利润中提取10%法定盈余公积1 500 000元。任意盈余公积500 000元。会计分录如下：

借：利润分配——提取法定盈余公积　150 000
　　　　　　——提取任意盈余公积　500 000
　贷：盈余公积——法定盈余公积　　150 000
　　　　　　——任意盈余公积　　500 000

盈余公积可用于弥补亏损或转增资本金，但转增资本金后，法定盈余公积余额一般不得低于注册资金的25%。

【例6—7】 某公司用法定盈余公积80 000元弥补前5年亏损、100 000元增加资本金。会计分录如下：

借：盈余公积——法定盈余公积　180 000
　贷：利润分配——盈余公积弥补亏损　80 000
　　　实收资本——按比例分记股东名下100 000

将盈余公积转增股东资本，按税法规定，应交纳20%个人所得税。

外商投资企业可以按规定提取储备基金、企业发展基金、职工奖励及福利基金，借记“利润分配——相关子目科目”，贷记“盈余公积——储备基金”“盈余公积——企业发展基金”“应付职工薪酬——职工奖励及福利基金”。

第七章　商品销售过程和利润的核算

提示

销售核算，首先应明确不同销售收入行为应确定的核算科目，即哪些作为“主营业务收入”，哪些作为“其他业务收入”。同时必须掌握作为销售收入的入账时间。

销售过程用到的科目有哪些？其中“营业税金及附加”科目的核算内容是什么？销售收入作为“主营业务收入”与“其他业务收入”科目核算的，其连带发生的营业税金及附加，如营业税、城建税、教育费附加、消费税在该科目核算；增值税因是价外税，与本账户无关。此外，对于分期收款销售业务，应订立协议，约定收款的时间与金额，在商品发给对方时，不能作为销售，它作为销售收入的时间是约定收款的日期与金额；销售成本也应按销售收入核算的商品数量占发出产品数量的比例进行结转。这一组会计分录要搞懂，似乎很难；而搞清楚后是非常有条理的，不难掌握。

本章在销售业务核算应掌握一般纳税人与小规模纳税人在价税分离上的区别。掌握企业发生“坏账准备”是采用直接转销法还是备抵法，这两种方法在核算上有什么不同。

第一节　销售收入的范围与确认

一、销售收入的范围

销售收入是指企业对外销售商品、提供劳务或让渡资产使用权等取得的收入。企业按经营业务主次可以分为主营业务收入和非经营性兼营的其他业务收入，工业企业主营业务为产品销售收入。企业基建工程、福利事业使用本企业的商品、产品也应视同销售。产品销售收入包括销售产成品，自制半成品，提供工业性劳务取得的收入。工业性劳务收入是指企业利用本身的设备、技术等条件为社会提供的生产性服务，如原料加工、产品返修等收入。

工业企业其他销售收入，包括销售材料、包装物出租、出租固定资产以及提供非生产性服务，如自备运输车辆对外运输收入等。

商品流通的主营业务收入主要是自购自销商品、受托代销商品、其他业务收入基本同工业企业，如材料物资及包装物销售，固定资产出租、包装物出租、运输收入、废旧物资出售收入等。

不管主营业务收入或其他业务收入，编制利润表时，都要合并为营业收入。

此处必须特别指出，小企业对包装物出租的收入，应计入“营业外收入”科目，不作“其他业务收入”。

二、销售收入的确认

小企业一般于商品已经发出、劳务已经提供，同时收讫价款或者取得收取价款的凭据时，确认销售收入的实现。而非小企业销售收入的确认应是：①企业已将商品所有权上的主要风险和报酬转移给购货方；②企业既没有保留通常与所有权相联系的继续管理权，也没有对已售出的商品实施有效控制；③相关的经济利益能够流入企业；④相关的已发生或将发生的成本能够可靠地计量；⑤收入的金额能够可靠地计量。

销售收入是指企业在日常生产经营活动中形成的，会导致所有者权益增加的、与所有者投入资本无关的经济利益总流入。

商品销售有各种方式，在不同的销售方式下，销售收入的确认是：

(1)交款提货方式销售。在交款提货方式销售的情况下，如果货款已经收到，发票账单和提货单已经交给购买方，无论商品是否发出，都作为销售收入的实现。尚未提走的商品已经不属于本企业所有，作为本企业的代管商品处理。

(2)预收货款方式销售。采用预收货款方式销售的商品，在商品发出时作为销售收入的实现。

(3)委托其他单位代销方式销售。采用委托其他单位代销的商品，在收到代销单位的代销清单时作为销售收入的实现。

(4)托收承付或委托银行收款结算方式销售。采用托收承付、委托银行收款结算方式销售的商品，以商品已经发出、劳务已经提供，并已将发票、账单及运输部门的提货单等有关单据提交银行并办妥托收手续作为销售收入的实现。小企业采用托收承付结算方式销售商品，只要办妥托收手续，就可作为销售收入的实现。

(5)分期收款方式销售。采用分期收款方式销售的商品，以本期收到的现款或以合同约定的本期应收款之日作为销售收入的实现。同时，还应当结转与销售收入相应的销售成本。

(6)不能确认收入零星的商品发出，暂时不能作为销售收入，待实现营业收入的条件具备时，再作为销售收入。

三、销售折扣的处理

企业推销产品，会发生销售折扣。销售折扣包括商业折扣和现金折扣。商业折扣是指企业为促进商品销售而给予的价格扣除。现金折扣是在销售时约定延长付款期的条件下，购货方如能提前付款，按提前付款的天数给予不等比例的货款折扣。现金折扣一般用符号“折扣率/付款期限”表示。例如，“2/10，1/20，n/30”表示：销货方允许客户最长的付款期限为30天，如果客户在10天内付款，销货方给予客户2%的售价折扣；如果在11～20天内付款，销货方给予客户1%的售价折扣；如果在21～30天内付款，不享受现金折扣。现金折扣在销售时是未知数，商品销售发生后应立即开出发票按原额列作“商品销售收入”，购货方如提前付款发生的现金折扣，实际上是资金提早回笼的费用，应列作“财务费用”核算。

第二节　商品销售过程的核算

根据增值税征收管理办法，按企业条件，经税务主管部门确认为一般纳税人的企业，其销售过程的会计核算规定如下：

一、销售过程总分类科目

商品销售过程是工商企业资金循环的一次跃进，是存货资金变成货币资金的过程。销售收入发生有的是现金交易，有的是通过银行非现金结算，也有的是暂欠或分期付款。为了正确反映企业销售过程，必须设置“主营业务收入”“主营业务成本”“营业税金及附加”“销售费用”“其他业务收入”“其他业务支出”；与销售业务有关的科目，如“应收账款”“发出商品”等科目以及由此而发生的坏账损失等。

(1)“主营业务收入”科目，核算企业销售商品、自制半成品、工业性劳务等所发生的收入。企业实现的商品销售收入，记入本科目的贷方。期末，将余额转入“本年利润”科目的贷方，结转后本科目应无余额。本科目还应按照主营业务的种类设置明细科目。

(2)“主营业务成本”科目，核算企业销售商品、自制半成品和工业性劳务等的成本。企业结转销售成本时，记入本科目的借方。

期末，将余额转入“本年利润”科目的借方，结转后本科目应无余额。本科目还应按照商品（或劳务）类别设置明细科目。

（3）“销售费用”科目，核算企业商品销售过程中所发生的费用，按所发生的项目分栏记载。销售费用发生时记入本科目的借方，将借方归集的发生额转入本年利润的借方，期末无余额。

（4）“营业税金及附加”科目，核算企业经营活动、销售税金及附加，包括营业税、消费税、城市维护建设税、资源税和教育费附加等，记入本科目的借方。期末，将余额转入“本年利润”科目的借方，结转后本科目应无余额。本科目还应按照商品（或劳务）类别设置明细科目。

（5）“其他业务收入”科目，核算企业除主营业务销售以外的其他销售或其他业务的收入，如材料销售、技术转让、固定资产出租、包装物出租、运输等上述非主营业务收入。企业发生的各项其他业务收入，记入本科目的贷方。期末，将余额转入“本年利润”科目的贷方，结转后本科目应无余额。本科目还应按照其他业务的种类，如“材料销售”“技术转让”“固定资产出租”“包装物出租”“运输业务”等设置明细科目。

（6）“其他业务成本”科目，核算企业除主营业务销售以外的其他销售或其他业务所发生的成本，包括销售材料的成本、出租固定资产折旧额、出租无形资产摊销额、出租包装物的成本或摊销额、提供劳务而发生的相关成本费用等。企业发生的各项其他业务成本，记入本科目的借方。期末，将余额转入“本年利润”科目的借方，结转后本科目应无余额。本科目还应按照其他业务的种类，如“材料销售”“技术转让”“固定资产出租”“包装物出租”“运输业务”等设置明细科目。

（7）“应收账款”科目，核算企业因销售产品、材料，提供劳务等业务，应向购货单位或接受劳务的单位收取的款项。采用托收承付和委托银行收款结算方式应收的货款和代垫运杂费等，办妥托收手续后，也以本科目核算。本科目应按不同的应收账款单位设置明细科目。

(8)"应收票据"科目,核算企业因销售商品、提供劳务等而收到的商业汇票,包括银行承兑汇票和商业承兑汇票。按开出承兑商业汇票的单位进行明细核算。

(9)"发出商品"科目,核算不符合收入确认条件的已发出商品。企业应按发出商品的成本,借记本科目,贷记"库存商品"科目。实现营业收入结转营业成本时,借记"主营业务成本"科目,贷记"发出商品"科目。

(10)"应交税费"科目,下设"增值税"子目及"销项税额"细目。核算一般纳税人销售商品实收的款项,进行税价分离后开出增值税专用发票列出的税额,记入本科目及下设明细科目的贷方。

※ 小企业无"发出商品"科目。采用发出商品分期收款结算方式,发出商品时,只能在"库存商品"科目下,设"发出商品"二级明细科目核算。借记"库存商品——发出商品——××品名",贷记"库存商品——××品名"科目。

二、销售业务发生的核算

销售业务发生应开出增值税专用发票,根据增值税发票的合计金额借记"应收账款""现金""银行存款"等科目,其中,货价收入贷记"主营业务收入",税额贷记"应交税费——增值税(销项税额)"。若销售单位是小规模纳税人,出售商品一般开增值税普通发票。会计核算时,出售货价=发票金额÷(1+增值税征收率),增值税额=货价×征收率,分录与上列同,但明细科目不必列三级户名。具体核算分以下几种情况:

(一)直接收款的销售核算

销售时收到的可能是现金、转账支票、商业汇票、银行汇票等。

【例7—1】 一般纳税人瑞碧袜厂出售给个体工商户袜子100双,每双3元,开出普通发票,进行货价分离。会计分录如下:

借:库存现金　　　　　　　　300

贷:主营业务收入　　256.41

(300 ÷1.17)

应交税费——增值税——销项税额　43.59

(256.41×0.17)

【例 7—2】　瑞碧袜厂出售给本市第一百货商店袜子 500 双,每双 3 元(含税),收到银行转账支票 1 500 元,开给增值税专用发票,税价分离。会计分录如下:

借:银行存款　　1 500

贷:主营业务收入　　1 282.05

(1 500 ÷1.17)

应交税费——增值税——销项税额 217.95

(1 282.05×0.17)

如果出售给外市客户,收到银行汇票和汇款解讫通知单,由本厂在收款人盖章处盖印章后,送开户银行办理入账手续,根据退回入账联,分录同上。

如果经本厂同意客户前来采购同等数量的袜子,采用商业或银行承兑汇票结算,收到商业汇票。会计分录如下:

借:应收票据——客户名称　　1 500

贷:主营业务收入　　1 282.05

应交税费——增值税——销项税额 217.95

(二)发货在先,收款在后

【例 7—3】　瑞碧袜厂出售给老客户袜子 500 双,每双 3 元,货款暂欠。根据欠据或有关协议,会计分录如下:

借:应收账款——客户名称　　1 500

贷:主营业务收入　　1 282.05

应交税费——增值税——销项税额 217.95

【例 7—4】　瑞碧袜厂售给温州百货批发站 5 000 双袜子,单价2.90元(含税),货款采用托收承付结算,并以现金代付运杂费 200 元,货已发运,向银行办妥托收货款手续。会计分录如下:

(1)货发出时。

借:应收账款——温州百货批发站 14 700

贷:主营业务收入 12 393.16

(14 500÷1.17)

应交税费——增值税——销项税额

2 106.84

(12 393.16×0.17)

库存现金 200

(2)接到银行通知联,托收货款已全部收到。

借:银行存款 14 700

贷:应收账款——温州百货批发站 14 700

(三)委托其他单位代销

委托代销有两种方式:一是视同卖断方式,委托方与受托方双方签订协议,委托方按协议价收取代销商品价款,实际售价由受托方自定,委托方收到代销清单时,再确认收入。二是收取手续费方式,受托方根据所代销的商品数量金额向委托方收取手续费的销售方式。

委托方与代销单位签订协议后,于每月给委托方提供代销清单,列明已售出委托代销商品数量、单价、计收金额,应计手续费,会计据此做账。

【例7—5】 荣安商城86号百货摊代销瑞碧袜厂产品,拨出袜1 000双,每双成本价2.8元。手续费按10%计算。现报来代销清单:本月已代销出售袜子400双,单价4元(含税)。会计分录如下:

委托方核算:

(1)发出代销商品。

借:委托代销商品 2 800

贷:库存商品 2 800

(2)收到代销清单。

借:应收账款——商城86号百货摊 1 600

贷:主营业务收入　　1 367.52

　应交税费——增值税——销项税额 232.48

(3)该代销摊扣去代销手续费 160 元,余款派人前去取来现金。

借:库存现金　　1 440

　销售费用　　160

　贷:应收账款——商城 86 号百货摊　　1 600

受托方核算:

(1)收到发来代销商品。

借:受托代销商品　　2 800

　贷:受托代销商品款　　2 800

(2)销出 400 双,收到货款1 600元,扣除应收手续费 160 元。

借:库存现金　　1 600

　贷:其他业务收入　　160

　　应付账款　　1 440

借:受托代销商品款　　1 120

　贷:受托代销商品　　1 120

※ 小企业发出代销商品可以不作核算,只登备查簿。

(四)分期收款销货

购销双方应订立分期收款销货协议,明确规定销货品种、数量、销售单价、金额、分期付款次数、时间、金额、违约责任等。于每次应收货款期限日作为实现销售日,做出销售分录,并结转销售成本。

【例 7—6】 瑞碧袜厂与红阳百货零售公司订立分期收款销货协议,要求本月 1 日发出袜子10 000双,每双售价3.20元(含税),分四次平均付款,每隔 1 个月付款一次。逾期每日收息万分之五,当日红阳百货零售公司派人来厂提袜。该厂用加权平均法算出成本单价为2.40元。会计分录如下:

(1)发货当月。

借:发出商品——红阳百货零售公司　　24 000

贷：库存商品——袜子　　24 000

(2)次月1日，红阳百货零售公司持银行汇票8 000元来厂，该厂将汇票与汇款解讫通知送碧山银行营业所办妥手续，据收款记账联。

借：银行存款　　8 000

　　贷：主营业务收入　　6 837.61

(8 000÷1.17)

　　　　应交税费——增值税——销项税额

1 162.39

(8 000÷1.17×0.17)

借：主营业务成本　　6 000

$\left(\frac{10\ 000}{4}\times 2.40\right)$

　　贷：发出商品——红阳百货零售公司　　6 000

(3)次月1日，未见红阳百货零售公司派人送款。

借：应收账款——红阳百货零售公司　　8 000

　　贷：主营业务收入　　6 837.61

　　　　应交税费——增值税——销项税额

1 162.39

借：主营业务成本　　6 000

　　贷：发出商品——红阳百货零售公司　　6 000

(4)瑞碧袜厂于当日打电话联系，红阳百货零售公司出纳因生病请假，延期10天付款。10天后，汇来8 040元，含滞付金40元。

借：银行存款　　8 040

　　贷：应收账款——红阳百货零售公司　　8 000

　　　　营业外收入　　40

(8 000×0.5‰×10)

其余两次收款销售与结转成本分录同上。

（五）不能确认收入的商品发出

商品发出其所有权仍属发出单位，有的是寄存外库，有的是样品陈列展览，但这种寄存外库与样品陈列展览，是为未来方便开拓本企业商品市场提供更加有利的条件，因而属于不能立即确认收入的商品发出。

【例7—7】 非小企业某冲压机床厂运出本厂生产的新型各种型号的冲压机床各1台，其中，5吨1台2 800元；8吨1台3 200元；10吨1台4 200元；15吨1台6 000元；共计16 200元。作为本厂产品样品展销，发给某机电公司。会计分录如下：

(1)机床发出时。

借：发出商品——5吨冲床　　2 800
　　　　　　——8吨冲床　　3 200
　　　　　　——10吨冲床　　4 200
　　　　　　——15吨冲床　　6 000
　贷：库存商品——5吨冲床　　2 800
　　　　　　　——8吨冲床　　3 200
　　　　　　　——10吨冲床　　4 200
　　　　　　　——15吨冲床　　6 000

(2)5天后，某机电公司电告有一客户欲购1台5吨冲床，联系销售价格为3 500元，本厂开出发票通知收取销货款，并付给机电公司10%酬金。

借：应收账款——某机电公司　　3 150
　　销售费用——手续费　　350
　贷：主营业务收入　　2 991.45
　　　应交税费——增值税——销项税款　508.55
借：主营业务成本　　2 800
　贷：发出商品——5吨冲床　　2 800

（六）以旧换新销售商品的处理

销售商品价税分离货款或收现、或欠款、或分期收款，会计分录同上。以旧换新作价换来的残旧商品,作为购进,进项税额根据税务部门规定其增值税税率可适用13%。

【例 7—8】 某交电公司回收旧电视机 20 台,每台价格 300 元,报经税务部门批准,领取收购凭证,允许内扣 13%或作为进项税额,87%作为购进货价。会计分录如下:

借:原材料　　5 220

(6 000×87%)

应交税费——增值税——进项税额　　780

(6 000×13%)

贷:银行存款　　6 000

※ 小企业没有“发出商品”科目,可以在“库存商品”科目下设“发出商品”明细科目核算。

(七)现金折扣销售货物

【例 7—9】 某冲压机床厂向东风机械厂销售 20 吨冲床5 台,每台货价12 000元,增值税销项税额2 040元,允许延付货款“2/10,1/20,n/30”,18 天后该厂将现金折扣后的货款汇来。会计分录如下:

(1)开出发票,机床出运时。

借:应收账款——东风机械厂　　70 200

贷:主营业务收入　　60 000

应交税费——增值税——进项税额　　10 200

(2)东风机械厂 18 天后将货款折扣 1%汇到该厂。

借:银行存款　　69 600

财务费用　　600

(60 000×1%)

贷:应收账款　　70 200

(八) 另一种形式现金折扣

【例 7—10】 瑞碧袜厂售给商城某批发商袜子10 000双,单价2.94元(含税)。约定延长付款 50 天,如能每提前一天还款,给予0.02%现金折扣。

(1)签订协议办妥手续发货后。

借:应收账款——商城某批发商　　29 400

　贷:主营业务收入　　25 128.21

(29 400÷1.17)

　　应交税费——增值税——销项税额

4 271.79

(25 128.21×0.17)

(2)该批发商提前20天还款。

解来银行转账支票:

29 400×(1－0.02%×20)＝29 282.40(元)

借:银行存款　　29 282.40

　财务费用　　117.60

　贷:应收账款——商城某批发商　　29 400

(九)销售退回和销售折让

企业已销售商品,由于商品质量或对方无款支付货款等原因退回已销商品,称销售退回。销售交易当场发生的销售折让,按让价后的金额列业务收入。

一般来说,客户在近地,由于商品个别结构质量问题可以调换,出售方负担退回运杂费,以"销售费用"列账,不必更改销售分录。如果是远地客户,可在当地修理,出售方给予一定的售价折让,汇还折让部分货款。商品如由于主要结构质量问题或其他原因,客户坚决要求退货,只得退回商品。发生退货与已开发票的销售折让,通过电脑发票系统,按照规定程序填表上传,税务主管机关自动校验通过后,生成带有红字发票编号的信息表,同步至纳税人端系统中。销货方据此开出红字(销项负数)专用发票。在销售发生的当月,会计不作销售发生分录也不做销售退回分录。销售折让的发生与销货退回发生在销售发生的次月,应做销售收入与销售成本冲减分录。属于资产负债表日后调整的销售退回与折让，应作为资产负债表日后事项的调整事项处理，收入与成本冲减，以“以前年度损益调整”科目进行核算。会计分录如下：

(1)次月将货款汇还或冲销原来欠款，并冲转原已结转的销售成本。

借：主营业务收入

贷：应交税费——增值税——销项税额(红字)

银行存款或应收账款

借：库存商品——×××

贷：主营业务成本

(2)销售折让开出红字发票后，对已经入账的销售，不冲销数量，只冲折让的金额。

借：主营业务收入

贷：银行存款或库存现金

销售折让不必做更改销售成本分录。

(3)资产负债表日后调整的销售退回与折让会计分录。

借：库存商品——××品名　　　　(成本价)

以前年度损溢调整　　　　(损失毛利金额)

贷：银行存款　　　　　　　　　　(售价)

应交税费——增值税——销项税额

(税务同意冲销该笔增值税销项税额　红字)

三、主营业务成本的核算

主营业务成本结转是体现销售收入与销售成本的配比原则，有多少具体品种的销售数量，结转按销售数量计算的销售成本，一般是按月结转一次。销售成本单价的计算可以按加权平均、先进先出、按批计价等方法，具体计算详见第三章。选择比较符合本企业实际的一种计算方法，一经确定，一年内不得变更，以保持一致。具体操作时，根据本月销售发票，按不同品种规格加以登记汇总(见图表7—1)查对仓库销售发货汇总表，以不同品种规格本月的

图表 7—1

瑞碧袜厂产品出售登记表

××年 12 月 31 日

所属月份:12 月　　　　金额单位:元

销售产品名称	计量单位	第 1 笔销售		第 2 笔销售		第 3 笔销售		第 4 笔销售	
		数量	金额	数量	金额	数量	金额	数量	金额
成人袜	双	100	256.41	500	1 282.05	5 000	12 393.16	400	1 367.32
童袜	双	100 000	133 000	150 000	199 500				
合计			133 256.41		200 782.05		12 393.16		1 367.32

销售产品名称	计量单位	第 5 笔销售		第 6 笔销售		合　计	
		数量	金额	数量	金额	数量	金额
成人袜	双	2 500	8 637.61	91 50 0	239 563.45	100 000	263 500
童袜	双					250 000	332 500
合　计			8 637.61		239 563.45		596 000

合计销售数量，在库存商品明细账中，求出成本单价，算出销售成本总额(见图表7—2)，借记“主营业务成本”，贷记“库存商品”。

图表7—2 **产品销售成本计算表**

××年12月31日

所属月份：12月

销售产品名称	计量单位	销售数量	成本单价	应结转成本额	分期已转成本	应补转销售成本
成人袜	双	100 000	2.41	241 000	6 000	235 000
童　袜	双	250 000	1.00	250 000		250 000
合　计				491 000	6 000	485 000

【例7—11】 碧瑞袜厂12月共销售成人袜100 000双(其中2 500双分期收款已转成本)，童袜250 000双。在库存商品明细账用按月加权平均法求出成人袜成本单价2.41元，童袜1.00元。本月销售总成本，成人袜241 000元，已结转分期收款发出商品销售成本6 000元，月终应补转235 000元，童袜应结转销售成本250 000元。会计分录如下：

(1)棉纱销售时。

借：主营业务成本——成人袜　　235 000
　　　　　　　　——童袜　　　250 000
　贷：库存商品——成人袜　　　　235 000
　　　　　　　——童袜　　　　　250 000

四、其他业务收入与成本的核算

企业其他业务收入与成本根据每个企业的实际情况，发生怎样的“其他业务收入”，根据配比原则相应发生的其他业务成本、费用，应列作“其他业务成本”科目，加以反映。

【例7—12】 瑞碧袜厂本月销售原材料——棉纱销售100千克，每千克25元(含税)。收到银行转账支票，送开户银行转账。

会计分录如下：

(1)棉纱销售时。

借：银行存款　　2 500

　　贷：其他业务收入——材料销售　　2 136.75

　　　　(2 500÷1.17)

　　　　应交税费——增值税——销项税额　363.25

(2)结转棉纱销售成本，从棉纱材料明细账中求出棉纱加权平均单价18.35元。

借：其他业务成本　　1 835

　　贷：原材料——棉纱　　1 835

此外，如瑞碧袜厂自备运输车，为其他单位运输，运费收入做“其他业务收入”，耗用汽油、驾驶员工资、汽车折旧、养路费、汽车修理费、轮胎换新等费用则应以“其他业务成本”列账。按收入金额做“其他业务收入”，营改增后运输收入征收11%增值税。

【例7－13】　瑞碧袜厂自备5吨运输车为客户运货，本月共发生运输收入运价30 000元，增值税销项税额3 300元，其中收到现金10 000元、银行存款23 300元，应提驾驶员工资、奖金4 300元，现金支付修理费1 100元，仓库中领用汽车轮胎2只计1 200元，按运输里程提汽车折旧1 500元。会计分录如下：

(1)借：库存现金　　10 000

　　银行存款　　23 300

　　贷：其他业务收入——汽车运输　　30 000

　　　　应交税费——增值税——销项税额　　3 300

(2)借：其他业务成本——汽车运输　　14 685.50

　　贷：应付职工薪酬——工资　　4 300

　　　　——职工福利　　602

　　　　(4 300×14%)

　　　　——教育经费　　107.50

　　　　(4 300×2.5%)

——工会经费　　86

（4 300×2%）

库存现金　　1 100

原材料——汽车轮胎　　1 200

——汽油　　5 790

累计折旧　　1 500

五、劳务成本的核算

劳务成本是为了取得提供劳务收入活动过程而发生的。劳务收入活动是指企业从事建筑安装、修理修配、咨询经纪、技术服务、教育培训、中介代理等，以及其他劳动服务各种形式活动。通常由于取得劳动收入发生时间与应计收入时间不一致，而提供劳务所发生的耗费成本是根据实际发生的，在核算时必须将暂收的劳务收入，通过“预收账款”科目核算；但对提供劳务的支出，先以“劳务成本”科目核算，以后待正式确定劳务收入作为“主营业务收入”或“其他业务收入”时，再将“劳务成本”转为相应成本。

【例 7－14】 某公司为另一新办同类企业职工代培业务操作技术，根据该厂发展规划分三年培训，人数共 100 人，每次 4 个月。现一次性收入培训费300 000元，解来银行存款。会计分录如下：

（1）收入培训费。

借：银行存款　　300 000

　　贷：预收账款　　300 000

（2）某公司第一年备好全部培训资料费8 000元，开出银行转账支票，以18 000元现金付老师讲课费，每年大略相同。

①支付培训资料费。

借：劳务成本　　8 000

　　贷：银行存款　　8 000

②付老师讲课费。

借：劳务成本　　18 000

贷:应付职工薪酬　　18 000

借:应付职工薪酬　　18 000

贷:库存现金　　18 000

(3)确认本年劳务收入为主营业务收入,同时结转劳务成本26 000元。

26 000÷(3×18 000+8 000)×300 000=125 806.46(元)

借:预收账款　　125 806.46

贷:主营业务收入　　125 806.46

借:主营业务成本　　26 000

贷:劳务成本　　26 000

(4)①第二年老师讲课费支出,分录相同。

②确定主营业务收入,同时结转劳务成本。

(18 000÷62 000)×300 000=87 096.77(元)

借:预收账款　　87 096.77

贷:主营业务收入　　87 096.77

借:主营业务成本　　18 000

贷:劳务成本　　18 000

(5)第三年分录相同。

从【例7—14】可以看出,设立"劳务成本"科目的目的,是为了控制和反映劳务成本的发生,从而加强劳务成本的管理。劳务成本的核算是过渡性的,在《小企业会计准则》应用实务会计科目成本类找不到它的位置,但在实务中《小企业会计准则》第六十二条至第六十四条又予以详细的介绍,原因可能就是以上所述。

六、营业税金及附加的核算

工商企业应交纳的基本税金及附加有十多种。其中,印花税、车船税、土地使用税、房地产税是以"管理费用"列账;增值税因为是价外税,只通过"应交税费"科目进行结算缴交,不在"营业税金及附加"反映。通过"营业税金及附加"科目反映的,只是与商品、材料销售有关的营业税、消费税、资源税、城市维护建设税、教育费附加等。不动产转让、其他业务应交纳的税金,其中不动产转让的营业税列入"固定资产清理"科目,无形资产转让交纳的营业税,贷记"应交税费"的同时,只能认为无形资产转让及收入的减少。

七、销售费用的核算

凡与产品销售直接有关的推销、运输、展览、广告,专设机构人员工资费用等应列入"销售费用"科目。

【例 7-15】 瑞碧袜厂送货至淮海百货零售股份公司,发生运费 700 元,取得正式发票,付现金,由厂方负担。另以银行转账支票付电视台广告费 2 100 元。会计分录如下:

借:销售费用——运杂费　　630.63
　　(700÷1.11)
　　——广告费　　2 100
　应交税费——增值税——进项税额　　69.37
　　(630.63×11%)
贷:库存现金　　700
　银行存款　　2 100

第三节　应收账款发生坏账的核算

一、坏账损失的概念

坏账是指企业无法收回或收回可能性极小的应收款项。由于发生坏账而产生的损失,称为坏账损失。按照我国有关规定,发生以下情形之一的,应确认为坏账:①因债务人死亡,其遗产清偿后仍无法收回;②因债务人破产,以其破产财产清偿仍无法收回;③逾期三年以上债务人没有履行偿债义务,并有足够证据表明,无法收回或收回的可能性很小。

二、坏账损失的核算

坏账损失发生后要进行核销，根据企业管理权限，经股东大会、董事会、经理（厂长）办公会议等类似机构批准，账销案存。坏账损失在核算上有两种方法：

（一）直接转销法

直接转销法是根据审批单，借记“资产减值损失——坏账损失”，贷记“应收账款”或“其他应收款”科目。

（二）备抵法

备抵法是设置“坏账准备”科目，贷方反映计提数，借方反映实际核销数。

企业于年度终了可按照年末应收款项（应收账款＋其他应收款）余额的明细科目，分析债务单位的财务和现金流量状况以及账龄长短情况，统一确定单一提取比例，或账龄长短分档提取比例，报领导批准。借记“资产减值损失”科目，贷记“坏账准备”科目。第二年实际发生时，借记“坏账准备”，贷记“应收账款”或“其他应收款”科目。年末时，根据本年末的应收款项余额，再按一定标准比例求出应提的坏账准备额。

但必须注意：当年发生的应收账款，计划对应收账款进行重组，与关联方发生的应收账款，已逾期但无确凿证据证明不能收回的应收账款，一般不能全额计提坏账准备。

坏账准备应提数－坏账准备余额（如为借方余额，数字前应是“－”号）＝多提数（“－”号）补提数（“＋”号）。

补提分录同前。多提应予冲减，借记“坏账准备”科目，贷记“资产减值损失”科目。

【例 7－16】 瑞碧袜厂2011年年末“应收账款”科目应提坏账准备余额为1 500 000元，其他应收款500 000元，提取比例确定为5‰。2010年没有提坏账准备。

(1)应提坏账准备金额。

(1 500 000+500 000)×5‰=10 000(元)

借:资产减值损失——坏账准备　　10 000

　　贷:坏账准备　　10 000

(2)2012年应收账款发生坏账损失12 000元。

借:坏账准备　　12 000

　　贷:应收账款——×××　　12 000

【例7—17】 年末"坏账准备"科目借方余额2 000元,2012年年末"应收账款"科目1600 000元。其他应收款500 000元。

(1)2012年末坏账准备应提数:

(1 600 000+500 000)×5‰-(-2 000)=12 500(元)

借:资产减值损失——坏账准备　　12 500

　　贷:坏账准备　　12 500

(2)2013年没有发生坏账损失,年末"坏账准备"科目贷方余10 500元,"应收账款"科目余额1 200 000元,其他应收款300 000元。2013年年末应提数。

(1 200 000+300 000)×5‰-10 500=-3 000(元)

借:坏账准备　　3 000

　　贷:资产减值损失——坏账准备　　3 000

(3)2014年7月份收回2012年已核销坏账5 000元,收银行存款。

借:应收账款　　5 000

　　贷:坏账准备　　5 000

借:银行存款　　5 000

　　贷:应收账款　　5 000

❀ 小企业对坏账损失不提坏账准备。发生确认坏账损失,借记"营业外支出"科目,贷记"应收账款"。已作坏账损失又收回时,借记"银行存款",贷记"营业外收入"科目。

第四节　利润及其分配的计算和核算

一、利润

（一）利润的概念

利润总额是指企业在一定期间的经营成果，是衡量企业经营管理水平的一个综合性指标，是投资者进行投资、预测经营前景的重要信息，也是考核企业经营业绩的重要依据。对利润增减进行分析，可以肯定成绩，发现问题，挖掘企业经营潜力，不断提高创利能力。因而必须正确核算，避免技术性差错与意识性人为塑造。

（二）利润的计算

1. 营业利润

营业利润 = 营业收入 − 营业成本 − 营业税金及附加 − 销售费用 − 管理费用 − 财务费用 − 资产减值损失 ± 公允价值变动损益 ± 投资收益

2. 利润总额

利润总额 = 营业利润 + 营业外收入 − 营业外支出

3. 净利润

净利润 = 利润总额 − 所得税费用

4. 管理费用

其构成项目及具体内容见下编第六章第一节。

5. 财务费用

其构成项目及具体内容见下编第六章第一节。

6. 投资净收益

投资净收益 = 投资收益 − 投资损失

利润指标计算结果如为正数，就是利润（收益）；如为负数，就是亏损（损失）。投资净收益各项构成项目的具体内容为：

(1)投资收益,包括对外进行股票投资取得的股利、债券投资取得的债券利息、其他投资分得的利润等,以及成本法长期股权投资期满收回款项或中途转让所得款项高于投资成本的差额。

(2)投资损失,包括投资期满收回或中途转让所得款项低于投资成本的差额。

7. 资产减值损失

资产减值损失核算企业计提各项资产减值准备所形成的损失。企业应收款项、存货、长期股权投资、持有至到期投资、固定资产、无形资产等资产发生减值的按应减值的金额,借记"资产减值损失"科目,贷记"坏账准备""存货跌价准备""长期股权投资减值准备""持有至到期投资减值准备""固定资产减值准备""无形资产减值准备"等科目。小企业不提各种资产减值损失及坏账损失,不设该科目。

8. 公允价值变动损益

公允价值变动损益核算企业交易性金融资产等公允价值变动形成的应计入当期损益的利得或损失。

期末,企业交易性金融资产的公允价值高于其账面余额的差额,借记"交易性金融资产——公允价值变动"科目,贷记"公允价值变动损益"科目;公允价值低于其账面余额的差额做相反的会计分录。小企业不设该科目,以"投资收益"科目列账。

9. 营业外收入

营业外收入是指企业生产经营以外取得的各项收入,包括固定资产盘盈、处理固定资产净收益、非货币性交易收益、出售无形资产收益、教育费附加返还款、罚款收入、政府补助、捐赠利得等。

(1)教育费附加返还款,是指国家有关部门按照规定返还给企业的教育费附加。

(2)非货币性交易收益,是指交易双方以非货币性资产进行交换(包括股权换股权),收到的补价占换出资产公允价值的比例等于或低于25%的交易事项,在收到补价的情况下,应确认的收益,作为营业外收入。其计算公式为：

应确认的收益＝补价－（补价/换出资产公允价值）×换出资产账面价值

【例 7—18】 A工厂以甲产成品若干数量账面价值80 000元（不含增值税），交易双方公允价值100 000元，换入B企业新生产设备1台，公允价值90 000元（不含增值税），补价10 000元存入银行。

营业外确认收益＝10 000－（10 000/100 000）×80 000
＝2 000（元）

借：固定资产——××设备　　89 000
（80 000＋100 000×17％＋2 000－10 000）
银行存款　　10 000
贷：营业外收入　　2 000
库存商品——甲产品　　80 000
应交税费——增值税——销项税额　　17 000
（100 000×17％）

（3）企业取得的罚款收入，借记“银行存款”或“现金”科目，贷记“营业外收入”科目。

10. 营业外支出

营业外支出是指企业生产经营以外发生的各项支出，包括固定资产盘亏、处理固定资产净损失、出售无形资产损失、债务重组损失、罚款支出、捐赠支出、非常损失等。

（1）债务重组损失，反映企业债务重组收回的债权低于应收债权发生的差额损失。在债权重组时，接受债务人以低于债权账面价值的现金清偿时，企业应按实际收到的金额，借记“银行存款”科目，按该债权已计提的坏账准备，借记“坏账准备”科目，按债权的账面金额，贷记“应收账款”科目，按其差额，借记“营业外支出——债务重组损失”科目。

（2）罚款支出、捐赠支出，借记“营业外支出”科目，贷记“银行存款”或“现金”科目。

(3)捐赠支出,包括公益性捐赠,如救灾等;赞助捐赠,如演出、比赛赞助等,借记“营业外支出”科目,贷记“银行存款”或“库存现金”科目。

《小企业会计准则应用实务》对“营业外收入”“营业外支出”两科目的核算内容在某些方面有明显的区别。

例如,对流动资产的盘盈收益、汇兑收益、出租包装物和商品的租金收入,无法偿付的应付款项,已作坏账损失处理后又收回的应收款项,都作为营业外收入。对存货的盘亏、长期债券投资、长期股权投资,属于非正常损失及坏账损失,在账务处理上都作为营业外支出。区别见图表7—3和图表7—4。

图表7—3　　甲:营业外收入

项　目	小企业会计准则应用实务	企业会计准则应用指南
1.政府补助	贷记:营业外收入	贷记:营业外收入
2.捐赠收益	贷记:营业外收入	贷记:营业外收入
3.盘盈收益 其中:流动财产盘盈收益 其中:库存现金盘盈收益	 贷记:营业外收入 贷记:营业外收入	 贷记:管理费用 贷记:营业外收入
4.汇兑收益	贷记:营业外收入	贷记:财务费用
5.出租包装物和商品租金收入	贷记:营业外收入	贷记:其他业务收入
6.无法偿付应付账款	贷记:营业外收入	贷记:营业外收入
7.已作坏账损失后又收回	贷记:营业外收入	贷记:坏账准备

图表7—4　　乙:营业外支出

项　目	小企业会计准则应用实务	企业会计准则应用指南
1.确认存货的盘亏 其中:正常盘亏	 借记:营业外支出	 借记:管理费用
2.坏账损失	借记:营业外支出	借记:资产减值损失或坏账准备

续表

项　目	小企业会计准则应用实务	企业会计准则应用指南
3. 长期债券投资损失（非正常损失）	借记：营业外支出	借记：资产减值损失或持有至到期投资减值准备
4. 长期股权投资损失（非正常损失）	借记：营业外支出	借记：资产减值损失或长期股权投资减值准备

11. 所得税费用

所得税费用是指企业的生产经营所得和其他所得征收的一种税。企业所得税的计税依据为应纳税所得额，在中国境内各种经济成分的居民企业（不包括独资企业、合伙企业），税率为 25%。对于小型微利企业减按 20%的税率征收企业所得税。计算公式为：

应纳所得税额 = 应纳税所得额 × 适用税率

应纳税所得额 = 利润总额 ± 纳税调整项目金额

纳税调整项目金额，企业所得税法及有关规定调整计算，包括企业经批准用当年的税前利润弥补以前年度的亏损数额。企业发生亏损可以在 5 年内延续弥补（5 年内还不足弥补的则用税后利润进行弥补）。2015年 1 月起年利润200 000元以下（含200 000元）的小型微利企业，其所得减按 50%计算应纳税所得额。

【例 7—19】 某乡镇企业××年实现利润250 000元，计提应交所得税时，查账内“投资收益”科目发生国库券到期利息收入15 000元，“营业外支出”科目社会办学赞助支出20 000元，“利润分配——未分配利润”科目，借方余额34 000元，系上年未弥补亏损。根据国库券到期利息收入不交所得税的规定，社会力量办学赞助不属于公益事业赞助范围，上年未弥补亏损，可以税前弥补。

该企业××年应纳税所得额＝250 000－15 000＋20 000－34 000＝221 000(元)

应纳所得税额＝221 000×25%＝55 250(元)

二、利润分配的内容和程序

企业当期实现的净利润，加上年初未分配利润，或减去年初未弥补亏损和其他转入的金额（如“以前年度损益调整”科目余额的转入），为可供分配的利润。经企业董事会或类似决策机构按以下顺序确定分配方案，进行分配。

1. 提取法定盈余公积

法定盈余公积按照可供分配利润的10%提取，如法定盈余公积已达到注册资金50%时，可不再提取。

2. 提取优先股股利

此为上市股份公司分配专用，原来在入股筹建时已确定为优先股，或国家政策特别确定为优先股的对象，给予的优先股股利。在实现利润的前提下，给予优先比例或绝对金额的比例。

3. 提取任意公积

根据董事会或类似决策机构决议批准的年度利润分配方案提取。根据企业发展需要，超出规定比例部分提取的盈余公积。

凡企业批准允许用税前利润归还的各种借款和单项留用的利润，按税法规定申请的所得税减免税额，如按照规定治理“三废”盈利净额、技术转让净收入等可以单项留给企业的利润，均可在利润分配时，作为提取任意公积。

4. 分配利润

按照投资者的投资份额，向投资者分配利润或股利。

5. 转作资本的股利

以利润或分配份额将股利和利润转作资本。

三、利润及其分配核算的科目设置

为了正确核算企业的利润总额及其分配的情况，企业应设置相应的科目。企业的利润及其分配，除了应按照前面所述设置相应明细科目及损益科目不再重复外，现对“投资收益”“营业外收入”“营业外支出”“本年利润”“所得税费用”“利润分配”等科目进行总括说明。

(1)“投资收益”科目，核算企业对外投资取得的收入或发生的损失。企业取得投资收入时，记入本科目的贷方，发生投资损失记入本科目的借方，期末应将本科目的贷方或借方余额转入“本年利润”科目，结转后本科目应无余额。本科目应按投资收益种类设置明细账。

(2)“营业外收入”科目，核算企业发生的上述与企业生产经营无直接关系的各项收入。企业发生的营业外收入，应记入本科目的贷方，期末应将本科目的贷方余额转入“本年利润”科目，结转后本科目无余额。本科目应按收入项目设置明细账。

(3)“营业外支出”科目，核算企业发生的上述与企业生产经营无直接关系的各项支出，应记入本科目借方，期末应将本科目的借方余额转入“本年利润”科目，结转后本科目应无余额。本科目应按支出项目设置明细账。

(4)“以前年度损益调整”科目，企业对于发现差错，涉及对前期损益项目调整的，应设置本科目核算。借方反映企业以前年度多计收益少计费用的金额，贷方反映企业以前年度少计收益多计费用的金额，余额转入本年度“利润分配”科目，结转后应无余额。差错涉及对前期利润分配项目进行核算调整的，直接通过“利润分配——未分配利润”科目核算，不通过本科目。小企业对本科目不予设置。

(5)“本年利润”科目，核算企业在本年度实现的利润总额或亏损总额。企业本年度发生的主营业务成本、销售费用、营业税金及附加、其他业务成本、管理费用、财务费用、资产减值损失、营业外支出、所得税费用等，期末按规定转入本科目的借方；企业本年度发生的主营业务收入、其他业务收入、投资收益、营业外收入，期末按规定转入本科目的贷方。公允价值变动损益余额转入本科目的借方或贷方。年度终了，上述结转相抵后结出的本年实现的净利润或净亏损，全部转入“利润分配”科目，结转后本科目应无余额。

(6)“所得税费用”科目，核算企业本期应缴纳的所得税数额。企业本期应缴纳的所得税，记入本科目的借方；期末，企业应将本期应缴纳的所得税转入“本年利润”科目，结转后本科目应无余额。

(7)“递延所得税资产”科目，核算企业确认的可抵扣暂时性差异产生的递延所得税资产。根据税法规定，可以用以后年度税前利润弥补的亏损及税款抵减产生的所得税资产也在本科目核算。可按抵扣暂时性差异的项目进行明细核算。

(8)“递延所得税负债”科目，核算企业确认的应纳税暂时性差异产生的所得税负债，本科目可按应纳税暂时性差异的项目进行明细核算。

(9)“利润分配”科目，核算企业利润的分配(或亏损的弥补)和历年分配(或弥补)后结存余额。一般应设置“提取法定盈余公积”“应付优先股股利”“提取任意盈余公积”“应付股利”“转作资本”“未分配利润”等明细科目。年度终了，企业将全年实现的利润净额或亏损总额，自“本年利润”科目转入本科目“未分配利润”明细科目。本年如有其他分配利润，应将本科目下的其他明细科目的余额也转入本科目“未分配利润”明细科目。结转后，“未分配利润”明细科目的借方余额为未弥补亏损，贷方余额，为未分配的利润。年度终了，本科目除“未分配利润”明细科目外，其他明细科目应无余额。本科目的“未分配利润”明细科目的余额，即为历年积存的未分配利润(或未弥补亏损)金额。

四、利润及其分配的核算

(一)结转本年利润的核算

(1)期末将所有的收入科目转入“本年利润”科目时，借记“主营业务收入”“其他业务收入”“营业外收入”等科目，贷记“本年利润”科目。

(2)期末将所有的支出科目转入“本年利润”科目时，借记“本年利润”，贷记“主营业务成本”“管理费用”“财务费用”“销售费用”“营业税金及附加”“其他业务成本”“营业外支出”“资产减值损失”等科目。

(3)期末将“投资收益”的贷方余额转入“本年利润”，借记“投资收益”，贷记“本年利润”。

(4)期末将“投资收益”科目的借方余额转入“本年利润”，借记“本年利润”，贷记“投资收益”。

(5)期末将“公允价值变动损益”科目余额，区别借或贷余额，借或贷记“本年利润”科目，贷或借“公允价值变动损益”科目。小企业不设该科目，不存在结转。

【例 7—20】 莘仙冲压厂××年 12 月份“主营业务收入”科目发生额1 596 000元，“主营业务成本”科目发生额1 282 000元，“销售费用”科目发生额 2 800 元。“营业税金及附加”科目发生额 5 510元，“其他业务收入”科目发生额32 136.75元，“其他业务成本”科目发生额13 715元，“营业外收入”科目发生额1 000元，“营业外支出”科目发生额1 200元，“投资收益——对外投资利润分成”科目(贷余)20 000元，管理费用科目发生额29 720元，财务费用科目发生额41 200元。会计分录如下：

(1)借：主营业务收入　　1 596 000
　　　其他业务收入　　32 136.75
　　　营业外收入　　1 000
　　　投资收益　　20 000
　　　贷：本年利润　　1 649 136.75

(2)借：本年利润　　1 376 145
　　　贷：主营业务成本　　1 282 000
　　　　销售费用　　2 800
　　　　营业税金及附加　　5 510
　　　　其他业务成本　　13 715
　　　　管理费用　　29 720

财务费用　　41 200

营业外支出　　1 200

(二)所得税的核算

(1)应付税款法。企业按照规定计算应纳所得税额时,借记"所得税费用",贷记"应交税费——应交所得税"科目。

(2)确认纳税暂时性差异影响法。通过"递延所得税资产"或"递延所得税负债"科目的借方或贷方,进行核算。

(3)缴纳所得税时,借记"应交税费——应交所得税",贷记"银行存款"。

(4)期末将"所得税费用"科目余额转入"本年利润"的借方,贷记"所得税费用"。

(三)所得税确认纳税暂时性差异影响的会计核算

【例7—21】 某企业某项固定资产采用加速折旧法,税务部门承认折旧用直线折旧法,要企业按直线折旧法缴交所得税见图表7—5。

图表7—5

年　数	提取折旧额		
	直线折旧法	加速折旧法	差　额
第一年	10 000	15 000	+5 000
第二年	10 000	10 000	
第三年	10 000	5 000	−5 000
合　计	30 000	30 000	0

年度资产负债表日,企业根据税务部门提供的资料,计算应交所得税作如下分录:

(1)第一年应纳税所得额221 000元,按25%所得税率计算。应交所得税应加上采用加速折旧法多提折旧5 000元,返回利润。

所得税费用=(221 000+5 000)×25%=56 500(元)

借:所得税费用　　　　　　　　55 250

(221 000×0.25)

　　贷:应交税费——应交所得税　　　　　55 250

借:递延所得税资产——递延所得税　　1 250

　　贷:所得税费用——递延所得税　　　　1 250

(2)第二年计算应交所得税(对纳税没影响)。

借:所得税费用　　　　　　　　55 250

　　贷:应交税费——应交所得税　　　　　55 250

(3)第三年企业的所得税不变,但应交所得税应减去采用加速折旧法少提折旧 5 000 元,应减去应交所得税利润。

所得税费用=(221 000−5 000)×25%=54 000(元)

借:所得税费用　　　　　　　　55 250

　　贷:应交税费——应交所得税　　　　　55 250

借:所得税费用——递延所得税　　1 250

　　贷:递延所得税资产——递延所得税　　1 250

通过上述分录,应纳税暂时性差异调整后,应纳税所得税资产余额等于零。

❊ **小企业所得税采用应付税款法进行核算,不存在"递延所得税资产或负债"的核算。**

(四)利润分配的核算

(1)企业用盈余公积弥补亏损。先借记"盈余公积",贷记"利润分配——其他转入";再借记"利润分配——其他转入",贷记"利润分配——未分配利润"科目。

(2)企业提取法定盈余公积、任意盈余公积。借记"利润分配——相应有关子目",贷记"盈余公积——法定盈余公积、任意盈余公积"科目。

(3)企业计算出应付给优先股股利、投资者的利润。借记"利润分配——应付优先股股利""利润分配——应付股利",贷记"应付股利——××"科目。

(4)外商投资企业需要提取各种基金,利润分配的账务处理,见本书第六章第四节。

(5)中外联营企业根据合同规定从经营利润归还投资者的投资,应通过利润分配归还,借记"利润分配——利润归还投资",贷记"盈余公积——利润归还投资"科目,归还时借记"实收资本——已归还投资",贷记"银行存款"科目。

(6)企业决定转作资本的利润,借记"利润分配——转作资本",贷记"实收资本"科目。

(7)年度终了,企业将全年实现的利润净额,自"本年利润"转入"利润分配"。借记"本年利润",贷记"利润分配——未分配利润"科目。如为亏损,作相反的会计分录。将"以前年度损益调整"科目借方或贷方余额,也转入"利润分配——未分配利润"科目的借方或贷方。

将"利润分配"科目下其他明细科目的余额转入"未分配利润"明细科目,借记"利润分配——未分配利润"科目,贷记"利润分配——提取盈余公积""利润分配——应付优先股股利""利润分配——提取任意盈余公积""利润分配——某单项留用利润""利润分配——利润归还投资""利润分配——应付股利""利润分配——转作资本"等科目。

【例 7-22】 莘仙冲压厂属乡镇股份合作非小企业,12 月份利润计算完成后,根据 11 月份"本期金额"(1~11 月累计数),本年利润(全年)总额为4 142 404元,假设无其他调增调减所得额,所得税率按 25%计算,应交所得税1 035 601元。

(1)提取应交所得税及转入本年利润。

借:所得税费用　　　　　　　　1 035 601

　　贷:应交税费——所得税　　　　　1 035 601

借:本年利润　　　　　　　　　1 035 601

　　贷:所得税费用　　　　　　　　　1 035 601

(2)单位召开董事会或类似会议,对本单位利润分配特别是任意盈余公积和股东分红做出决定：按税后净利润 10％提取法定盈余公积，提取任意盈余公积1 000 000元。

(4 142 404－1 035 601)×10％＝310 680(元)

借：利润分配——提取法定盈余公积　310 680
　　　　　　——提取任意盈余公积 1 000 000
　贷：盈余公积——法定盈余公积　310 680
　　　　　　——任意盈余公积　1 000 000

(3)董事会决定每股分红 100 000 元，共 10 股，其余留作未分配利润。

借：利润分配——应付股利　1 000 000
　贷：应付股利　1 000 000

(4)将“本年利润”科目转入“利润分配——未分配利润”科目。

借：本年利润　3 106 803
　贷：利润分配——未分配利润　3 106 803

(5)进行利润分配时，借方各明细科目转入“利润分配——未分配利润”科目。

借：利润分配——未分配利润　2 310 680
　贷：利润分配——提取法定盈余公积　310 680
　　　　　　——提取任意盈余公积 1 000 000
　　　　　　——应付股利　1 000 000

第八章　财务报告

提示

本章介绍财务报表编制。

资产负债表的学习内容在于编制的方法，如应收账款、预收账款、应付账款、预付账款，这些科目按照它的属性，有的科目余额是借差，有的科目则是贷差。在总账科目借方余额或贷方余额，而各个所属明细账的余额方向不一定与总账相同，如总账“应收账款”账户借方余额 10 万元，所属三个明细账户：甲企业借方余额 7 万元，乙企业借方余额 5 万元，丙企业贷方余额 2 万元。在这种情况下，如何填列资产负债表，必须搞清。

利润表填列年度数字时，如何改变它的“本月数”栏应填列的数字。小企业的利润表对营业税金及附加、销售费用、管理费用、营业外收支等几个项目要列出主要明细金额，平时在账簿的记载上要满足编表的要求。

所有者权益变动表是一张静、动态相结合的会计报表。年度通过利润分配，必须编制。

现金流量表的关键在于对经营活动、投资活动、筹资活动、现金流入与流出的理解，应懂得编制原理，采用科学、合理的编制程序，认真学习后能懂能编。

报表附注的描述与填列附表，应引起基层会计实务操作者的重视。

第一节　财务报告概述

一、财务报告概述

财务报告是指企业对外提供的反映企业某一特定日期财务状况和某一会计期间经营成果、现金流量等会计信息的文件。财务报告根据目的要求，应用报表形式，以货币计量和表格，综合或专项地反映按会计分期（年度、半年度、季度、月份）的期末或会计分期期间的会计财务指标状况和其他相关状况。表内各个指标有的是根据账簿资料填报，有的要进行计算加工后进行填报。设计财务报表要求结构严密，科学合理，明晰清楚，便于理解。

财务报告提供的资料信息，是企业经营者、投资者、职工、税务、银行相关部门以及直系业务上级，了解企业财务、现金流量及某些特定情况，并据以进行经济决策和采取经济措施（如股东分红、银行信贷、缴纳税金等）的重要依据。会计部门对报表的填报，要编制及时、正确完整、真实可靠、说明清楚。贯彻重要原则，具有可比性，有助于企业分析财务状况、现金流量变化及发展趋势。

为了正确编制财务报告，在办理会计结决算前，必须做好核对账目、财产清查、长期待摊费用摊销、应收应付利息预提、小企业递延收益的转账，应提资产减值准备、固定资产折旧、无形资产摊销和应交税费、应付职工薪酬——有关子目的计提，工业完工产品成本计算、库存商品和其他销售成本结转等有关账目的调整转账等，以充分体现权责发生制和配比原则。

二、财务报表的种类

为达到财务报表有关决策有用和评价企业管理层受托责任的

目标，一套完整的财务报表应当包括资产负债表、利润表、现金流量表、所有者权益变动表和附注。

❊ **小企业会计准则执行后，小企业除填报资产负债表与利润表外，必须填报现金流量表及附注。现金流量表适当简化，与企业会计准则趋同。**

按编报期间不同，财务报表可分成中期财务报表和年度财务报表。中期是指短于一个完整的会计年度的报告期间，如月度、季度、半年度。中期财务报表应当包括资产负债表、利润表、现金流量表和附注。年度财务报表还应编制所有者权益变动表。财务会计报告，至少应当反映相关两个期间的比较数据。

第二节　资产负债表

一、资产负债表概述

资产负债表反映企业月末、年末全部资产、负债和所有者权益的情况。资产负债表以会计等式为基础，排列反映企业的资产、资金来源构成，资金的流动性及偿债能力和支付能力等，是反映企业财务状况的主要报表。它反映的金额是时点数，又称为静态报表。

资产负债表是根据资产、负债和所有者权益之间的相互关系，按照一定的分类标准和顺序对上述三个要素，按科目式或报告式进行适当排列。我国资产负债表采用账户式结构，分为左方和右方，左方为资产项目，按流动性大小由上而下进行排列；右方为负债和所有者权益项目，按照要求清偿的时列顺序进行排列。左右双方金额总计平衡，即“资产＝负债＋所有者权益”。我国企业资产负债表，见图表 8－1。

图表 8—1 **资产负债表** **会企 01 表**

编制单位： ____年__月__日 单位：元

资 产	期末余额	年初余额	负债和所有者权益（或股东权益）	期末余额	年初余额
流动资产：			流动负债：		
货币资金			短期借款		
交易性金融资产			交易性金融负债		
应收票据			应付票据		
应收账款			应付账款		
预付款项			预收款项		
应收利息			应付职工薪酬		
应收股利			应交税费		
其他应收款			应付利息		
存货			应付股利		
一年内到期的非流动资产			其他应付款		
其他流动资产			一年内到期的非流动负债		
流动资产合计			其他流动负债		
非流动资产：			流动负债合计		
可供出售金融资产			非流动负债：		
持有至到期投资			长期借款		
长期应收款			应付债券		
长期股权投资			长期应付款		
投资性房地产			专项应付款		
固定资产			预计负债		
在建工程			递延所得税负债		
工程物资			其他非流动负债		
固定资产清理			非流动负债合计		
生产性生物资产			负债合计		
油气资产			所有者权益（或股东权益）：		
无形资产			实收资本（或股本）		
开发支出			资本公积		
商誉			减：库存股		

续表

资　产	期末余额	年初余额	负债和所有者权益（或股东权益）	期末余额	年初余额
长期待摊费用			盈余公积		
递延所得税资产			未分配利润		
其他非流动资产			所有者权益（或股东权益）合计		
非流动资产合计					
资产总计			负债和所有者权益（或股东权益）合计		

二、资产负债表的编报

“年初余额”栏内各项数字，应根据上年末资产负债表“期末数”栏内所列数字填列。如果本年度资产负债表规定的各个项目的名称和内容同上年度不相一致，应对上年年末资产负债表各项目的名称和数字按照本年度的规定进行调整，填入本表“年初余额”栏内。

1. 重点项目的内容和填列方法

(1)“货币资金”项目，应根据“库存现金”“银行存款”“其他货币资金”科目的期末余额填列。

(2)“应收账款”项目，等于应收账款余额±应收账款计提的坏账准备余额。

(3)“存货”项目，应根据“材料采购”“原材料”“周转材料(包装物、低值易耗品)”“材料成本差异”“商品进销差价”“委托加工物资”“库存商品”“发出商品”“生产成本”“劳务成本”“委托代销商品”“受托代销商品”等科目的借贷方余额相抵后的差额，减去“受托代销商品款”“存货跌价准备”科目期末余额填列。

(4)“固定资产原价”项目和“累计折旧”项目，反映企业的各种固定资产原价及累计折旧。融资租入的固定资产在产权尚未确定之前，其原价及已提折旧也包括在内。这两个项目应根据“固定资产”科目和“累计折旧”科目的期末余额填列。

固定资产净值项目等于固定资产原值余额，减“累计折旧”科目的余额。

固定资产净额项目等于固定资产净值减“固定资产减值准备”科目的期末余额。

(5)“递延所得税资产”或“递延所得税负债”项目，反映采用纳税影响会计法进行所得税会计核算的企业尚未转销的递延税款金额。本项目根据“递延所得税资产或负债”科目的期末借方或贷方余额填列。

(6)“无形资产”项目，等于“无形资产”账户余额减去“累计摊销”和“无形资产减值准备”科目期末余额填列。

(7)“交易性金融资产”项目，应根据“交易性金融资产”科目包括“成本”“公允价值变动”期末余额的合计填列。

(8)“其他应收款”项目，根据该科目期末余额，减去已计提的坏账准备后的净额填列。

(9)“其他流动资产”项目，反映企业除以上流动资产项目外的其他流动资产，本项目应根据有关科目的期末余额填列。如其他流动资产价值较大的，应在会计报表附注中披露其内容和金额。

(10)“长期股权投资”项目，反映企业不准备在1年内(含1年)变现的各种股权性质的投资的可收回金额。本项目应根据“长期股权投资”科目的期末余额，减去“长期投资减值准备”科目中有关股权投资减值准备期末余额后的金额填列。

(11)“持有至到期投资”项目，反映企业不准备在1年内(含1年)变现的各种债权性质的投资的可收回金额。将于1年内到期的长期债权投资应在流动资产类下“1年内到期的非流动资产”项目单独反映。本项目应根据“持有至到期投资”科目的期末余额，减去“持有至到期投资减值准备”明细科目期末余额和1年内到期的“持有至到期投资”另项填列后的金额填列。

(12)“长期待摊费用”项目，反映企业尚未摊销的摊销期限在

1年以上(不含1年)的各种费用。本项目应根据“长期待摊费用”科目的期末余额减去将于1年内(含1年)摊销的数额部分在“待摊费用”项目中填列后的金额填列。

(13)“其他长期资产”项目，反映企业除以上资产以外的其他长期资产。本项目应根据有关科目的期末余额填列。如其他长期资产价值较大的，应在会计报表附注中披露其内容和金额。

(14)“其他流动负债”项目，反映企业除以上流动负债以外的其他流动负债。本项目应根据有关科目的期末余额填列。如其他流动负债价值较大的，应在会计报表附注中披露其内容和金额。

(15)“长期应付款”项目，反映企业除长期借款和应付债券以外的其他各种长期应付款。本项目应根据“长期应付款”科目的期末余额，减去“未确认融资费用”科目期末余额后的金额填列。

(16)“其他非流动负债”项目，反映企业除以上长期负债项目以外的其他长期负债，如“未确认融资费用”账户的贷方余额。本项目应根据有关科目的期末余额填列。如其他长期负债价值较大的，应在会计报表附注中披露其内容和金额。

上述长期负债各项目中将于1年内(含1年)到期的长期负债，应在“1年内到期的非流动负债”项目内单独反映。上述长期负债各项目均应根据有关科目期末余额减去将于1年内(含1年)到期的长期负债后的金额填列。

(17)“未分配利润”项目，反映企业尚未分配的利润。本项目应根据“本年利润”科目和“利润分配”科目的余额计算填列。未弥补的亏损，在本项目内以“—”号反映。

2. 资产负债表编制方法

资产负债表一般根据期末总分类科目余额平衡表填制。但是，下列科目要结合明细科目分析填列。

(1)明细科目余额发生与本科目性质相反方向时，应调换项目填列：

①“应收账款”明细科目中发生贷方余额的金额应填入“预收

账款”项；

②“预收账款”明细科目中发生借方余额的金额应填入“应收账款”项；

③“应付账款”明细科目中发生借方余额的金额应填入“预付账款”项；

④“预付账款”明细科目中发生贷方余额的金额应填入“应付账款”项。

(2)下列科目的余额发生与本科目性质相反方向时，填入的数字前面应加“一”号：

①“坏账准备”发生借方余额；

②“应交税费”发生借方余额；

③“应付职工薪酬”有关项目发生借方余额；

④“固定资产清理”发生贷方余额；

⑤“未分配利润”发生借方余额；

⑥“未确认融资费用”发生借方余额。

(3)“待处理财产损溢”科目，期末办理会计结算结账前应处理完毕。如果尚未批准，应先行处理结账，在报表附注中做出说明；如果其后批准处理的金额与已处理金额不一致的，调整会计报表相关项目年初数。

3. 编制小企业资产负债表应注意的特殊规定

(1)小企业没有有关资产减值和坏账准备的提取，报表上不见其踪迹。虽然科目名称不同，但内容基本相同，如交易性金融资产以短期投资填列。

(2)小企业对于存货，将“原材料”“在产品”“库存材料”“周转材料”单独列出，更引人注意。

(3)固定资产账面价值实际上就是固定资产净值。

(4)属于超过一年期以上的预付账款的借方余额应在“其他非流动资产”项目列示。

(5)非流动负债中增加了小企业专用的递延资产科目余额的

填列。

(6)中外联营小企业订有合同用实现利润已归还投资，编制资产负债表对“实收资本”行应加“已归还投资”金额，下增加减“已归还投资”行金额，再增“实收资本”净额行，实际上与《企业会计准则》资产负债表一致。

小企业资产负债表，见图表8—2。

图表8—2　　小企业资产负债表

编制单位：　　　　年　月　日　　　　单位：元

资　产	行次	期末余额	年初余额	负债和所有者权益（或股东权益）	行次	期末余额	期初余额
流动资产：				流动负债：			
货币资金	1			短期借款	31		
短期投资	2			应付票据	32		
应收票据	3			应付账款	33		
应收账款	4			预收账款	34		
预付账款	5			应付职工薪酬	35		
应收股利	6			应交税费	36		
应收利息	7			应付利息	37		
其他应收款	8			应付利润	38		
存货	9			其他应付款	39		
其中：原材料	10			其他流动负债	40		
在产品	11			流动负债合计	41		
库存材料	12			非流动负债：			
周转材料	13			长期借款	42		
其他流动资产	14			长期应付款	43		
流动资产合计	15			递延收益	44		
非流动资产：				其他非流动负债	45		
长期债券投资	16			非流动负债合计	46		
长期股权投资	17			负债合计	47		
固定资产原价	18						
减：累计折旧	19						

续表

资　产	行次	期末余额	年初余额	负债和所有者权益（或股东权益）	行次	期末余额	期初余额
固定资产账面价值	20						
在建工程	21						
工程物资	22						
固定资产清理	23			所有者权益（或股东权益）：			
生产性生物资产	24			实收资本（或股本）	48		
无形资产	25			资本公积	49		
开发支出	26			盈余公积	50		
长期待摊费用	27			未分配利润	51		
其他非流动资产	28			所有者权益（或股东权益）合计	52		
非流动该资产合计	29						
资产合计	30			负债和所有者权益合计	53		

任何企业在编制资产负债表之前，首先要对照已登账完毕的总分类账的余额进行试算平衡。值得注意的是，编制资产负债表不仅是根据总分类账的平衡余额，忽略了应收、预付款项原先是借方余额，应付、预付款项原先是贷方余额，但这些科目的明细账户中个别出现的反常情况，必须在试算平衡表中予以注明。

【例 8—1】 莘仙冲压厂××年年末科目余额平衡表，见图表8—3，编制××年 12 月 31 日资产负债表。

图表 8—3　　莘仙冲压厂科目余额平衡表

××年 12 月 31 日

会计科目	借方余额	贷方余额	会计科目	借方余额	贷方余额
现金	4 700		工程物资	1 203 000	
银行存款	464 800		长期待摊费用	450 000	
其他货币资金	55 000		无形资产	303 000	
交易性金融资产 其中：购入 3 个月以下债券	800 000 (200 000)		累计摊销		27 000
			短期借款		600 000
应收票据	190 000		应付账款		432 400

续表

会计科目	借方余额	贷方余额	会计科目	借方余额	贷方余额
应收账款	470 000		其中：贷方余额科目小计		(632 400)
其中：贷方余额科目小计		(1 300)	借方余额科目小计	(200 000)	
借方余额科目小计	(471 300)		预收账款		70 000
坏账准备		2 200	其中：借方余额科目小计	(20 000)	
其他应收款	200 000		贷方余额科目小计		(90 000)
预付账款	4 000		其他应付款		123 100
其中：贷方余额科目小计		(150)	应付股利		1 000 000
借方余额科目小计	(4 150)		应付职工薪酬		280 000
库存商品	2 824 200		应交税费		63 000
原材料	2 050 000		应付利息		13 400
低值易耗品	45 000		长期借款		2 000 000
生产成本	84 600		其中：一年内到期借款		
存货跌价准备		24 800	实收资本		13 000 000
持有至到期投资	600 000		资本公积		33 200
其中：一年内到期的持有			盈余公积		1 542 480
至到期投资			未分配利润		826 123
长期股权投资	850 000				
固定资产	4 127 403				
累计折旧		773 000			
固定资产减值准备		60 000			
在建工程	6 145 000		合　计	20 870 703	20 870 703

根据上述资料，编制××年12月31日资产负债表，见图表8—4。

(1)“货币资金”项目＝4 700(现金)＋464 800(银行存款)＋55 000(其他货币资金)＝524 500(元)

(2)“存货”项目＝2 175 200(库存商品)＋2 050 000(原材料)＋45 000(低值易耗品)＋84 600(生产成本)－4 800(存货跌价准备)＝4 350 000(元)

(3)“应收账款”项目＝471 300(借余)－2 200(坏账准备)＋

20 000(预收账款借余)＝489 100(元)

(4)“预付账款”项目＝4 150(借余)＋200 000(应付账款借余)＝204 150(元)

(5)“应付账款”项目＝632 400(贷余)＋150(预付账款贷余)＝632 550(元)

(6)“预收账款”项目＝90 000(贷余)＋1 300(应收账款贷余)＝91 300(元)

图表 8—4　　　　**资产负债表**　　　　会企 01 表

编制单位:莘仙冲压厂　　××年 12 月 31 日　　单位:元

资　产	期末金额	年初金额	负债和所有者权益(或股东权益)	期末金额	年初金额
流动资产:			流动负债		
货币资金	524 500	481 700	短期借款	600 000	1 000 000
交易性金融资产	800 000	1 000 000	应付票据		
应收票据	190 000	500 000	应付账款	632 550	932 550
应收账款	489 100	1 990 000	预收款项	91 300	105 000
预付款项	204 150	800 000	应付职工薪酬	280 000	250 000
应收利息					
应收股利			应付股利	1 000 000	600 000
其他应收款	200 000	250 000	应交税费	63 000	－190 000
存货	4 979 000	2 150 000	应付利息	13 400	110 000
一年内到期的非流动资产		200 000	其他应付款	123 100	160 000
其他流动资产					
流动资产合计	7 386 750	7 371 700			
非流动资产			一年内到期的长期负债		1 290 000
可供出售金融资产			其他流动负债		
持有至到期投资	600 000				
长期应收款			流动负债合计	2 803 350	4 257 550

续表

资　产	期末金额	年初金额	负债和所有者权益（或股东权益）	期末金额	年初金额
长期股权投资	850 000	850 000	长期负债：		
投资性房地产			长期借款	2 000 000	500 000
固定资产：			应付债券		
固定资产原价	4 127 403	3 927 403	长期应付款		
减：累计折旧	773 000	600 000	专项应付款		
固定资产净值	3 354 403	3 327 403	其他非流动负债		
减：固定资产减值准备	60 000	40 000	非流动负债合计	2 000 000	
固定资产净额	3 294 403	3 287 403	预计负债		
工程物资	1 203 000	513 447	递延所得税负债		
在建工程	6 145 000	1 000 000	负债合计	4 803 350	4 757 550
固定资产清理					
固定资产合计	10 642 403	4 800 850	所有者权益（或股东权益）：		
无形资产及其他资产：			实收资本（或股本）	13 000 000	8 000 000
无形资产	276 000		减：已归还投资		
研发支出			实收资本（或股本）净额	13 000 000	8 000 000
长期待摊费用	450 000	30 000	资本公积	33 200	33 200
其他非流动资产			盈余公积	1 542 480	231 800
无形资产及其他资产合计	726 000	30 000			
递延税项：			未分配利润	826 123	30 000
递延所得税资产			所有者权益（或股东权益）合计	15 401 803	8 295 000
资产总计	20 205 153	13 052 550	负债和所有者权益（或股东权益）总计	20 205 153	13 052 550

第三节　利润表

一、利润表概述

利润表是反映企业在一定会计期间的经营成果的会计报表。

利润表反映企业在一定时期(如月度、季度、半年度、年度)取得的全部收入、配比成本、发生的期间费用、营业税金及附加、不同经营环节利润和实现的利润总额、净利润或亏损总额的实现情况。同时,通过利润表中可比时期的数字,可以分析企业今后经营效益的发展趋势及获利能力。利润表所列数字均为发生额,又称为动态报表。

现行会计准则规定企业应当采用多步式列报利润表。多步式利润表的编制步骤是:第一步,以营业收入为基础,减去营业成本、营业税金及附加、资产减值损失、公允价值变动损益、投资收益、销售费用、管理费用、财务费用,计算出营业利润;第二步,以营业利润为基础,加上营业外收入,减去营业外支出,计算出利润或亏损总额;第三步,计算应交所得税,求出净利润。

多步式利润表,见图表 8—5。

图表 8—5　　**利润表**　　会企 02 表

编制单位:　　年　　月　　单位:元

项　目	行次	本期金额	上期金额
一、营业收入	1		
减:营业成本	2		
营业税金及附加	3		
销售费用	4		
管理费用	5		

续表

项　目	行次	本期金额	上期金额
财务费用	6		
资产减值损失	7		
加:公允价值变动收益(损失"—"号)	8		
投资收益(损失"—"号)	9		
其中:对联营企业和合营企业的投资收益	10		
二、营业利润	11		
加:营业外收入	12		
减:营业外支出	13		
其中:非流动资产处置损失	14		
三、利润总额	15		
减:所得税费用	16		
四、净利润	17		
五、每股收益	18		
(一)基本每股收益	19		
(二)稀释每股收益	20		
六、其他综合收益	21		
七、综合收益总额	22		

二、利润表的编报

利润表的"金额"栏左边填"本期金额",右边填"上期金额"。"本期金额"为年初至本期末的累计金额,"上期金额"为上年的同期金额。如果需要同时编报本月"利润表",除一月份不必外,"本期金额"为本月数,"上期金额"为上年同期数或上月数,在附注中注明。如果上年度利润表的项目名称和内容与本年度利润表不相一致,应对上年度报表项目的名称和数字按本年度的规定进行调整,填入本表。

1. 项目的内容及其填列方法

(1)“营业收入”和“营业成本”,反映企业销售商品和提供劳务等主要经营业务和其他业务取得的收入总额、实际成本。本项目根据“主营业务收入”“其他业务收入”和“主营业务成本”“其他业务成本”科目的发生额(余额)填列。

(2)“营业税金及附加”项目,反映企业销售商品、提供劳务等主营业务与其他业务负担的消费税、营业税、城市维护建设税、资源税和教育费附加。本项目应根据“营业税金及附加”科目发生额分析填列。

(3)“销售费用”项目,反映工业企业在销售商品和商品流通企业在商品购、销、存等过程中发生的费用。本项目按“销售费用”科目的发生额填列。

(4)“管理费用”和“财务费用”项目,根据企业同科目的发生额(余额)填列。

(5)“资产减值损失”和“公允价值变动损益调整”项目,根据有关账户余额填列。

(6)“投资收益”项目,反映企业以各种方式对外投资所取得的收益。本项目根据“投资收益”科目的发生额分析填列,如为投资损失,以“—”号填列。

(7)“营业外收入”和“营业外支出”项目,分别根据“营业外收入”和“营业外支出”科目发生额(余额)填列。

(8)“利润总额”项目,反映企业实现的利润。如为亏损,则以“—”号在本项目内填列。

(9)“所得税费用”项目,为实现利润总额按规定的所得税率计算应交纳的所得税额。

(10)“净利润”项目,为“利润总额”减“所得税费用”后的余额。

(11)“每股收益”项目,包括基本每股收益和稀释每股收益。基本每股收益,仅考虑当期实际发行在外的普通股收益;稀释每股收益,主要是为了避免每股收益的虚增,把一些潜在的虚增因素予以换算。如公司发行债券利率较低,降低融资成本的影响,换算列报的每股收益。

2. 小企业利润表的特殊规定

小企业利润表的"营业税金及附加""销售费用""管理费用""财务费用""营业外收入""营业外支出"项目,均列示主要明细科目的发生额。小企业利润表,见图表8—6。

图表8—6　　小企业利润表

编制单位:　　年　月　　单位:元

项　目	行次	本期金额	上期金额
一、营业收入	1		
减:营业成本	2		
营业税金及附加	3		
其中:消费税	4		
营业税	5		
城市维护建设税	6		
资源税	7		
土地增值税	8		
城镇土地使用税、房产税、车船税、印花税	9		
教育费附加、矿产资源、排污费	10		
销售费用	11		
其中:商品维修费	12		
广告费和业务宣传费	13		
管理费用	14		
其中:开办费	15		
业务招待费	16		
研究费用	17		
财务费用	18		
其中:利息收入(收入以"—"号填列)	19		

续表

项　目	行次	本期金额	上期金额
加:投资收益	20		
三、营业利润	21		
加:营业外收入	22		
其中:政府补助	23		
减:营业外支出	24		
其中:坏账损失	25		
无法收回的长期债券投资损失	26		
无法收回的长期股权投资损失	27		
自然灾害等不可抗力因素造成的损失	28		
税收滞纳金	29		
三、利润总额(亏损总额以"—"号填列)	30		
减:所得税费用	31		
四、净利润(净亏损以"—"号填列)	32		

【例 8—2】 根据第七章第三节莘仙冲压厂 12 月份利润,加入 11 月份本期金额,编制××年度利润表,见图表 8—7。

图表 8—7　　**利润表**　　会企 02 表

编制单位:莘仙冲压厂　　××年度　　单位:元

项　目	行次	本期金额	上期金额
一、营业收入	1	20 548 655	略
减:营业成本	2	15 481 580	
营业税金及附加	3	86 531	
销售费用	4	17 600	
管理费用	5	365 640	
财务费用	6	494 400	
资产减值损失	7	22 200	

续表

项　目	行次	本期金额	上期金额
加：公允价值变动收益（损失以“－”号填列）	8		
投资收益（损失以“－”号填列）	9	22 200	
其中：对联营企业和合营企业的投资收益	10		
二、营业利润	11	4 102 904	
加：营业外收入	12	220 000	
减：营业外支出	13	180 500	
其中：非流动资产处置损失	14		
三、利润总额	15	4 142 404	
减：所得税费用	16	1 035 601	
四、净利润	17	3 106 803	

企业负责人：　　　财务负责人：　　　制表：　　　报出日期：

第四节　现金流量表

一、现金流量表概述

现金流量表是反映企业在一定期间特定概念的现金流，以现金流入和流出为基础编制的财务状况变动的动态报表。将企业一定期间内产生的现金流量归纳为经营活动、投资活动与筹资活动的现金流量，以报告式进行填报。汇总说明一定时期由于经营、筹资、投资所引起的企业现金净流量和相关情况变化及其原因的综合报表。借以了解和评价企业获取现金和现金等价物的能力。根据《企业会计准则——具体准则》与《小企业会计准则》有关规定，财务报表应当包括现金流量表。年度、半年度、季度、月度财务报表均不能缺少它。

二、现金流量表编制原则与有关定义

编制现金流量表与一般会计核算在原则上有如下不同之处：

(1)企业会计核算是以权责发生制为基础，而编制现金流量表是以收付实现制为基础。待摊已付、预收、预付、前期发生在本期已收付的应收、应付，都应计入；未付预提、本期发生的应收、应付都应剔除。

(2)现金流量表的现金，指企业库存现金和随时可以支付的存款(三个月以上的定期银行存款不应计入，而应列作投资)及其他货币资金。

(3)现金等价物也视同现金。所谓现金等价物是指企业持有的期限短，流动性强，易于转换为已知金额现金，价值变动风险很小的投资。期限短，一般指投入之日起，三个月到期可以兑换成现金。例如三个月内可以兑换成现金的短期债券。流通在证券市场上的股票，虽随时可以变现，但收回金额不确定，不能视为现金等价物。

(4)现金流量表是动态报表，它所反映的金额均为本期发生数。

(5)现金流量是指现金和现金等价物的流入和流出的价值量，现金和现金等价物之间形态的变化增减，不必反映。纯转账不牵涉到现金流量的重要会计事项，不在现金流量表中反映。

(6)代客户收取或支付的现金以及周转快、金额大、期限短的项目的现金收入和现金支出，应以净额列示，不以流入和流出总额反映。

三、现金流量表的作用

现金流量表的作用体现在以下方面：

(1)可以了解企业现金与现金等价物的净流量的增加或减少，表现企业资金使用的活力。

(2)可以预测未来获取现金和现金等价物的规模,从而影响与决策企业经营、投资、筹资规模的大小。

(3)可以看出企业偿还债务以及兑付投资报酬能力的大小。

(4)可以了解企业的营业收入与净利润所产生的现金净流量,发生差异的原因,注意销售活动现金的回收。

(5)可以避免由于摊销、预提等应计制核算某些方面人为计算的不正确,而带来财务指标反映不准的缺陷。

四、现金流量表的格式

现金流量表的格式,见图表 8—8。

图表 8—8 **现金流量表** 会企 03 表

编制单位: ××年度××月 单位:元

项　目	本期金额	上期金额
一、经营活动产生的现金流量		
销售商品、提供劳务收到的现金		
收到的税费返还		
收到的其他与经营活动有关的现金		
经营活动现金流入小计		
购买商品、接受劳务支付的现金		
支付给职工以及为职工支付的现金		
支付的各项税费		
支付的其他与经营活动有关的现金		
经营活动现金流出小计		
经营活动产生的现金流量净额		
二、投资活动产生的现金流量:		
收回投资收到的现金		
取得投资收益收到的现金		

续表

项　目	本期金额	上期金额
处置固定资产、无形资产和其他长期资产收回的现金净额		
处置子公司及其他营业单位收到的现金净额		
收到的其他与投资活动有关的现金		
投资活动现金流入小计		
购建固定资产、无形资产和其他长期资产支付的现金		
投资支付的现金		
取得子公司及其他营业单位支付的现金净额		
支付其他与投资活动有关的现金		
投资活动现金流出小计		
投资活动产生的现金流量净额		
三、筹资活动产生的现金流量		
吸收投资收到的现金		
取得借款收到的现金		
收到的其他与筹资活动有关的现金		
筹资活动现金流入小计		
偿还债务支付的现金		
分配股利、利润或偿付利息支付的现金		
支付其他与筹资活动有关的现金		
筹资活动现金流出小计		
筹资活动产生的现金流量净额		
四、汇率变动对现金及现金等价物的影响		
五、现金及现金等价物净增加额		
加:期初现金及现金等价物余额		
六、期末现金及现金等价物余额		

五、现金流量表的编制

现金流量表中“本期金额”为年初至本中期期末的金额，“上期金额”为上年同口径金额。

（一）项目应包括的内容和填制方法

1. 经营活动产生的现金流量

(1)“销售商品、提供劳务收到的现金”项目，一般包括：收回当期的销售货价和劳务收入以及一并收到增值税销项税额，收回前期销售商品、提供劳务本期收到的现金，转让应收票据所取得的现金收入以及本期预收账款等。发生销货退回而支付的现金应从销售商品或提供劳务收入款中扣除。

为便于间接法编制经营活动现金流量，收到增值税销项税额予以单独列示。

企业当期销售货价或劳务收入款的计算公式为：

销售商品、提供劳务收到的现金＝当期销售商品或提供劳务收到的现金收入(不包括销售商品或提供劳务欠款或只收到票据)＋当期收到前期的应收账款＋当期收到前期的应收票据＋当期的预收账款－当期因销售退回而支付的现金＋当期收回前期核销的坏账损失

为便于计算，企业应在“应收账款”和“应收票据”科目下分设“货价”和“增值税”两个明细科目，用以调整计算销售、提供劳务收到的增值税销项税额的现金。

(2)“收到的税费返还”项目，包括企业收到返还的所得税、增值税、营业税、消费税、关税和教育费附加等各种税费返还款。

(3)“收到其他与经营活动有关的现金”项目，反映企业除上述项目外，收到的其他与经营活动相关的现金，如租金收入。金额较大的应当单独列示。

(4)“购买商品、接受劳务支付的现金”项目，包括当期购买商品、接受劳务支付的现金(不包括以应付账款、应付票据、预付账款

抵付)；以及当期支付的前期购买商品、接受劳务的应付账款、应付票据现金和本期预付账款。因购买商品或接受劳务而同时一并支付的增值税进项税额，也包括在本项目内。如果购买商品或接受劳务时，其中所含的增值税进项税额不能抵扣增值税销项税额，仍在本项目中反映。

企业当期购买商品、接受劳务支付的现金的计算公式为：

购买商品、接受劳务支付的现金 = 当期购买商品、接受劳务支付的现金 + 当期支付前期的应付账款 + 当期支付前期的应付票据 + 当期预付的账款 - 当期因购货退回收到的现金

为便于间接法编制经营活动现金流量，购买商品、接受劳务支付的增值税进项税额予以单独列示。

(5)“支付给职工以及为职工支付的现金”项目，反映企业以现金方式支付给职工的工资和为职工支付的其他现金。支付给职工的工资包括工资、职工福利、奖金以及各种津贴、补贴等；以及为职工交纳的养老、失业等社会保险基金，企业为职工交纳商业保险金，因解除与职工劳动关系的补偿，现金结算的股份支付等。

支付在建工程人员的上列工资及奖金等，应在“购建固定资产支付的现金”项目中反映。

(6)“支付的各项税费”项目，反映企业按规定支付的各项税费。

①支付的增值税款，反映企业实际交纳的增值税税款。但投资活动支付的增值税应在投资活动现金流量中列示。增值税退回在“收到的税费返还”项目中反映。

②支付的所得税款，反映企业当期实际支付的所得税费用。退回所得税在“收到的税费返还”项目中反映。

③支付的除增值税、所得税以外的其他税费，包括印花税、房产税、土地增值税、车船使用税、营业税，本期发生并实际支出的税金和当期支付以前各期发生的税金以及预付的税金。对有关投资项目发生的税金支出，不应列为经营活动的现金流量，应在有关投

资项目中列示。如交纳的投资方向调节税，应在“购建固定资产所支付的现金”项目中反映。

(7)“支付的其他与经营活动有关的现金”项目，反映企业除上述项目外，尚有其他项目，如差旅费、保险费、业务招待费、经营租赁费、罚款支出现金等。金额较大的可单独列示。

2. 投资活动产生的现金流量

(1)“收回投资收到的现金”项目，包括两部分内容，一是投资本金，二是投资收益，分别在收回投资和取得投资收益两个项目中反映。债券投资收回的本金与利息，也同样分别反映。

(2)“取得投资收益收到的现金”项目，反映因对外投资而分得的股利或利润。

(3)“处置固定资产、无形资产和其他长期资产而收到的现金净额”项目，反映出售固定资产、无形资产和其他长期资产所取得的现金扣除为出售这些资产而支付的有关费用后的净额。本项目还包括固定资产报废、毁损的变卖收益以及遭受灾害而收到的保险赔偿收入等。

如处置固定资产、无形资产和其他长期资产所收回的现金净额为负数，则应作为投资活动现金流出项目反映，列在“支付的与投资活动有关的其他现金”中。

(4)“处置子公司及其他营业单位收到的现金净额”项目，反映企业处置子公司及其他营业单位所取得的现金减去子公司或其他营业单位持有的现金和现金等价物以及相关处置费用后的净额。

(5)“收到与其他投资活动有关的现金”项目，反映企业发生的一些其他投资收入项目。金额较大的可单独列示。

(6)“购建固定资产、无形资产和其他长期资产所支付的现金”项目，反映企业为购建固定资产而支付的款项，包括购买机器设备所支付的现金及增值税款、建造工程支付的现金、支付在建工程人员的工资等现金支出；购买无形资产支付的现金，包括企业购入或自创取得各种无形资产的实际现金支出。

购建固定资产项目中，不包括融资租入固定资产所支付的租金，这些所支付的租金，应在筹资活动的现金流量中反映。

(7)“投资支付的现金”项目，包括权益性投资和债权性投资所支付的现金。

权益性投资所支付的现金，反映企业购买股票等权益性投资所支付的现金。

债权性投资所支付的现金，反映企业购买的除现金等价物以外的债券而支付的现金。企业购买债券的价款中含有债券利息的，以及溢价或折价购入的，均按实际支付的金额反映。

(8)“处置支付子公司及其他营业单位支付的现金净额”项目，反映企业取得子公司及其他营业单位购买出价中以现金支付的部分减去子公司或其他营业单位持有的现金和现金等价物后的净额。

(9)“支付其他与投资活动有关的现金”项目，反映企业发生的其他投资活动项目的现金支出。金额较大的可单独列示。

3. 筹资活动产生的现金流量

(1)“吸收投资收到的现金”项目，包括：

①吸收投资所收到的现金，反映企业通过发行股票等方式筹集资本所收到的现金。其中，股份有限公司召开募集股份，须委托金融企业进行公开发行，由金融企业直接支付的手续费、宣传费、咨询费、印刷费等费用，从发行股票取得的现金收入中扣除，以净额列示。发行股票由企业直接支付的审计、咨询等费用不在本项目反映，应在“支付其他与筹资活动有关的现金”项目中反映。

②发行债券所收到的现金，反映企业发行债券筹集资金收到的现金，以发行债券实际收到的现金列示。委托金融企业发行债券所花费的费用，应与发行股票所花费的费用一样处理，即，发行债券取得的现金，应扣除代理发行公司代付的费用后的净额列示。

③有限责任公司与合作股份企业收到股东的投资。

(2)“取得借款收到的现金”项目，反映企业举借各种短期、长期借款所收到的现金。

(3)“收到其他与筹资活动有关的现金”项目,反映筹资活动除以上项目外收到的现金。金额较大的可单独列示。

(4)“偿还债务所支付的现金”项目,反映企业偿还债务所支付的现金,包括:归还金融企业借款、偿付企业到期的债券等。按企业当期实际支付的偿债金额填列。

因借款而发生的利息支出,不在本项目反映,应列入“偿付利息所支付的现金”项目中。

(5)“分配股利、利润或偿付利息支付的现金”项目,反映企业当期实际支付的现金股利以及实际分配利润及筹资产生利息(包括借款利息、债券利息等)所支付的现金。

(6)“支付其他与筹资活动有关的现金”项目,包括:

①支付其他与筹资活动有关的现金,反映企业为发行股票、债券或向金融企业借款等筹资活动发生的各种费用,如咨询费、公证费、印刷费等。这里所说的现金支出是指资金到达企业之前发生的前期费用,不包括利息支出和股利支出。前述委托金融企业发行股票或债券而由金融企业代付的费用,应在筹资款项中抵扣,不包括在本项目内。

②融资租赁所支付的现金,反映融资租赁租入固定资产所支付的现金。包括支付的当期应付租金和前期应付未付而于本期支付的租金。

③其他除上述各项筹资活动支出以外,企业还会发生其他与筹资活动项目有关的现金支出,在本项目中反映。金额较大的可单独列示。

(二)现金流量表编制的程序

1. 整理编制现金流量表的资料

首先,应根据已经制成内容齐全正确的企业本期期末资产负债表、本期利润表,确定现金等价物的金额,即资产负债表上的现金、随时可以取现的银行存款、其他货币资金以及三个月以下可以变现的短期投资中的债券之和，期末比期初净增或净减数。

其次，应翻阅为编制现金流量表必要的有关明细账，了解期初、期末余额的来龙去脉，本期借、贷方不同情况的发生额，做出记录底稿。每个科目按资产负债表先后次序做出编号。

2. 编制现金流量表的方法

编制现金流量表的方法有直接法与间接法两种。

(1)直接法

直接法是通过现金收入和支出的主要类别反映企业经营活动产生的现金流量。它将利润表中的以权责发生制为基础的收入与支出项目为起点，直接转换成以收付实现制为基础的收入与支出。

通常营业收入会产生销售费用从而导致现金流出。但由于以权责发生制为基础确认收入费用与实际的现金流入与流出尚有差距，因此用直接法表达营业活动的流量时，还需调整与收入、费用有关流动资产、流动负债明细账的发生额。

例如，要计算现金流量表中销售商品、提供劳务收到的现金，要概括资产负债表，应收账款、预收账款、应收票据期末比期初的增减变动额来调整利润表中的营业收入额，有些费用属于预提或摊销也应做出必要的调整等。

在采用直接法编制现金流量表的要求下，可根据现金流量表的分类，临时设计“经营活动现金流量”“投资活动现金流量”“筹资活动现金流量”三个科目。借记表示流入，贷记表示流出。通过【例8—3】，了解直线法现金流量表的编制步骤。按现金流量表三个项目的流入与流出分类内容名称，作为三个科目的明细科目。

【例8—3】 以××年度莘仙冲压厂资产负债表和利润表的有关资料，编制现金流量表。

第一步：根据资产负债表（图表8—3）中项目所含的会计科目及明细账户从左到右顺序、利润表（图表8—6）有关项目和数字，做出分析摘录。为便于衔接查对，分析摘录后的每条，均注明“作记账凭证第×号”。特别要注意：期初有余额、期末没有余额，以及期初与期末都没有余额、但本期有发生额的漏列，如“固定资产清理”账户，本期转入清理、本期清理完成转出，期初与期末余额均为零，但本期有发生现金流量的状况，同时注意期末期初金额的衔接勾稽。为举例计算方便，金额单位将元改为万元，万元以下小数点保留一位，小数点后四舍五入。

资产负债表明细账记录分析摘录如下：

(1)货币资金：其中，期末银行存款没有不能随时用于支付的存款。

(2)交易性金融资产：有“股票”与“债券”两个明细账户。

“股票”，期初余额31.3万元，本期购入50万元，出售51.3万元，期末结存30万元。

“债券”，期初余额68.7万元(为购入三个月到期债券)，本期第一次购入一年期债券30万元，第二次购入三个月到期债券20万元；期初的债券到期收回68.7万元，期末结存50万元(其中20万元三个月即到期视同现金等价物)。(作记账凭证第1号)

(3)应收票据：期初余额中有货价42.7万元，增值税7.3万元；期末余额中有货价16.2万元，增值税2.8万元。如货价与增值税分列困难，以总额除以1.17为货价，乘以0.17为增值税，以下类似以相同方法分离。(作记账凭证第2号)

(4)应收账款：期初余额中有货价170万元，增值税29万元；期末余额中有货价41.8万元，增值税7.1万元。(作记账凭证第2号)

(5)预付账款：期初余额80万元，期末余额20.4万元，不考虑包含增值税。(作记账凭证第13号)

(6)其他应收款：期初余额25万元，其中20万元为异地网点铺底资金，5万元为管理人员出差临时暂借差旅费。本期借方发生额5万元，为管理人员出差暂借差旅费；贷方发生额10万元，为管理人员出差回来报销差旅费。(作记账凭证第3号)

(7)存货：期初余额215万元，本期增值税发票购入材料

1 781.8万元，转账提取制造费用——折旧费17.3万元，生产成本——生产工人工资及福利45.6万元，共增加存货62.9万元；贷方发生额1 561.8万元。（工业生产企业，产品完工入库，原材料拨出生产产品金额，属于内部转账，与现金流量无关）。（作记账凭证第4号）

（8）长期投资：期初余额85万元，为长期股权投资，其中25万元采用权益法核算投资收益，本期借方发生额60万元，为持有至到期债券投资；贷方发生额20万元（一年内到期的非流动资产）为持有至到期投资到期收回。（作记账凭证第5、6号）

（9）固定资产：期初余额392.7万元，本期借方发生额30万元，其中购入8万元，接受捐赠22万元；本期贷方发生额10万元为报废减少，转入固定资产清理。（作记账凭证第7）

（10）累计折旧：期初余额60万元，本期借方发生额6.5万元为固定资产报废折旧转入固定资产清理；贷方发生额23.8万元为计提的累计折旧，其中转入管理费用8.7万元，制造费用15.1万元。（纯内部转账，与现金流量无关）

（11）固定资产清理：固定资产报废，除固定资产原值10万元转入该账户借方，该固定资产已提折旧6.5万元转入该账户贷方，净残值收现2.3万元转入该账户贷方，最终损失1.2万元转入营业外支出，余额为0。（作记账凭证8号）

（12）固定资产减值准备：期初贷方余额4万元，本期提取2万元；本期提取坏账准备0.2万元，纯内部转账。

（13）在建工程——房屋（包括在建工程与工程物资）：期初余额151.3万元，本期支付承包工程款500万元，购入工程物资69万元，已含增值税。（作记账凭证第9号）

（14）无形资产：本期购入一项专利权30.3万元，累计摊销2.7万元。（作记账凭证第10号）

（15）长期待摊费用：期初余额3万元，本期借方发生额48万元，系支付三年期财产保险费待摊；贷方发生额6万元，系本期摊

销额。(作记账凭证第 11 号)

(16)短期借款:期初余额 100 万元,本期借方发生额 240 万元为归还借款;贷方发生额 200 万元为借入短期借款。期末余额 60 万元,债务客户:银行。(作记账凭证第 12 号)

(17)应付账款:期初余额中有货价79.7万元,增值税13.6万元;期末余额中有货价54.1万元,增值税9.2万元。(作记账凭证第 13 号)

(18)预收账款:期初余额10.5万元,本期借方发生额1.4万元,期末贷方余额9.1万元,不考虑包含增值税。(作记账凭证第 2 号)

(19)应付职工薪酬——工资:期初余额 10 万元,为应付生产工人工资。本期借方发生额 45 万元系全年工资发放数,其中 10 万元为管理人员工资;贷方发生额 50 万元系全年计提的工资数,其中生产工人工资41.8万元、管理人员工资8.2万元。期末未发工资 15 万元。(作记账凭证第 14 号)

(20)应付职工薪酬——职工福利:期初余额 15 万元,本期借方发生额 9 万元系支付的职工集体福利费,其中属于管理人员1.4万元;贷方发生额 7 万元系年内计提福利费数,其中生产人员 6 万元、管理人员 1 万元。期末贷方余额 13 万元。(作记账凭证第 15 号)

(21)应付股利:本期支付上年度应付股利 60 万元,本期利润分配应付股东分红 100 万元。(作记账凭证第 16 号)

(22)应交税费——增值税:期初借方余额 19 万元为留抵进项税额,本期发生销项税额349.3万元(营业收入×0.17),进项税额302.9万元(存货购进金额×0.17),原材料非常损失15.9万元(其中进项税额转出2.3万元),已交增值税额 25 万元,未交4.7万元。(作记账凭证第 17 号)

(23)应交税费——其他税款:本期应交所得税103.6万元,已预交 102 万元,未交1.6万元。本期应交城建税 6 万元,已交纳。本期应交教育费附加2.6万元,已交纳。(作记账凭证第 18 号)

(24)应付利息：期初11万元为长期借款利息，本期预提短期借款利息支出49.4万元，已支付49.4万元，提取长期借款利息14.5万元，进入工程成本，已付包括期初应付利息24.2万元，未付1.3万元。(除转账外，作记账凭证第19号)

(25)其他应付款：期初余额16万元，本期借方发生额6.7万元，贷方发生额3万元，系三个月以上包装物押金的收取和归还款项，期末贷方余额12.3万元。(作记账凭证第20号)

(26)长期借款：期初余额50万元，本期贷方发生额150万元，为新增借款，期末余额200万元。一年内到期的长期借款期初余额129万元，本期借方发生额129万元，期末余额为0。(作记账凭证第21号)

(27)实收资本：本期收到股东新增资本500万元。(作记账凭证第22号)

(28)利润分配的提取盈余公积等：属纯转账，与现金流量无关。

利润表记录分析摘抄如下：

(29)营业收入：2 054.9万元为收到经营活动现金流量，应收款项、应收票据及预收款项的增减影响现金流入，另已单独反映。(作记账凭证第23号)

(30)营业成本：其转账结转不在现金流量表反映。

(31)销售费用：1.8万元付货币资金。(作记账凭证第24号)

(32)营业税金及附加：8.6万元，其中城建税6万元，教育费附加2.6万元，前(22)项已说明，已缴纳。

(33)管理费用：本期发生36.6万元，其中提取固定资产折旧8.7万元、长期待摊费用摊销6万元、无形资产累计摊销2.7万元。提取管理人员工资8.2万元，职工福利费1万元(以上纯属转账，与现金流量无关)。管理人员报销差旅费10万元，其中转账5万元，付现金5万元。前(18)、(19)项已作摘要说明。

(34)财务费用：其中利息支出51.4万元、银行存款利息收入2

万元，相抵净支出49.4万元，前(23)项已作摘要说明。

(35)资产减值损失：属于内部转账与现金流量无关，前(11)项已作摘要说明。

(36)投资收益：2.2万元为股票、债券投资收益收到的现金。(作记账凭证第 25 号)

(37)营业外收入：为接受捐赠固定资产收入 22 万元，与现金流量无关。

(38)营业外支出：共发生18.1万元，其中捐赠支出 1 万元，付出货币现金。固定资产清理净损失1.2万元、处理流动资产损失15.9万元，其中货价13.6万元，增值税进项税额转出2.3万元。(均为转账，作记账凭证第 26 号)

(39)所得税费用：前(22)项已作摘要说明，已预交 102 万元，其余未交。

第二步：根据整理资料，对照现金流量表(图表 8—8)的编制，“各项目应包括的内容”，按照收付实现制原则，应用为编制现金流量表的特设科目，通过通用记账凭证，作会计分录。

需要事先说明的是，资产负债表中对于各种资产减值准备，与现金流量无关，不作反映，但间接法编制项目对本期新增的资产减值准备应予衔接；任何一项经济业务，需要分析其是转账形成还是与现金流量直接有关。营业收入与应收、预收有关，存货购入与应付、预付有关，应收款项增加、预收款项减少，表示因销售商品提供劳务经营活动现金流入减少，反之，表示增加；应付款项增加、预付款项减少，表示购买商品支出经营活动现金流出减少，反之则增加。暂付短暂收回，可以抵消(跨年度例外)，不在现金流量表反映。付出购买与收回现金等价物不作分录，但填列现金流量表计算现金及现金等价物期初期末余额应予加入。

记字第 $1\frac{1}{2}$ 号

摘　要	科目名称	明细科目名称	借方金额	贷方金额	过账户编号	过账√
参照明细账记录(2),购入股票与债券,其中第二次购入债券为三个月到期,视为现金等价物	交易性金融资产 投资活动现金流量	股票 债券	50 30	 80	 2	 √

记字第 $1\frac{2}{2}$ 号

摘　要	科目名称	明细科目名称	借方金额	贷方金额	过账户编号	过账√
参照明细账记录(2),出售股票,债券为三个月到期债券,视为现金等价物,不作反映	投资活动现金流量 交易性金融资产	 股票	51.3	 51.3	2	√

记字第 $2\frac{1}{2}$ 号

摘　要	科目名称	明细科目名称	借方金额	贷方金额	过账户编号	过账√
参照明细账记录(3)、(4)、(18)销售商品的货价	经营活动现金流量 应收票据 应收账款 预收账款	销售商品 货价 货价	153.3 1.4	 26.5 128.2	1	√

记字第 $2\frac{2}{2}$ 号

摘　要	科目名称	明细科目名称	借方金额	贷方金额	过账户编号	过账√
参照明细账记录(3)、(4)、(18)销售商品的增值税	经营活动现金流量 应收票据 应收账款	增值税销项税额 增值税 增值税	26.4	 4.5 21.9	1	√

记字第 3 号

摘　要	科目名称	明细科目名称	借方金额	贷方金额	过账户编号	过账√
参照明细账记录(6),作记账凭证	管理费用 其他应收款 经营活动现金流量	报销差旅费 其他	10	 5 5	 1	 √

记字第 4 号

摘　要	科目名称	明细科目名称	借方金额	贷方金额	过账户编号	过账√
参照明细账记录(7),购入存货	存货 经营活动现金流量	购入存货 购买商品	1 781.8	 1 781.8	 1	 √

记字第 5 号

摘　要	科目名称	明细科目名称	借方金额	贷方金额	过账户编号	过账√
参照明细账记录(8),持有至到期债券投资	持有至到期投资 投资活动现金流量	长期债券投资 投资支出现金	60	 60	 2	 √

记字第 6 号

摘　要	科目名称	明细科目名称	借方金额	贷方金额	过账户编号	过账√
参照明细账记录(8),到期投资收回	投资活动现金流量 持有至到期投资	到期投资收回	20	 20	2	√

记字第 7 号

摘　要	科目名称	明细科目名称	借方金额	贷方金额	过账户编号	过账√
参照明细账记录(9),购入固定资产	固定资产 投资活动现金流量	××品名 购建固定资产	8	 8	 2	 √

记字第 8 号

摘　要	科目名称	明细科目名称	借方金额	贷方金额	过账户编号	过账√
参照明细账记录(11),固定资产清理净残值收入	投资活动现金流量 固定资产清理	处置固定资产收入 转入	2.3	 2.3	2	√

记字第 9 号

摘　要	科目名称	明细科目 名称	借方 金额	贷方 金额	过账户 编号	过账 √
参照明细账记录(13),购入工程物资及支付工程款	工程物资 在建工程 投资活动现金流量	购进工程物资 支付承包工程款 购建固定资产支出	69 500	 569	 2	 √

记字第 10 号

摘　要	科目名称	明细科目 名称	借方 金额	贷方 金额	过账户 编号	过账 √
参照明细账记录(14),购入无形资产	无形资产 投资活动现金流量	专利权 购入无形资产	30.3	 30.3	 2	 √

记字第 11 号

摘　要	科目名称	明细科目 名称	借方 金额	贷方 金额	过账户 编号	过账 √
参照明细账记录(15),支付三年期财产保险费	长期待摊费用 经营活动现金流量	财产保险费 其他	48	 48	 1	 √

记字第 $12\frac{1}{2}$ 号

摘　要	科目名称	明细科目 名称	借方 金额	贷方 金额	过账户 编号	过账 √
参照明细账记录(16),向银行归还借款	短期借款 筹资活动现金流量	银行 归还银行借款	240	 240	 3	 √

记字第 $12\frac{2}{2}$ 号

摘　要	科目名称	明细科目 名称	借方 金额	贷方 金额	过账户 编号	过账 √
参照明细账记录(16),向银行贷款	筹资活动现金流量 短期借款	取得借款收入 银行	200	 200	3	√

记字第 13 $\frac{1}{2}$ 号

摘　要	科目名称	明细科目名称	借方金额	贷方金额	过账户编号	过账√
参照明细账记录(5)、(17),购买商品支付的货价减少	应付账款 预付账款 经营活动现金流量	货价 购买商品	25.6 34	 59.6 	 1	 √

记字第 13 $\frac{2}{2}$ 号

摘　要	科目名称	明细科目名称	借方金额	贷方金额	过账户编号	过账√
参照明细账记录(5)、(17),购买商品支付的增值税	应付账款 经营活动现金流量	增值税 增值税进项税额	4.4	 4.4	 1	 √

记字第 14 号

摘　要	科目名称	明细科目名称	借方金额	贷方金额	过账户编号	过账√
参照明细账记录(19),支付职工薪酬	应付职工薪酬 应付职工薪酬 经营活动现金流量	生产工人 管理人员 支付职工薪酬	35 10	 45	 1	 √

记字第 15 号

摘　要	科目名称	明细科目名称	借方金额	贷方金额	过账户编号	过账√
参照明细账记录(20),支付职工福利	应付职工薪酬 经营活动现金流量	职工福利 支付职工福利	9	 9	 1	 √

记字第 16 号

摘　要	科目名称	明细科目名称	借方金额	贷方金额	过账户编号	过账√
参照明细账记录(21),支付上年度应付股利	应付股利 筹资活动现金流量	股东分红 偿付分配股利	60	 60	 3	 √

记字第 17 $\frac{1}{3}$ 号

摘　要	科目名称	明细科目 名称	借方 金额	贷方 金额	过账户 编号	过账 √
参照明细账记录(22),购买商品付出增值税	应交税费 经营活动现金流量	应交增值税(进) 增值税进项税额	302.9	 302.9	 1	 √

记字第 17 $\frac{2}{3}$ 号

摘　要	科目名称	明细科目 名称	借方 金额	贷方 金额	过账户 编号	过账 √
参照明细账记录(22),销售商品收到增值税	经营活动现金流量 应交税费	增值税销项税额 应交增值税(销)	349.3	 349.3	1	√

记字第 17 $\frac{3}{3}$ 号

摘　要	科目名称	明细科目 名称	借方 金额	贷方 金额	过账户 编号	过账 √
参照明细账记录(22),上交增值税	应交税费 经营活动现金流量	应交增值税(上交) 入增值税——进项	25	 25	 1	 √

记字第 18 号

摘　要	科目名称	明细科目 名称	借方 金额	贷方 金额	过账户 编号	过账 √
参照明细账记录(23),缴交税金	应交税费 应交税费 应交税费 经营活动现金流量	所得税 城建税 教育费附加 支付各项税费	102 6 2.6	 110.6	 1	 √

记字第 19 号

摘　要	科目名称	明细科目 名称	借方 金额	贷方 金额	过账户 编号	过账 √
参照明细账记录(24),支付借款利息	应付利息 应付利息 筹资活动现金流量	短期借款利息 长期借款利息 偿付利息	49.4 24.2	 73.6	 3	 √

记字第 20 $\frac{1}{2}$ 号

摘　要	科目名称	明细科目名称	借方金额	贷方金额	过账户编号	过账✓
参照明细账记录(25),收到包装物押金	经营活动现金流量 其他应付款	其他 收到押金	3	 3	1	✓

记字第 20 $\frac{2}{2}$ 号

摘　要	科目名称	明细科目名称	借方金额	贷方金额	过账户编号	过账✓
参照明细账记录(25),归还包装物押金	其他应付款 经营活动现金流量	包装物押金归还 其他	6.7	 6.7	 1	 ✓

记字第 21 $\frac{1}{2}$ 号

摘　要	科目名称	明细科目名称	借方金额	贷方金额	过账户编号	过账✓
参照明细账记录(26),收到长期借款	筹资活动现金流量 长期借款	取得借款	150	 150	3	✓

记字第 21 $\frac{2}{2}$ 号

摘　要	科目名称	明细科目名称	借方金额	贷方金额	过账户编号	过账✓
参照明细账记录(26),归还长期借款	长期借款 筹资活动现金流量	还长期借款到期 偿还债务	129	 129	 3	 ✓

记字第 22 号

摘　要	科目名称	明细科目名称	借方金额	贷方金额	过账户编号	过账✓
参照明细账记录(27),收到新增资本	筹资活动现金流量 实收资本	吸收投资	500	 500	3	✓

记字第 23 号

摘　要	科目名称	明细科目名称	借方金额	贷方金额	过账户编号	过账√
参照利润表记录(29),发生营业收入	经营活动现金流量 营业收入	销售商品	2 054.9	 2 054.9	1	√

记字第 24 号

摘　要	科目名称	明细科目名称	借方金额	贷方金额	过账户编号	过账√
参照利润表记录(31)	销售费用 经营活动现金流量	 其他支出	1.8	 1.8	 1	 √

记字第 25 号

摘　要	科目名称	明细科目名称	借方金额	贷方金额	过账户编号	过账√
参照利润表记录(36),收到现金收益	投资活动现金流量 投资收益	债券股票投资收益	2.2	 2.2	2	√

记字第 26 号

摘　要	科目名称	明细科目名称	借方金额	贷方金额	过账户编号	过账√
参照利润表记录(38),捐赠支出	营业外支出 经营活动现金流量	捐赠支出 其他支付	1	 1	 1	 √

第三步:根据记账凭证分录,有关现金流量事项登载 T 形多栏式特设明细账,见图表 8—9、图表 8—10、图表 8—11。

图表 8—9

账户名称:经营活动现金流量

账户编号:1　　××年　　金额单位:万元

借现金流入						贷现金流出									
项　目						项　目									
销售商品提供劳务		收到增值税销项税额		其他有关流入		购买商品支出		支付增值税进项税额		付职工薪酬等		支付各项税费		其他有关流出	
凭证号数	金额	凭证号数	金额	凭证号数	金额	凭证号数	金额	凭证号数	金额	凭证号数	金额	凭证号数	金额	凭证号数	金额
$2\frac{1}{2}$	153.3	$2\frac{2}{2}$	26.4	$20\frac{1}{2}$	3	4	1 781.8	$13\frac{2}{2}$	4.4	14	45	18	110.6	3	5
23	2 054.9	$17\frac{2}{3}$	349.3			$13\frac{1}{2}$	−34	$17\frac{1}{3}$	302.9	15	9	$17\frac{3}{3}$	25	26	1
														11	48
														$20\frac{2}{2}$	6.7
														24	1.8
小计	2 208.2	小计	375.7	小计	3	小计	1 747.8	小计	307.3	小计	54	小计	135.6	小计	62.5

图表 8－10 **账户名称:投资活动现金流量**

账户编号:2 ××年 金额单位:万元

借现金流入						贷现金流出									
项　目						项　目									
投资收回		投资收益		处置固定资产、无形资产等		其他有关流入		购置固定资产、无形资产等		投资支付				其他有关流出	
凭证号数	金额	凭证号数	金额	凭证号数	金额	凭证号数	金额	凭证号数	金额	凭证号数	金额	凭证号数	金额	凭证号数	金额
$1\frac{2}{2}$	51.3	25	2.2	8	2.3			9	569	$1\frac{1}{2}$	80				
6	20							7	8	5	60				
								10	30.3						
小计	71.3	小计	2.2	小计	2.3	小计		小计	607.3	小计	140	小计		小计	

图表 8—11　　账户名称：筹资活动现金流量

账户编号：3　　××年　　金额单位：万元

借现金流入								贷现金流出							
项　目								项　目							
吸收投资		取得借款				其他有关流入		偿还债务		支付股利偿还利息				其他有关流出	
凭证号数	金额	凭证号数	金额	凭证号数	金额	凭证号数	金额	凭证号数	金额	凭证号数	金额	凭证号数	金额	凭证号数	金额
22	500	$12\frac{2}{2}$	200					$12\frac{1}{2}$	240	16	60				
		$21\frac{1}{2}$	150					$21\frac{2}{2}$	129	19	73.6				
小计	500	小计	350	小计		小计		小计	369	小计	133.6	小计		小计	

第四步：根据上列三个账户的小计，编制现金流量表，见图表8—12。上述编制现金流量表会计分录与登载账户和企业正常会计核算无关。有关资料作为备查妥善保管，提供连续编表“上期金额”及其他有关情况的依据。

图表 8—12　　**现金流量表**　　会企 03 表

编制单位　　××年××月　　金额单位：万元

项　目	本期金额	上期金额
一、经营活动产生的现金流量		
销售商品、提供劳务收到的现金	2 583.9	
收到的税费返还		
收到的其他与经营活动有关的现金	3	
经营活动现金流入小计	2 586.9	
购买商品、接受劳务支付的现金	2 055.1	
支付给职工以及为职工支付的现金	54	
支付的各项税费	135.6	
支付的其他与经营活动有关的现金	62.5	
经营活动现金流出小计	2 307.2	
经营活动产生的现金流量净额	279.7	
二、投资活动产生的现金流量		
收回投资收到的现金	71.3	
取得投资收益收到的现金	2.2	
处置固定资产、无形资产和其他长期资产收回的现金净额	2.3	
处置子公司及其他营业单位收到的现金净额	0	
收到的其他与投资活动有关的现金	0	
投资活动现金流入小计	75.8	
购建固定资产、无形资产和其他长期资产支付的现金	607.3	
投资支付的现金	140	

续表

项　目	本期金额	上期金额
取得子公司及其他营业单位支付的现金净额	0	
支付其他与投资活动有关的现金	0	
投资活动现金流出小计	747.3	
投资活动产生的现金流量净额	−671.5	
三、筹资活动产生的现金流量		
吸收投资收到的现金	500	
取得借款收到的现金	350	
收到的其他与筹资活动有关的现金	0	
筹资活动现金流入小计	850	
偿还债务支付的现金	369	
分配股利、利润或偿付利息支付的现金	133.6	
支付其他与筹资活动有关的现金	0	
筹资活动现金流出小计	502.6	
筹资活动产生的现金流量净额	347.4	
四、汇率变动对现金及现金等价物的影响		
五、现金及现金等价物净增加额	−44.4	
加:期初现金及现金等价物余额	116.9	
六、期末现金及现金等价物余额	72.5	

注:期初现金及现金等价物余额＝48.2(货币资金)＋68.7(现金等价物)＝116.9(万元);

期末现金及现金等价物余额＝52.5(货币资金)＋20(现金等价物)＝72.5(万元)。

现金流量表汇率变动对现金及现金等价物的影响,反映下列两个金额之间的差额:

(1)企业外币现金流量折算为记账本位币时,采用现金流量发生日的即期汇率或按照系统合理的方法确定的、与现金流量发生日即期汇率近似的汇率折算的金额。

(2)企业外币现金及现金等价物净增加额按资产负债表日即期汇率折算的金额。

(2)间接法

间接法是以净利润为起算点,调节不涉及现金收支、费用、营业外收支等有关项目,剔除重大投资和筹资活动对现金流量的影响,计算出经营活动产生的现金流量。现《企业会计准则——应用指南》规定,将补充资料作为现金流量表附注。

【例 8－4】 仍以莘仙冲压厂的资料,按附注要求,根据格式填列。

在填列该补充资料中容易发生错误的项目如下,应引起注意:

(1)固定资产折旧:不管进入管理费用或制造费用,都应按累计折旧贷方发生额填列。

(2)财务费用:填列在财务费用列支的利息,凡在经营活动现金流量列支的,应予剔除,在筹资活动现金流量列支的应予列出。

(3)经营性应收项目的增减:包括“应收账款——货价”“应收票据——货价”“预付账款”“其他应收款”“增值税销项税额”在经营活动现金流量表上收到销项税额列示的数额之和,以上各项期末比期初的增减额。

(4)经营性应付项目的增减:包括“应付账款——货价”“应付票据——货价”“预收账款”“其他应付款”“应付职工薪酬”“应交税费”(除增值税以外的明细账户)以及“应付利息”除“预提基建长期借款利息”以外的明细账户以及在经营活动现金流量表上支出的增值税进项税额和“支付各项税费”项目中缴交增值税列示的数额之和,以上各项期末比期初的增减额。

(5)本表资产减值准备:等于利润表中资产减值损失金额,不等于总分类账会计科目中有关资产减值准备之和。

(6)其他:填列递延所得税资产或递延所得税负债期初、期末的余额,对计算净利润有影响,但实际没有现金流入或流出,在计算经营活动现金流量时,应当加回或扣除,以及其他由于特殊情况，表中项目没有列示的金额。

要使现金流量表顺利衔接，转账会计经济业务，平时操作必须规范。

有关现金流量表的附注，见图表8—13、图表8—14和图表8—15。

图表8—13

金额：万元

补充资料	本期金额	上期金额
1.将净利润调节为经营活动现金流量		略
净利润	310.7	
加：资产减值准备	2.2	
固定资产折旧、油气资产折耗、生产性生物资产折旧	23.8	
无形资产摊销	2.7	
长期待摊费用摊销	6	
处置固定资产、无形资产和其他长期资产的损失（收益以"—"号填列）		
固定资产报废损失（收益以"—"号填列）	1.2	
公允价值变动损益（收益以"—"号填列）		
财务费用（收益以"—"号填列）	49.4	
投资损失（收益以"—"号填列）	—2.2	
递延所得税资产减少（增加以"—"号填列）		
递延所得税负债增加（减少以"—"号填列）		
存货的减少（增加以"—"号填列）	—282.9	
经营性应收项目的减少（增加以"—"号填列）	—156.4	
经营性应付项目的增加（减少以"—"号填列）	325.2	
其他		
经营活动产生的现金流量净额	279.7	
2.不涉及现金收支的重大投资和筹资活动		
债务转为资本		

续表

补充资料	本期金额	上期金额
一年内到期的可转换公司债券		
融资租入固定资产		
3.现金及现金等价物净变动情况		
现金的期末余额	52.5	
减：现金的期初余额	48.2	
加：现金等价物的期末余额	20	
减：现金等价物的期初余额	68.7	
现金及现金等价物净增加额	－44.4	

图表 8－14　　经营性应收项目的减少计算表(附表 1)　　金额单位：万元

应收款项科目名称	期末金额	期初金额	差额(±)
应收账款(货价)	41.8	170	－128.2
应收票据(货价)	16.2	42.7	－26.5
预付账款	20.4	80	－59.6
其他应收款	20	25	－5
增值税销项税额	375.7	0	375.7
合　计	474.1	317.7	156.4

图表 8－15　　经营性应付项目的增加计算表(附表 2)　　金额单位：万元

应付款项科目名称	期末金额	期初金额	差额(±)
应付账款(货价)	54.1	79.7	－25.6
应付票据(货价)	无	无	无
预收账款	9.1	10.5	－1.4
其他应付款	12.3	16	－3.7

续表

应付款项科目名称	期末金额	期初金额	差额(±)
应交税费(不包括增值税)	1.6		+1.6
应付利息	基建专项长期借款利息,不列		
应付职工薪酬	28	25	+3
增值税进项税额(含缴交增值税)	332.3	-19	351.3
合　计	437.4	112.2	325.2

六、小企业现金流量表的编制要求

小企业现金流量表只采用直接法编制,表内项目粗化从简,不经常发生的项目并入其他,简化工作量。小企业现金流量表,见图表8-16。

图表8-16　　小企业现金流量表

编制单位:　　年　月　　单位:元

项　目	行次	本期金额	上期金额
一、经营活动产生的现金流量			
销售产成品、商品、提供劳务收到的现金	1		
收到其他与经营活动有关的现金	2		
购买原材料、商品、接受劳务支付的现金	3		
支付的职工薪酬	4		
支付的税费	5		
支付的其他与经营活动有关的现金	6		
经营活动产生的现金流量净额	7		
二、投资活动产生的现金流量			
收回短期投资、长期债券投资和长期股权投资收到的现金	8		

续表

项　目	行次	本期金额	上期金额
取得投资收益收到的现金	9		
处置固定资产、无形资产和其他非流动资产收回的现金净额	10		
短期投资、长期债券投资和长期股权投资支付的现金	11		
购建固定资产、无形资产和其他非流动资产支付的现金	12		
投资活动产生的现金流量净额	13		
三、筹资活动产生的现金流量			
取得借款收到的现金	14		
吸收投资者投资收到的现金	15		
偿还借款本金支付的现金	16		
偿还借款利息支付的现金	17		
分配利润支付的现金	18		
筹资活动产生的现金流量净额	19		
四、现金净增加额	20		
加:期初现金余额	21		
五:期末现金余额	22		

小企业现金流量表的“本期金额”与“上期金额”的解释与非小企业现金流量表相同。

小企业现金流量表填列的具体方法有两种：

(1)与非小企业一样，临时设计三个科目，即“经营活动现金流量”“投资活动现金流量”“筹资活动现金流量”，借记表示流入，贷记表示流出，利用资产负债表、利润表结合明细分类账，作出摘录。凭此编制记账凭证，然后登记此三个科目多栏式“T”字形账户中，汇计后，编制现金流量表。

(2)将以库存现金、银行存款、短期内可以变现的其他货币资金，以实际收付为轴心，联系现金流量有关牵连的项目的本期发生额进行分析填列。如该单位货币资金有关账户往来频繁，因笔数太多，会难以梳理，带来一定困难。

小企业现金流量表中各行项目之间的勾稽关系为：

7行＝1行＋2行－3行－4行－5行－6行

13行＝8行＋9行＋10行－11行－12行

19行＝14行＋15行－16行－17行－18行

20行＝7行＋13行＋19行

22行＝20行＋21行

第五节 所有者权益变动表

所有者权益变动表是反映构成所有者权益的各组成部分当期的增减变动情况的报表。所有者权益变动表让报表使用者理解所有者权益增减变动的根源，为投资者提供有关的直接信息。

所有者权益变动表，见图表8－17。

图表 8－17

所有者权益变动表

会企 04 表

编制单位：　　　　　　　　　　＿＿＿＿年度　　　　　　　　　　单位：元

项　目	本年金额						上年金额					
	实收资本（或股本）	资本公积	减：库存股	盈余公积	未分配利润	所有者权益合计	实收资本（或股本）	资本公积	减：库存股	盈余公积	未分配利润	所有者权益合计
一、上年年末余额												
加：会计政策变更												
前期差错更正												
二、本年年初余额												
三、本年增减变动金额（减少以“－”号填列）												
（一）净利润												
（二）直接计入所有者权益的利得和损失												
1. 可供出售金融资产公允价值变动净额												
2. 权益法下被投资单位其他所有者权益变动的影响												
3. 与计入所有者权益项目相关的所得税影响												
4. 其他												

续表

项　目	本年金额						上年金额					
	实收资本（或股本）	资本公积	减：库存股	盈余公积	未分配利润	所有者权益合计	实收资本（或股本）	资本公积	减：库存股	盈余公积	未分配利润	所有者权益合计
上述(一)和(二)小计												
(三)所有者投入和减少资本												
1. 所有者投入资本												
2. 股份支付计入所有者权益的金额												
3. 其他												
(四)利润分配												
1. 提取盈余公积												
2. 对所有者（或股东）的分配												
3. 其他												
(五)所有者权益内部结转												
1. 资本公积转增资本（或股东）												
2. 盈余公积转增资本（或股东）												
3. 盈余公积弥补亏损												
4. 其他												
四、本年年末余额												

所有者权益变动表的编制方法是:根据所有者权益各项目本年期末余额与上年期末余额,结合年度中表内指明项目的变化金额填列。主要项目说明如下:

(1)“上年年末余额”行,反映上年资产负债表中实收资本、资本公积、库存股、盈余公积、未分配利润的年末余额。

(2)“会计政策变更”“前期差错更正”项目,分别反映企业事后调整或处理的会计政策变更的累计影响金额和处理会计差错更正的累计影响金额。

(3)“本年增减变动金额”项目,“净利润”行,反映企业当年实现的净利润(或净亏损)金额;“直接计入所有者权益的利得和损失”行,反映下列三种情况与其他带来所有者权益的利得和损失金额。

(4)“所有者投入和减少资本”项目,反映企业接受投资者投入形成的实收资本和资本溢价。

(5)“利润分配”项目,反映当年企业利润分配金额。

(6)“所有者权益内部结转”项目,反映企业资本公积转增资本、盈余公积转增资本或盈余公积弥补亏损等金额。

《小企业会计准则》未见需要填报所有者权益变动表。

第六节 附 注

一、财务报表附注概述

会计报表附注是对资产负债表、利润表、现金流量表和所有者权益变动表等报表中列示项目的文字描述或明细资料,以及未能在这些报表中列示项目的补充说明。

二、附注的内容

附注是财务会计报告的重要组成部分。企业应当按照下列顺序披露附注的内容：

(一)企业的基本情况

(1)企业注册地、组织形式和总部地址。

(2)企业的业务性质和主要经营活动。

(3)母公司以及集团最终母公司的名称。

(4)财务报告的批准报出者和财务报告批准报出日。

(二)财务报表的编制基础

(1)会计年度；

(2)记账本位币；

(3)会计计量所运用的计量基础；

(4)现金和现金等价物的构成。

(三)遵循企业会计准则的声明

企业应当声明编制的财务报表符合企业会计准则的要求，真实、完整地反映了企业的财务状况、经营成果和现金流量等有关信息。

(四)重要会计政策和会计评估

企业应当披露采用的重要会计政策和会计评估，不重要的会计政策和会计评估可以不披露。在披露重要会计政策和会计评估时，应当披露重要会计政策的确定依据和财务报表项目的计量基础，以及会计估计中所采用的关键假设和不确定因素，如原材料、库存商品转出、单价采用什么方法计算，固定资产折旧的方法前期、本期的变化等。

(五)会计政策和会计估计变更以及差错更正的说明

企业应当按照《企业会计准则第 28 号——会计政策、会计估计变更和差错更正》及其应用指南的规定，披露会计政策和会计估计变更以及差错更正的有关情况，如以前年度损益调整的说明。

（六）报表重要项目的说明

企业会计报表重要项目的说明，应当按照资产负债表、利润表、现金流量表、所有者权益变动表及其项目列示的顺序，采用文字和数字描述相结合的方式进行披露。报表重要项目的明细金额合计，应当与报表项目金额相衔接。

根据《企业会计准则第30号——财务报表列报》，其报表包括一般企业以下重要项目的披露：(1)交易性金融资产；(2)应收款项；(3)存货；(4)其他流动资产；(5)持有至到期投资；(6)长期股权投资；(7)固定资产；(8)无形资产；(9)商誉的形成来源、账面价值的增减变动情况；(10)递延所得税资产和递延所得税负债；(11)资产减值准备的提取；(12)职工薪酬；(13)应交税费；(14)其他流动负债；(15)短期借款和长期借款；(16)应付债券；(17)长期应付款；(18)营业收入；(19)投资收益；(20)资产减值损失；(21)营业外收入；(22)营业外支出；(23)所得税费用；(24)政府补助；(25)每股收益；(26)按费用的性质披露利润表；(27)债务重组；(28)借款费用；(29)外币折算；(30)租赁；(31)现金流量表编制中的疑难问题。

（七）或有事项的说明

（八）资产负债表日后事项的说明

（九）关联方关系及其交易的说明

附注报表可以说应有尽有，一应俱全。大多数附注的中心内容是披露从期初数变为期末数本期发生额情况，每项的具体细目也不可少。具体应联系到每个企业的实际情况，根据自身的经营活动恰如其分地选择已发生的具体情况进行附注信息披露。

三、小企业的会计报表附注

小企业的会计报表附注，应当按照下列顺序披露：

(1)小企业应当声明编制的财务报表按照《小企业会计准则》的要求，真实、完整地反映小企业的财务状况、经营成果和现金流量等有关信息。

（2）短期投资、应收账款、存货、固定资产项目的说明。

（3）应付职工薪酬、应交税费项目的说明。

应付职工薪酬的披露，见图表8—18。

图表8—18　　小企业应付职工薪酬明细表

编制单位：　　　　年　月　日　　　　单位：元

项　目	期末账面余额	年初账面余额
1.职工工资		
2.奖金、津贴和补贴		
3.职工福利费		
4.社会保险费		
5.住房公积金		
6.工会经费		
7.职工教育经费		
8.非货币性福利		
9.辞退福利		
10.其他		
合　计		

应交税费的披露，见图表8—19。

图表8—19　　小企业应交税费明细表

编制单位：　　　　年　月　日　　　　单位：元

项　目	期末账面余额	年初账面余额
1.增值税		
2.消费税		
3.营业税		

续表

项　目	期末账面余额	年初账面余额
4.城市维护建设税		
5.企业所得税		
6.资源税		
7.土地增值税		
8.城镇土地使用税		
9.房产税		
10.车船税		
11.教育费附加		
12.矿产资源补偿费		
13.排污费		
14.代扣代缴的个人所得税		
……		
合计		

利润分配的说明，见图表8—20。

图表8—20　　　　**小企业利润分配表**

编制单位：　　　　年　月　日　　　　单位：元

项　目	行次	期末账面余额	年初账面余额
一、净利润	1		
加：年初未分配利润	2		
其他转入	3		
二、可供分配的利润	4		
减：提取法定盈余公积	5		

续表

项　目	行次	期末账面余额	年初账面余额
提取任意盈余公积	6		
提取职工奖励及福利基金	7		
提取储备基金	8		
提取企业发展基金	9		
利润归还投资	10		
三、可供投资者分配的利润	11		
减:应付利润	12		
四、未分配利润	13		

下 编

第一章　银行借款、存款利息的计算与复核

提示

本章学习借款、存款利息的计算。

会计与出纳人员必须熟知银行借款、存款利息，并会熟练计算。

银行借款是指企业单位在生产经营过程中，由于资金不足等情况向开户银行申请借用的款项，企业向银行借款应按银行的规定缴纳借款利息。借款利息由银行从企业的账户中直接扣除。

银行存款是指存款人存入银行或其他信用机构账户上的货币。银行根据存款的性质和期限不同，按不同利率向存款人支付利息。

企业存款主要是企业在银行基本存款户存款，是企业的支付准备金，流动性强。企业存款随社会生产流通规模扩大而增长，是银行信贷资金的重要来源。企业存款按银行规定可以获得一定的存款利息，存款利息由银行计算后直接记入企业存款户。

企业支付的借款利息和获得的存款利息均通过银行转账结算，企业可根据银行转来的利息收、付通知单，进行有关的账务处理。

企业在收到银行转来的利息收、付通知单时，应按存、借款期限、金额、利率和银行计算利息的方法进行复核。

一、银行存、借款利息的计算规定

银行规定：企业单位的存款账户，按季计算利息，计息日为每季末月 20 日；对工商企业实行逐笔核贷方式的贷款账户，按季或按贷款收回日计算利息，按季计算的计息日也同；单位撤销账户或转移科目，于结清账户时随时结计利息。

二、银行存、借款利息的计算公式

本金×计息时期×利率=利息

累积计息积数×日利率=利息

计息本金×时间=计息积数

日利率=月利率÷30(天)

月利率=年利率÷12(月)

计息时期"算头不算尾"，即存款从存入之日起，算至支付前一日止；贷款从借入之日起，算至归还前一日止，均按实际存款或贷款天数计算利息。

对逐笔计息的存、贷款，如定额定期存款或长期借款，其计息时期，满月的按月计算；有整月又有零头天数的，可以全部化为天数计算；满月的无论大小月均按 30 天计算；零头天数按实际天数计算。

对活期存、借款，均按实际存款或借款的天数计算利息。例如，某企业 2001 年 7 月 20 日～2001 年 9 月 20 日的存款积数为 9 000 000元，月利率为 0.96‰，该企业应收银行存款利息为 9 000 000元×0.96‰÷30=288(元)。如果银行利率调整，存、贷款利息则采取分段计息，按每段的时间和利率，分别计算，然后加总。

企业在复核存、借款利息时，应按银行的计算方法计算复核应收、应付的利息额。无误后，根据利息收、付通知单编制凭证，支出利息时：借记“财务费用”，贷记“银行存款”；收到存款利息时，借记“银行存款”，贷记“财务费用”。

第二章　存货核算的补充

提示

市场经济经营中，存货跌价时常发生，为贯彻谨慎性原则，提取存货跌价准备十分必要。小企业不提存货跌价准备。

做好存货明细分类账的设置，是保证账实相符的重要措施。理论学习中，往往会忽略这部分的内容，但实际会计工作中，对存货明细账的设置非常重要，一定要迎难而上，弄懂学会。

第一节　存货跌价准备的核算

工业企业与商品流通企业在生产、销售、储备过程中，会有一部分有问题材料与库存商品，它们由于质次价高、残损变质、货不对路、市价下跌等原因，已明显可以预计到，必须对其进行降价、削价、调剂、拍卖销售，这会给企业带来不可避免的损失。在未处理之前，企业应提取存货跌价准备。当期末清查库存时，发现上述情况，应进行排队列出清单，区别情况，统计出有问题存货数量、金额；然后组织有关人员进行讨论，提出处理方案。计算出有问题存货可变现净值低于成本的金额，在未处理之先，借记“资产减值损失”，贷记“存货跌价准备——××存货”科目。已计提跌价准备的存货的价值以后又得以恢复，应按恢复增加的数额，借记“存货跌价准备——××存货”，贷记“资产减值损失”，以本科目的余额冲减至零为限。有问题存货处理时，根据实际处理的品名、数量、处理损失金额，借记“存货跌价准备——××存货”，贷记反映存货科目如“原材料”或“库存商品”等。本期存货盘存排队应计提存货跌价准备金额，等于存货成本低于可变现净值的差价，即“存货跌价准备”科目贷方余额的值。“资产减值损失”是损益类科目，核算企业计提各项资产减值准备所形成的损失。期末，应将本科目余额转入“本年利润”科目。

【例 2－1】 某服装厂到本月月末日，结存××男西服 500 套，成本价每套 600 元，比照市场价每套可售 280 元(货价)。

(1)未处理前。

借:资产减值损失——计提存货跌价准备　160 000 [500×(600－280)]

　贷:存货跌价准备——××男西服　160 000

(2)次月售出 300 套，每套售价 300 元(含税)，收到银行存款 90 000 元。

借:银行存款　90 000

　贷:主营业务收入　76 923.08

　　应交税费——增值税——销项税额　13 076.92

(3)月终结转销售成本。

借:主营业务成本　84 000 (300×280)

　存货跌价准备——××男西服　96 000 [300×(600－280)]

贷：库存商品——××男西服　　　　180 000
(300×600)

第二节　主要存货明细分类账的设置

工业企业与商品流通企业一般材料与库存商品品种繁多。工业企业的材料类别有生产用主要材料、零星材料、辅助生产各种材料、外购配件、燃料、修理用备件和零星工具等；流通企业的库存商品更是类别、品种繁多，每个类别下少则几种，多则几十种甚至上百种。因而，设置主要存货明细分类账就成为会计核算对具体材料、库存商品收付存进行有效的监督、保护其安全的难题。主要存货明细分类账通用格式是数量金额式明细分类账，既核算金额，又核算数量。结存要定期进行账实、账账核对，以保证账实、账账相符。以工业企业材料为例，介绍常用的核算方法。

一、财会部门设置明细分类账

产品用料不复杂、机器设备简单的工厂，如服装制造厂、酿造厂等可由财会部门按原材料品名规格设置明细分类账。平时财会部门对材料采购已付款入库，要笔笔入账，发出材料按仓库保管员月终汇总数量，选择适宜的方法，求出单价，计算发料成本。同时，还应与仓库保管账进行账账核对，克服纠正双方记账中的错误，正确反映材料耗用和计算生产成本。对于材料繁多、财会人员配备不足的企业，若用这种方法设置材料明细分类账，会力不从心，容易造成材料品种数量核算的差错与混乱。

二、财会、仓库“两账合一”

财会部门对各种材料只设立大类账，如主要材料、燃料、辅助材料、外购配件、修理用备料备件、仓存零星生产工具等。每个大类包括的品名，由财会部门列出清单，与保管部门统一口径。财会部门平时对大类材料只核算金额，不核算数量。仓库保管不管材料大小、多少均按品名设立保管账。每月材料发出成本由保管部门在财会人员帮助下，根据每个品名逐一按先进先出法算出月终库存金额，财会部门据此求出本月耗用成本。计算公式为：

$$\frac{\text{上月末材料}}{\text{库存金额}}+\frac{\text{本月材料}}{\text{购进金额}}+\frac{\text{本月盘升}}{\text{材料金额}}-\frac{\text{本月盘缺}}{\text{材料金额}}-\frac{\text{期末库存}}{\text{材料金额}}=\text{本月耗用成本}$$

仓库保管登账人员平时根据不同材料类别的品名，分设若干本保管账，月终按不同类别的品名，分类填列“仓存材料本月升、缺和发出、结存情况表”，并附“材料升缺报告单”，报财会部门做账。区别属于自然升耗或原因不明待查。升溢：借记“原材料——××类”，贷记“管理费用”或“待处理财产损溢——待处理流动资产损溢”科目；短缺：借记“管理费用”或“待处理财产损溢——待处理流动资产损溢”科目，贷记“原材料——××类”科目。

财会部门指定专人根据仓库保管账，复核其报来报表的正确性。先将材料升、缺根据实际情况与批准手续进行处理核算转账，然后相加每类材料期末库存金额，应用计算公式，求出每类材料本月耗用金额。不同用途领用金额的计算，可以按加权平均单价＝本月耗用金额/本月耗用数量，进行分配，据此做出会计分录进行结转。

【例 2—2】 某机械制造厂 1 月份会计“原材料——燃料”类目账账簿中含四个品种：焦炭、大同块煤、柴油、木炭。仓库实物保管账的记录，见图表 2—1(1)、图表 2—1(2)、图表 2—1(3)、图表 2—1(4)。会计部门根据仓库保管部门报来的“库存材料本月升缺和发出结存情况表”及“材料溢余短缺报告单”，见图表 2—2、图表 2—3，审核其结存数量、单价、金额的正确性，并处理好升耗，做出会计分录。财会部门根据材料购入已经入库有关凭证，逐笔登入类目账，见图表 2—4。

(1)经分析,柴油与木炭升耗均属自然损溢,木炭自然升溢14.40元,柴油自然损耗8.75元,两者相抵升溢5.65元。

借:原材料——燃料　　5.65

　　贷:管理费用　　5.65

(2)根据燃料类目账计算本月发出耗用应计成本。

19 727.50+20 000+10 200+2 800+223.20+5.65-21 793.35=31 163(元)

借:生产成本——××产品——燃料动力

　　31 163

　　贷:原材料——燃料　　31 163

这种材料明细核算方法,大大简化了财会部门工作量,但加重了仓库保管部门登账、算账、报账的负担。因而应强化仓库保管登账人员的配备,要求登账人员必须具有一定的专业知识,才不致发生账务混乱。

这种核算方法对于材料品种繁多、财会人员配备不足的工厂企业,虽有以上优点,但有财会部门不能具体掌握材料的库存量的缺点,资金使用监督的第一手材料来自别的部门,有时难以得心应手。

实行两账完全合一,可以因地制宜。实行部分“两账合一”,财会部门对主要材料品种设立明细分类账,既核算数量,又核算金额;而对于品种繁多,但金额不大、数量不多的材料,按大类设大类账,只核算金额,具体品种由保管登账人员按“两账合一”要求提供资料。这种办法财会部门掌握核算主要材料的收、付、存数量金额情况,又可以在一定程度上解决繁多零星材料核算的困难,有较强可行性。

图表 2—1(1)

实物保管账

货号________　　　　　　　　　　堆放地点或定位号________

规格________　　　　　　　　　　种　　类 燃料

单位 千克　最高存量________　最低存量________　　品名规格 焦炭

××年		出入库单		摘要	收入											付出	结存										
					数量	单价	金额									数量	数量	单价或均价	金额								
月	日	种类	号数				百	十	万	千	百	十	元	角	分				百	十	万	千	百	十	元	角	分
				上年结转													15 100	0.8			1	2	0	8	0	0	0
1	10	入库	106	购入	25 000	0.8			2	0	0	0	0	0	0												
1	15	领料	1833													10 000											
1	26	领料	1859													10 000	20 100	0.8			1	6	0	8	0	0	0
				本月合计	25 000				2	0	0	0	0	0	0	20 000											

图表 2—1(2)

实物保管账

货号 大同　　　　　　　　　　堆放地点或定位号________

规格 块煤　　　　　　　　　　种　　类 燃料

单位 千克　最高存量________　最低存量________　　品名规格 煤

××年		出入库单		摘要	收入											付出	结存										
					数量	单价	金额									数量	数量	单价或均价	金额								
月	日	种类	号数				百	十	万	千	百	十	元	角	分				百	十	万	千	百	十	元	角	分
				上年结转													11 500	0.5				5	7	5	0	0	0
1	3	入库	1005	领用	20 000	0.51			1	0	2	0	0	0	0												
1	12	领料	110	购入												8 000											
1	13	领料	1821	领用												8 000											
1	24	领料	1848													8 000	7 500	0.51				3	8	2	5	0	0
				本月合计	20 000				1	0	2	0	0	0	0	24 000											

图表 2—1(3)

实物保管账

货号________　　　　堆放地点或定位号________

规格　零号　　　　种　　类　燃料

单位　千克　　最高存量________　　最低存量________　　品名规格　柴油

××年		出入库单		摘要	收入											付出	结存										
					数量	单价	金额									数量	数量	单价或均价	金额								
月	日	种类	号数				百	十	万	千	百	十	元	角	分				百	十	万	千	百	十	元	角	分
				上年结转													810	1.75				1	4	1	7	5	0
1	5	领料	1807	领用												700											
1	20	入库	111	购进	1 600	1.75				2	8	0	0	0	0												
1	21	领料	1840	领用												700											
1	31	溢缺	37	盘耗	—5							—	8	7	5	5	1 005	1.75				1	7	5	8	7	5
				本月合计	1 595					2	7	9	1	2	5	1 400											

图表 2—1(4)

实物保管账

货号________　　　　堆放地点或定位号________

规格　硬炭　　　　种　　类　燃料

单位　千克　　最高存量________　　最低存量________　　品名规格　木炭

××年		出入库单		摘要	收入											付出	结存										
					数量	单价	金额									数量	数量	单价或均价	金额								
月	日	种类	号数				百	十	万	千	百	十	元	角	分				百	十	万	千	百	十	元	角	分
				上年结转													2 000	0.24					4	8	0	0	0
1	3	领料	1804	领用												800											
1	13	领料	1822	领用												800											
1	21	入库	119	购入	930	0.24					2	2	3	2	0												
1	24	领料	1849	领用												850											
1	31	溢缺	37	盘升	60	0.24						1	4	4	0		540	0.24					1	2	9	6	0
				本月合计	990						2	3	7	6	0	2 450											

图表 2—2

仓库材料本月升缺和发出结存情况表

类别:燃料　　所属月份:1 月份　　附发料单:10 张　　金额:元

品名	计量单位	升(+)耗(-)数量	本月耗用发出数量	用途	本月结存数量		
					数量	单价	金额
焦炭	千克		20 000	铸件	20 100	0.80	16 080
大同块煤	千克		24 000	铸件	7 500	0.51	3 825
柴油	千克	−5	1 400	动力发电	1 005	1.75	1 758.75
木炭	千克	+60	2 450	铸件	540	0.24	129.60
合计							21 793.35

图表 2—3

材料溢余短缺报告单

盘点日期:1 月30 日　　制表日期:××年 1 月 31 日

类别	品名规格	单位	账存数量	实存数量	升(+)缺(-)数量	单价	升(+)缺(-)金额	原因
燃料	柴油	千克	1 010	1 005	−5	1.75	−8.75	自然溢耗
	木炭	千克	480	540	+60	0.24	14.40	包装称码不准
共计							5.65	
核定原因	自然溢耗		部门负责人意见		情况确实	财会意见	按领导和部门意见办	领导意见 同意正常处理

工厂负责人:王×　　会计:宋×　　盘点现场监督:李×　　保管员:林×　　制表:林×

图表 2—4

原材料明细账

类　目　燃料类

细　目

年		记账凭证		摘要	借(增加)方										贷(减少)方										借增或贷减	金额									
月	日	字	号		千	百	十	万	千	百	十	元	角	分	千	百	十	万	千	百	十	元	角	分		千	百	十	万	千	百	十	元	角	分
				上年结转																					借				1	9	7	2	7	5	0
1	10	银	13	购进焦炭 25 吨				2	0	0	0	0	0	0																					
1	12	银	18	购进大同块煤 20 吨				1	0	2	0	0	0	0																					
1	20	银	25	购进柴油 1600 千克					2	8	0	0	0	0																					
1	21	现	38	购进木炭 930 千克						2	2	3	2	0																					
1	31	记	5	仓库报柴油耗 5 千克计 8.75 元 木炭升 60 千克计 14.40 元								5	6	5																					
1	31	记	9	本月耗用														3	1	1	6	3	0	0	借				2	1	7	9	3	3	5
				本月合计				3	3	2	2	8	8	5				3	1	1	6	3	0	0											

三、材料收发设置备查账

对于小型工厂、工艺简单、产品单耗材料固定、核算人员配备较少，会计部门应按材料品种设材料明细分类账。例如，糕饼类食品企业，月终根据产品完工数量，按预先制定的各种材料消耗定额，计算消耗数量，求出单价，计算发料成本；每季末盘点材料库存，实存、账存之差，调整发料数量与金额，即：

账存实物数量 - 实存数量 = ± 发出材料数量

如果不嫌麻烦，能够每月月终进行盘点材料库存，则就不必按定额发料，可每月均实行“盘存计销办法”求出耗用数，计算公式为：

月初结存数 + 本月收入数 - 本月结存数 = 本月发出数

对于保管部门，只要登记库存材料收、发、存数量备查簿，见图表 2—5，对材料金额不必反映。这是与其他几种材料账设置方法的主要区别。

这种核算方法手续比较简单，但适应范围较小，按时认真盘点材料库存是关键。对于实际消耗与定额消耗离差较大，应进行检查，找出原因，防止偷窃、舞弊等不安全因素发生。

流通批发企业与工业库存商品的明细账都可以根据上列方法开设。

图表 2—5 **仓库实物保管备查簿** 品名：

计量单位： 规格：

年		凭证		摘 要	收入数量	付出数量	结余数量	盘货日期		实盘数量	升(+)缺(—)数量
月	日	种类	号数					月	日		

第三章 对外投资的核算

提示

随着股票、基金、债券等日益繁荣，企业参与购买各类证券，甚至长期股权投资能够取得较佳经济效益。那么，面对交易性金融资产，你该怎么做账呢？

第一节 对外投资的核算规定

中、小企业的对外投资，是将资金让渡给其他单位通过经营来增加财富，或谋求其他利益的资产换位行为。随着商品经济的发展，股票、债券、基金等证券市场的繁荣，部分企业参与购买各种证券势所必然。有的还参与长期股权投资等。因此，对外投资是企业发展到一定程度追求资金运用效益的一种冲动。但在决策上，应慎重，必须充分考虑本身资金实力与投资报酬的高低及其带来的风险。

一、科目的设置

（1）设置“交易性金融资产”科目，核算企业购入活跃在市场上的各种能随时变现以交易为目的的有价证券（股票、债券、基金）下按投资种类，分别“成本”“公允价值变动”等进行明细核算。

（2）设置“长期股权投资”科目，核算该投资的成本、投资所得损益调整及其他权益的发生变动。

（3）设置“持有至到期投资”科目，核算从二级市场购入的固定利率国债、浮动利率公司债券等。符合持有至到期的投资，通常具有长期性质。但期限较短（一年以内）的债券投资，有确定期限的，也可以划分为“持有至到期投资”。

（4）设置“应收利息”科目，核算购入持有至到期投资实际支付的价款中包含已到付息期但尚未领取的利息，以及购入分期付息、到期还本的债券应收未收的利息，和取得的分期付息的其他长期债权投资已到付息期而应收未收的利息。

企业购入到期还本付息的长期债券应收的利息，在“持有至到期投资”科目下设“应计利息”明细科目核算，不在“应收利息”科目核算。

（5）设置“应收股利”科目，核算企业购入交易性金融股票支付价款中包含已宣告但尚未领取的现金股利，以及对外长期股权投资按成本法核算接到通知应分得的投资收益但尚未收到的金额。

（6）设置“结算备付金”或“其他货币资金——存出投资款”科目，核算企业为证券交易的资金清算与应收而存入指定清算代理机构的款项。存入款项，借记本科目，贷记“银行存款”或“库存现金”科目。购买交易性金融资产付出，从该科目转出。

（7）设置“公允价值变动损益”科目，期末资产负债表日，交易性金融资产的公允价值，高或低于账面余额的差额，调整该资产的价值时，应以“公允价值变动损益”科目核算，本科目余额期末转入

“本年利润”科目。小企业对此不作核算。

(8)小企业以一年期为界限,设置“短期投资”“长期债券投资”“长期股权投资”科目,核算股票、债券、基金、联营投资等投资。

第二节 交易性金融资产的核算

交易性金融资产包括以交易为目的,可以随时变现的股票、基金、债券。交易性金融资产,其核算包括两方面的内容:

一、取得交易性金融资产的核算

企业取得交易性金融资产,按其公允价值,借记“交易性金融资产”科目。实际支出含有已公布的未发放的股息,或已到付息期但尚未领取的利息,应予扣除,将已公布的未发放的股利列为“应收股利”,未领取的利息列为“应收利息”。支付税金、手续费等发生的交易费用借记“投资收益”科目,贷记“银行存款”或“结算备付金”科目。

【例 3—1】 某企业存入金融机构准备购买交易性金融资产结算存出投资款130 000元,准备购买××股票。当月该股票1 000股,每股100元,实际购入支出125 000元,内含已宣布未发放股利7 000元,并另付税费 800 元。

(1)存出投资款,购买股票时。

借:其他货币资金——存出投资款　　130 000
　贷:银行存款　　　　　　　　　　　　130 000
借:交易性金融资产——××股票——成本
　　　　　　　　　　　　　　　　　118 200
　应收股利　　　　　　　　　　　　　7 000
　投资收益　　　　　　　　　　　　　　800
　贷:其他货币资金——存出投资款　　　125 800

※ 小企业购入短期投资发生的税费，并入短期投资成本，不列为投资收益。

(2)次年1月，收取股利本年与上年共10 000元，存入存出投资款户。

借：其他货币资金——存出投资款　　10 000
　　贷：应收股利　　7 000
　　　　投资收益　　3 000

(3)若直接将股票转让出售，得款130 000元存入存出投资款户。

借：其他货币资金——存出投资款　　130 000
　　贷：应收股利　　7 000
　　　　交易性金融资产——××股票——成本　　118 000
　　　　投资收益　　5 000

(4)将结算备付金存款账户余额取回存入银行结算账户。

借：银行存款　　130 000
　　贷：其他货币资金——存出投资款　　130 000

二、交易性金融资产公允价值变动的核算

交易性金融资产由于活跃于市场的价值处于不断变动之中，期末资产负债表日，交易性金融资产根据不同品名，应逐个根据市场公允价值，如涨价，与账面余额的差额借记“交易性金融资产——××品名——公允价值变动”，贷记“公允价值变动损益”科目。如跌价分录借贷则反之，借记“公允价值变动损益”科目，贷记“交易性金融资产——××品名——公允价值变动”科目。期末，应将“公允价值变动损益”账户余额转入“本年利润”科目。

※ 小企业对于资产负债表日发生的短期投资的公允价值变动，不作任何处理。在短期投资最终处置时，只按出售短期投资金额与其成本的差额，确认投资收益。借记“银行存款”科目，贷记

“短期投资”科目，其差额借记或贷记“投资收益”科目。

第三节 持有至到期投资的核算

企业购入至到期取本结算债券的投资，应以“持有至到期投资”科目核算。可按其类别品名和品种分别“成本”“利息调整”“应计利息”等进行明细核算。企业取得持有至到期投资应按该投资的面值，借记“持有至到期投资——成本”；按支付的价款中包含的已到付息期但尚未领取的利息，借记“持有至到期投资——应收利息”科目；按实际支付的金额，贷记“银行存款”或“其他货币资金——存出投资款”等科目；按其差额贷记“持有至到期投资——利润调整”。期末资产负债表日，对“分期付息一次还本”与“一次还本付息”在应计利息核算上有所区别。

❀ **小企业购入一年期以上债券，是以“长期债券投资”科目核算。**

一、国家债券投资的核算(一次还本利息)

【例 3—2】 红星厂 7 月 1 日购入三年期国家债券200 000元，年利率 3.6%，到期一次还本付息，款存结算备付金支付购买。

(1)购入国家债券时。

借：其他货币资金——存出投资款　　200 000

　贷：银行存款　　　　　　　　　　　200 000

借：持有至到期投资——国库券——成本

　　　　　　　　　　　　　　　　　200 000

　贷：其他货币资金——存出投资款　　200 000

(2)次年 6 月 30 日按票面金额与利率提取应计利息，按银行实际利率 4.2%，作为投资收益，两者差额列投资利息调整科目核算。

借:持有至到期投资——国库券——应计利息
7 200
(200 000×3.6%)
持有至到期投资——国库券——利息调整
1 200
贷:投资收益　8 400
(200 000×4.2%)

(3)第三年6月30日提取应计利息,国库券摊余成本201 200元(200 000+1 200),银行实际利率3.42%作为投资收益,差额处理同前。

借:持有至到期投资——国库券——应计利息
7 200
贷:投资收益　6 881.04
(201 200×3.42%)
持有至到期投资——国库券——利息调整
318.96

(4)第四年6月30日提取应计利息,国库券摊余成本20 881.04元(200 000+1 200−318.96),实际利率4.8%作为投资收益,差额处理同前。

借:持有至到期投资——国库券——应计利息
7 200
持有至到期投资——国库券——利息调整
2 442.29
贷:投资收益　9642.29
(20 881.04×4.8%)

(5)国库券到期,取回本息221 600元存银行。同时,将国库券投资利息调整借方科目余额3 323.33元(1 200+2 442.29−318.96)转入投资收益。

借:银行存款　221 600

贷:持有至到期投资——国库券——成本

200 000

持有至到期投资——国库券——应计利息

21 600

借:投资收益　　3 323.33

贷:持有至到期投资——国库券——利息调整

3 323.33

❀ 小企业计提利息直接按票面金额×票面确定利率,不作摊余成本和实际利率计算,会计分录为:

借:长期债券投资——国库券应计利息　　7 200

贷:投资收益　　7 200

二、购入限期债券的核算(分期付息一次还本)

【例3—3】 红星厂1月1日购买A、B铁路建设债券(五年期)面值800 000元,年利率6%,每年(12个月)付息,到期还本。折价购入780 000元,另付购买佣金500元,款以银行存款支付。

(1)购入A、B铁路建设债券时。

借:持有至到期投资——A、B铁路债券——成本

800 000

投资收益　　500

贷:持有至到期投资——A、B铁路债券——利息调整

20 000

银行存款　　780 500

❀ 小企业以溢折价购入的债券,其差价在长期债券投资科目下设"溢折价"子目核算。

(2)12月31日,除按票面金额和利率提取应收未收利息外,还应根据本科目摊后余额780 000元(800 000—20 000)和银行实际利率6.4%,作为实际投资收益,差额以本年科目(利息调整)列账。

借：应收利息——A、B铁路债券利息　　48 000

（800 000×6%）

持有至到期投资——A、B铁路债券——利息调整

1 920

贷：投资收益　　49 920

（780 000×6.4%）

(3)收到应收利息。

借：银行存款　　48 000

贷：应收利息——A、B铁路债券利息　　48 000

(4)次年12月31日，提取A、B铁路债券利息，实际利息率5.4%。

借：应收股息——A、B铁路债券利息　　48 000

贷：投资收益　　42 223.68

［(780 000+1 920)×5.4%］

持有至到期投资——A、B铁路债券——利息调整

5 776.32

(5)收到应收利息分录同上。

(6)A、B铁路债券到期，收回本金。

借：银行存款　　800 000

贷：持有至到期投资——A、B铁路债券——成本

800 000

同时，将持有至到期投资(利息调整)账户余额转入投资收益后结平，如为贷方余额，会计分录如下：

借：持有至到期投资——A、B铁路债券——利息调整

贷：投资收益

如为借方余额，该笔分录借贷则反之。

第四节 长期股权投资的核算

长期股权投资包括具有对被投资单位实际控制权，有权决定一个企业的财务和经营决策；对被投资单位共同控制的合营企业投资；对被投资单位可以施加重大影响的联营企业投资三种情况。

企业取得长期股权投资，实际支付的价款(包括购买过程中支付的手续费，但已宣告未发放的现金股利或利润，应作为“应收股利”入账，不构成取得长期股权投资的成本。“长期股权投资”科目核算的，应当分别“成本”“损益调整”“其他权益变动”进行明细核算。投资原始价值，以该科目“成本”明细核算，联营每年得到的净利润(或亏损)，以“损益调整”明细核算，分来的“盈余公积”以“其他权益变动”明细核算。联营结束前，“损益调整”明细账户余额转入“成本”明细科目。“其他权益变动”明细账户余额转入“资本公积——其他资本公积”科目。

长期权益性投资可分为长期权益性证券投资与企业联营投资等多种形式。限于篇幅，以联营投资核算为例。

【例3—4】 A厂与民公厂联营开发一种新产品。根据协议，净利(亏损)用权益法进行分配。A厂占股份49%，民公厂占51%，联营时限5年，取名“大公联营厂”，进行工商登记，独立核算，具有法人资格，共有资本金1.16亿元。民公厂出资59 160 000元。A厂投出厂房1 500平方米，账面价值22 000 000元，已提折旧3 400 000元，评估协商公允价值25 000 000元，另投出实用原材料，开出增值税销售发票货价24 520 000元，增值税——进项税额4 168 400元，补给银行存款3 151 600元，总共出资56 840 000元，现为A厂核算如下：

1. 联营投资拨出的核算。

(1)拨出厂房协商公允价高于净值部分，作“营业外收入”处理。

借:长期股权投资——联营投资——成本

25 000 000

累计折旧 3 400 000

贷:固定资产——厂房 22 000 000

营业外收入 6 400 000

(2)拨出原材料投资,按规定应作销售处理。

借:长期股权投资——联营投资——成本

28 688 400

贷:主营业务收入 24 520 000

应交税费——增值税——销项税额

4 168 400

结转拨出原材料成本:

借:主营业务成本 ×××

贷:原材料 ×××

(3)解转账支票付银行存款投资。

借:长期股权投资——联营投资——成本

3 151 600

贷:银行存款 3 151 600

2. 净利润(亏本)分配的核算。

(1)第一年,大公联营厂实现净利润6 500 000元,49%增加本厂投资。

借:长期股权投资——联营投资——损益调整

3 185 000

(6 500 000×49%)

贷:投资收益 3 185 000

(2)第二年,大公联营厂发生亏损4 000 000元,A厂负担49%。

借:投资收益 1 960 000

(4 000 000×49%)

贷:长期股权投资——联营投资——损益调整

1 960 000

(3)联营投资以后三年均为净利。A厂"长期股权投资——损益调整"账户贷方余额12 900 000元。如果连年亏损,"长期股权投资——成本"余额减"长期股权投资——损益调整"贷方余额,只能减至零为限。按联营合同还需承担的亏损,应借记"投资收益",贷记"预计负债"科目(该科目核算企业已确认尚未支付的预计负债)。

3. 联营投资收回的核算

第五年过后,联营投资结束。大公联营厂首先要进行财产清查与债权债务催收、偿还处理,所提各项资产减值准备,进行实际处理。其次,检查所有者权益中盈余公积与资本公积的结余情况。最后,编制符合市场公允价值不留悬案的"三表一注",召开董事会做出决议,报权威中介机构审计公证,签署意见。A厂收回以下资产,未提示收回的,大公联营厂账上的余额为零。

A厂原投资的厂房,现以23 000 000元归还A厂,一批原材料根据双方协商货价8 547 000元,一批库存商品货价8 200 000元,随附增值税发票税额2 846 990元,应收账款9 500 000元(其中,账面金额9 530 000元,坏账准备30 000元),补来银行存款17 646 010元。查A厂"长期股权投资——成本"明细科目余额增减"损益调整"明细账户余额后,为69 740 000元(56 840 000+12 900 000)应先予结转。最后,注销"长期股权投资——联营投资——成本"科目账户余额。会计分录如下:

(1)将本科目"损益调整"明细账户余额,转入"成本"明细账户。

借:长期股权投资——联营投资——成本

12 900 000

贷：长期股权投资——联营投资——损益调整

12 900 000

(2)收回厂房按协商价金额入账。

借：固定资产——厂房　23 000 000

贷：长期股权投资——联营投资——成本

23 000 000

(3)按协商收回原材料、库存商品。

借：原材料　8 547 000

库存商品　8 200 000

应交税费——增值税——进项税额

2 846 990

(8 547 000＋8 200 000)×0.17

贷：长期股权投资——联营投资——成本

19 593 990

(4)划来应收账款。

借：应收账款　9 530 000

贷：坏账准备　30 000

长期股权投资——联营投资——成本

9 500 000

(5)划来银行存款。

借：银行存款　17 646 010

贷：长期股权投资——联营投资——成本

17 646 010

在持股比例不变情况下，被投资单位除净损益以外所有者权益的其他变动，企业按持股比例计算应享有的份额，借记或贷记“长期股权投资——联营投资——其他权益变动”科目，贷记或借记“资本公积——其他资本公积”。

❊ 小企业长期股权投资对象，应为权益性投资产品，均以成本法核算。不必设立“长期股权投资——联营投资、损益调整”明

细科目。

第五节　持有至到期投资与长期股权投资减值准备的核算

企业持有至到期投资与长期股权投资，每年年度终了应进行逐项检查。

持续较长时间低于账面价值，或被投资单位当年发生严重亏损，投出单位用权益法核算；或该项投资暂停交易 1 年或 1 年以上，根据其中某种情况的确实表现，可以提取投资减值准备。或对于上列两项的投资，可以根据由于经营、国内外经济、科技与法律环境的变化，导致被投资单位出现巨额亏损、财务状况严重恶化，证明该项投资实质上已经不能再给企业带来经济利益的迹象，可以提取减值准备。

资产负债表日，企业的上述投资预计可收回金额低于其账面价值的差额，借记“资产减值损失”，贷记“持有至到期投资减值准备”或“长期股权投资减值准备”科目。

以后每年都应进行检查，按市场价进行估价，如有升降值，本年应计提该项投资减值准备，计算公式为：

该项投资减值金额 =（该项长期投资账面价值 − 已提长期投资减值准备）− 期末按市场价计算的长期投资可收回金额

求出的金额如为正数：

借：资产减值损失

　　贷：长期股权投资减值准备/持有至到期投资减值准备

求出的金额如为负数，分录则反之。

❀ **小企业不提减值准备，实际因企业破产等原因带来损失的净额，以“营业外支出”科目核算。**

第四章　固定资产和无形资产核算的补充

提示

固定资产分类提取折旧，最令人棘手的是折旧年限，本章提供不同行业、不同要求折旧年限表，供会计工作时参考。

非小企业融资租赁增加本企业的资产达到30%以上时，其账务该如何处理？固定资产与无形资产由于各种情况发生减值，又该怎么做账？

第一节　工业企业固定资产分类折旧年限

工业企业固定资产分类折旧年限，见图表4—1。

图表4—1　　工业企业固定资产分类折旧年限参照表

固定资产类别	折旧年限	固定资产类别	折旧年限
一、通用设备部分		11.机械工业专用设备	8～12年
1.机械设备	10～14年	12.石油工业专用设备	8～14年
2.动力设备	11～18年	13.化工、医药工业专用设备	7～14年
3.传导设备	15～28年	14.电子仪表电讯工业专用设备	5～10年

续表

固定资产类别	折旧年限	固定资产类别	折旧年限
4.运输设备	6～12 年	15.建材工业专用设备	6～12 年
5.自动化控制及仪器仪表		16.纺织、轻工专用设备	8～14 年
自动化、半自动化控制设备	8～12 年	17.矿山、煤炭及森工专用设备	7～15 年
电子计算机	4～10 年	18.造船工业专用设备	15～22 年
通用测试仪器设备	7～12 年	19.核工业专用设备	20～25 年
手机	1～2 年	20.公用事业企业专用设备	
6.工业炉窑	7～13 年	自来水	15～25 年
7.工具及其他生产用具	9～14 年	燃气	16～25 年
8.非生产用设备及器具		三、房屋、建筑物部分	
设备工具	18～22 年	21.房屋	
电视机、复印机、文字处理机	5～8 年	生产用房	30～40 年
二、专用设备部分		受腐蚀生产用房	20～25 年
9.冶金工业专用设备	9～15 年	受强腐蚀生产用房	10～15 年
10.电力工业专用设备		非生产用房	35～45 年
发电及供热设备	12～20 年	简易房	8～10 年
输电线路	30～35 年	22.建筑物	
配电线路	14～16 年	水电站大坝	45～55 年
变电配电设备	18～22 年	其他建筑物	15～25 年
核能发电设备	20～25 年		

注:残值率一般保留 3%～5%。

第二节　商品流通企业固定资产分类折旧年限

商品流通企业固定资产分类折旧年限,见图表 4－2。

图表 4—2　　商品流通企业固定资产分类折旧年限参照表

固定资产类别	折旧年限	固定资产类别	折旧年限
一、通用设备分类		8.酱油、醋、酱、腌菜腐蚀性严重的设备和废旧物资加工设备	4～8 年
1.机械设备	10～14 年	9.库(厂)内铁路专用线	10～14 年
2.动力设备	11～18 年	10.地磅	7～12 年
3.传导设备	15～28 年	11.吊运机械设备	8～14 年
4.运输设备	8～14 年	12.消防安全设备	4～8 年
5.自动化、半自动控制设备	8～12 年	13.其他经营用设备及器具	15～20 年
电子计算机	4～10 年	三、房屋、建筑物分类	
空调器、空气压缩机、电气设备	10～15 年	1.经营用房、仓库	
通用测试仪器设备	7～12 年	钢结构	35～45 年
传真机、电传机、移动无线电话	5～10 年	钢筋混凝土结构	30～35 年
电视机、复印机、文字处理机	5～8 年	钢筋混凝土砖结构	25～30 年
音响、录(摄)像机	10～15 年	砖木结构	20～30 年
二、专用设备分类		危险物品专用仓库	20～25 年
1.营业柜台、货架	3～6 年	2.简易房	8～10 年
2.加工设备	10～15 年	围墙	4～8 年
3.油池、油罐	4～14 年	烘干塔	12～17 年
4.制冷设备	10～15 年	地坪、晒场、晒台、货场	5～10 年
5.粮油原料整理筛选设备	6～10 年	3.其他建筑物	10～20 年
6.小火车	6～12 年		
7.烘干设备	6～10 年		

第三节　《企业所得税法》规定固定资产折旧最短年限

《企业所得税法》规定了固定资产计算折旧的最短年限：

(1)房屋建筑物为 20 年；

(2)飞机、火车、轮船、机器、机械和其他生产设备为 10 年；

(3)与生产经营有关的器具、工具、家具等为 5 年；

(4)飞机、火车、轮船以外的运输工具为 4 年;

(5)电子设备为 3 年。

各单位应根据企业的性质、固定资产的使用情况、企业的承受能力,决定提取折旧的方案,一经采用,不得随便变更。

第四节　非小企业融资租入固定资产的核算

融资租赁,一般由指定的融资租赁企业进行。企业融资租入固定资产时,应向租赁公司提出申请,租赁公司同意后,双方签订协议书,然后由租赁公司向供货单位支付货款购入设备后,再将设备出租给企业使用,企业按期向租赁公司支付租赁费。租赁费中包括设备价款、运输费、途中保险费、分期付款利息等,一般并有5%的优惠。融资租赁,实际上是一种分期付款购买固定资产的方式,也是转移了与资产所有权有关的全部风险和报酬的租赁。融资租赁的租赁期较长,租赁期满后,固定资产的所有权一般转归租入单位。融资租入的固定资产,作为本企业固定资产处理,每月照提折旧。

非小企业融资租入固定资产的核算,按企业大小、融资固定资产占企业资产比重的大小等,在核算方法上有所不同。融资租赁固定资产需安装的,在租赁开始日,比照"在建工程"处理。融资租入的固定资产,不需要安装即可交付使用的,可不通过"在建工程"核算,借记"固定资产——融资租入固定资产",贷记"长期应付款"科目。融资租赁资产占企业资产总额大于 30%的,按租赁开始日租赁资产原账面价值与最低租赁付款额的现值(即分年付款金额的总额,按年利率计算的货币时间价值,见图表 4－3,换算成现值的计算公式是:按年利率、付款期数查得的现值系数×每期付款租赁费金额),两者中孰低者作为入账价值,借记"固定资产"科目,按合同付款额贷记"长期应付款——应付融资租赁款",按其差额借记“未确认融资费用”科目。该科目余额按租赁期分摊转入“财务费用”科目。租赁期满，将融资租入固定资产转为本企业资产时，借记“固定资产——经营用固定资产”科目，贷记“固定资产——融资租入固定资产”科目。

图表 4—3　　　　　　1 元的年金现值表

期数	1%	2%	3%	4%	5%	6%	7%
1	0.9901	0.9804	0.9709	0.9615	0.9524	0.9434	0.9346
2	1.9704	1.9416	1.9135	1.8861	1.8594	1.8334	1.8080
3	2.9410	2.8839	2.8286	2.7751	2.7232	2.6730	2.6243
4	3.9020	3.8077	3.7171	3.6299	3.5460	3.4651	3.3872
5	4.8534	4.7135	4.5797	4.4518	4.3295	4.2124	4.1002
6	5.7955	5.6014	5.4172	5.2421	5.0757	4.9173	4.7665
7	6.7282	6.4720	6.2303	6.0021	5.7864	5.5824	5.3893
8	7.6517	7.3255	7.0197	6.7327	6.4632	6.2098	5.9713
9	8.5660	8.1622	7.7861	7.4353	7.1078	6.8017	6.5152
10	9.4713	8.9826	8.5302	8.1109	7.7217	7.3601	7.0236
11	10.3676	9.7868	9.2526	8.7605	8.3064	7.8869	7.4987
12	11.2551	10.5753	9.9540	9.3851	8.8633	8.3838	7.9427
13	12.1337	11.3484	10.6350	9.9856	9.3936	8.8527	8.3577
14	13.0037	12.1062	11.2961	10.5631	9.8986	9.2950	8.7455
15	13.8651	12.8493	11.9379	11.1184	10.3797	9.7122	9.1079
16	14.7179	13.5777	12.5611	11.6523	10.8378	10.1059	9.4466
17	15.5623	14.2919	13.1661	12.1657	11.2741	10.4773	9.7632
18	16.3983	14.9920	13.7535	12.6593	11.6896	10.8276	10.0591
19	17.2260	15.6785	14.3238	13.1339	12.0853	11.1581	10.3356
20	18.0456	16.3514	14.8775	13.5903	12.4622	11.4699	10.5940

【例 4—1】 某企业采用融资租赁方式，引进一套先进生产设备，应付全部租赁费为6 000 000元，占该企业全部资产超过30%，租赁期为4年，每年支付租赁费1 500 000元。该设备出包给安装公司安装，以银行存款支付安装费300 000元。安装完毕交付使用。租赁期满，该设备转归某企业。

(1)租入时：该融资租赁费分4年付款，按年利率6%计算的现值，租赁期4年，年利率6%，查得折现系数为3.4651。

1 500 000×4－1 500 000×3.4651＝5 197 650(元)

借：在建工程——出包设备安装工程 5 197 650
　　未确认融资费用　　　　　　　　802 350
　　贷：长期应付款——融资租赁费　　6 000 000

(2)支付安装费。

借：在建工程——出包设备安装工程　300 000
　　贷：银行存款　　　　　　　　　　300 000

(3)安装完毕，转作固定资产。

借：固定资产——融资租入固定资产 5 497 650
　　贷：在建工程——出包设备安装工程 5 497 650

(4)第一年支付租赁费时。

借：长期应付款——融资租赁费　　　150 000
　　贷：银行存款　　　　　　　　　　150 000

第二、第三、第四年支付租赁费时，分录相同。

(5)租赁期满，该设备转归本企业时。

借：固定资产——经营用固定资产　5 497 650
　　贷：固定资产——融资租入固定资产 5 497 650

(6)上列"未确认融资费用"科目的金额，按租赁期分年转入"财务费用"科目，每年年终时。

借：财务费用　　　　　　　　　　20 058.75
　　贷：未确认融资费用　　　　　　　20 058.75

第五节　固定资产、无形资产的减值准备

会计核算必须体现市场经济的规律，使各项固定及长期资产经历时间较长的变化。当受到市场价格下跌的影响，以及这些资产的性能作用过时，在使用价值上会有所贬低。为真实核算固定资产、无形资产的真正价值，必须设立"固定资产减值准备"和"无形资产减值准备"科目。它的共同特点就是当这两种资产的实际市场公允价值严重低于账面价值时，必须提取减值准备，以核算反映其实际价值，充分体现企业稳健发展原则。

一、固定资产减值准备

企业应当在期末或者至少在每年年度终了，对固定资产逐项进行检查，如果由于市价持续下跌，或技术陈旧、损坏、长期闲置等原因导致其可收回金额低于账面价值的，应当将可收回金额低于其账面价值的差额作为固定资产减值准备。固定资产减值准备应按单项资产计提。

如果企业的固定资产实质上已经发生了减值，应当计提减值准备。当存在下列情况之一时，应当按照该项固定资产的账面价值全额计提固定资产减值准备：

(1)长期闲置不用，在可预见的未来不会再使用，且已无转让价值的固定资产；

(2)由于技术进步等原因，已不可使用的固定资产；

(3)虽然固定资产尚可使用，但使用后产生大量不合格品的固定资产；

(4)已遭毁损，以至于不再具有使用价值和转让价值的固定资产；

(5)其他实质上已经不能再给企业带来经济利益的固定资产。

已全额计提减值准备的固定资产，不再计提折旧。

企业发生固定资产减值时，借记“资产减值损失——计提固定资产减值准备”科目，贷记本科目；如已计提减值准备的固定资产价值又得以恢复，应在原已提减值准备的范围内转回，借记本科目，贷记“资产减值损失——计提固定资产减值准备”科目。

本科目期末贷方余额，反映企业已提取的固定资产减值准备。

二、无形资产减值准备

无形资产应按单项项目计提减值准备。

企业应当定期或者至少于每年年度终了，检查各项无形资产预计给企业带来未来经济利益的能力，对预计可收回金额低于其账面价值的，应当计提减值准备。

1. 当存在下列一项或若干项情况时，应当将该项无形资产的账面价值全部转入当期损益，借记“管理费用”，贷记“无形资产”科目：

(1)某项无形资产已被其他新技术等所替代，并且该项无形资产已无使用价值和转让价值；

(2)某项无形资产已超过法律保护期限，并且已不能为企业带来经济利益；

(3)其他足以证明某项无形资产已经丧失了使用价值和转让价值的情形。

2. 当存在下列一项或若干项情况时，应当计提无形资产减值准备：

(1)某项无形资产已被其他新技术等所替代，使其为企业创造经济利益的能力受到重大不利影响；

(2)某项无形资产的市价在当期大幅下跌，在剩余摊销年限内预期不会恢复；

(3)某项无形资产已超过法律保护期限，但仍然具有部分使用价值；

(4)其他足以证明某项无形资产实质上已经发生了减值的情形。

期末,企业所持有的无形资产的账面价值高于其可收回金额的,应按其差额,借记“资产减值损失——计提无形资产减值准备”科目,贷记本科目;如已计提减值准备的无形资产价值又得以恢复,应在已计提减值准备的范围内转回,借记本科目,贷记“资产减值损失——计提无形资产减值准备”科目。

本科目期末贷方余额,反映企业已提取的无形资产减值准备金额。

❀ **小企业对固定资产、无形资产不提取减值准备。**

第五章　负债核算的补充

提示

在企业负债的核算中，最难理解的是应交增值税与发行债券。

第一节　增值税的核算

一、增值税的核算

增值税是指对销售收入中的增值税额部分进行征税的一种流转税。增值额是指企业销售收入减去相应的外购材料、商品等成本的差额。它是企业生产经营过程中投入的有形动产增加的价值按增值税率的一定百分比缴纳的增值税。

企业对增值税的发生和解交，应在“应交税费”科目下设置“应交增值税”和“未交增值税”两个明细科目进行核算。

小规模纳税人，“应交税费——应交增值税”科目的明细账采用三栏式账页，借方记录已交增值税；贷方登记应交增值税；期末借方余额反映多交的增值税；期末贷方余额反映欠交的增值税。

一般纳税人,“应交税费——应交增值税”科目的明细账一般采用多栏式账页,借方设“进项税额”“已交税金”“减免税款”“出口抵减内销产品应纳税额”“转出未交增值税”等专栏;贷方设“销项税额”“出口退税”“进项税额转出”“转出多交增值税”等专栏,见图表 5—1。

图表 5—1　　一般纳税人应交增值税明细账

明细科目:应交增值税

年		摘　要	借　方					贷　方				借或贷	余额
月	日		进项税额	已交税金	减免税款	出口抵减内销产品应纳税额	转出未交增值税	销项税额	出口退税	进项税额转出	转出多交增值税		

(1)“进项税额”专栏,登记企业购入货物或接受应税劳务而支付并准予从销项税额中抵扣的进项税额。退回所购货物应冲销的进项税额用红字登记。

(2)“已交税金”专栏,登记企业当月交纳本月的增值税额,当月上交上月的应交增值税,不在本明细科目核算。

(3)“减免税款”专栏,登记企业按规定直接减免的增值税额。

(4)“出口抵减内销产品应纳税额”专栏,登记企业按照国家规定的退税率计算的出口货物的进项税抵减内销产品应纳税额的数额。

(5)“转出未交增值税”专栏,登记月末将当月发生的应交末交增值税转出数。

(6)“销项税额”专栏,登记企业销售货物或提供应税劳务的增值税额,它应向客户收取并上交给国家。

(7)“出口退税”专栏，登记企业出口适用零税率的货物，向海关办理报关手续后，凭出口报关单有关凭证，向税务机关申报办理出口退税而收到退回的税额。出口货物办理退税后发生退货或者退关而补交已退的税款，用红字登记。

(8)“进项税额转出”专栏，登记企业的购进货物，在产品、库存商品等发生非常损失以及购入货物改变用途等其他原因而不应从销项税额中抵扣，按规定转出的进项税额。

(9)“转出多交增值税”专栏，登记月末将本月多交的增值税转出数。

期末借方余额，反映企业尚未抵扣的增值税。

应交增值税明细分类账多栏的内容，有的如“销项税额”“进项税额”、“已交税金”“进项税额转出”，本书有关章节的例举分录，都已介绍。现对“出口抵减内销产品应纳税额”与“出口退税”有关业务举例如下。

【例 5－1】 某工厂是出口企业，同时购进某种商品 3 件，准备出口，每件进价100 000元，进项税额17 000元，计货价300 000元，进项税额51 000元，付银行存款。

(1)购入商品时。

借：库存商品　　300 000

　　应交税费——增值税——进项税额　　51 000

　　贷：银行存款　　351 000

(2)2 件商品外销出口，应退进项税额34 000元。1 件因质量不符要求转为内销，售价120 000元，销项税额20 400元，收到银行存款。

借：银行存款　　140 400

　　贷：主营业务收入　　120 000

　　　　应交税费——增值税——销项税额　　20 400

(3)办理出口退税时，税务部门要求抵减内销产品应纳税额后退税，退来款存入银行。

内销应交增值税额＝20 400－17 000＝3 400(元)

实际出口退税额＝34 000－3 400＝30 600(元)

借:银行存款 30 600

贷:应交税费——增值税——出口退税 30 600

同时将出口抵减内销应纳税额转为出口退税。

借:应交税费——增值税——出口抵减内销产品应纳税额 3 400

贷:应交税费——增值税——出口退税 3 400

上述分录登入“应交税费——增值税”多栏式科目有关栏目后,本月合计数能全面反映出增值税各项子目的实际动态状况。

二、增值税的计税

(一)增值税的税率

(1)出口货物税率为零。零税率与免税不同。免税货物不是应税货物,不交纳增值税。而零税率货物是应税货物,只是应税销售额为零,有关该货物所购进的原材料、商品已纳增值税仍可作为进项税额退还给出口企业。

(2)低税率或者进口粮食、食用植物油、自来水、暖气、煤气、民用煤炭制品、图书、报纸、饲料、化肥、农机农药等必需品和经国务院规定的其他货物税率为13%,是低税率。现在有的营业税改征增值税、有的税率11%,甚至更低,也属于低税率。

(3)销售或者进口其他货物,税率为17%,是增值税的基本税率。加工、修理修配劳务的税率,也按基本税率17%征收。

(二)增值税的计算方法

1. 一般纳税人的应纳税额

一般纳税人的应纳税额为当期销项税额减去进项税额后的余额。其计算公式为:

应纳税额＝当期销项税额－可以抵扣的进项税额(包括当期和上期留抵的进项税额)

【例 5－2】 某企业上期结存尚未抵扣的进项税额 1 320 元，本期进项税额 4 250 元，销项税额 6 800 元。

本期应纳税额＝6 800－(4 250＋1 320)＝1 230(元)

当期销项税额小于抵扣的进项税额时，不足部分可以结转下期继续抵扣。

下列进项税额准予从销项税额中抵扣：

(1)从销售方取得的增值税专用发票上注明的增值税额。

(2)从海关取得的海关进口增值税专用缴款书上注明的增值税额。

(3)购进农产品，除取得增值税专用发票或者海关进口增值税专用缴款书外，按照农产品收购发票或者销售发票上注明的农产品买价和 13%的扣除率计算的进项税额。

进项税额计算公式：

进项税额 = 买价 × 扣除率

例如，购进农产品作原材料 100 元，进项税额为 13 元，原材料的购进成本 87 元。

(4)购进或者销售货物以及在生产经营过程中支付运输费用的，按照运输费用结算单价上注明的运输费用金额和 7%的扣除率计算的进项税额准予抵扣。运输费用金额是指运输费用结算单据上注明的运输费用建设基金，不包括装卸费、保险费等其他杂费。

运输单位营改增后，接受其所开出的增值税发票，按照税额作为进项税额，其余均并入采购成本。

当期销项税额指纳税人销售货物或应税劳务，按照税价分离计算出的销售额(包括全部价款和价外费用)和规定税率向买方收取的增值税额。计算公式为：

销项税额 = 分离后销售额(货价) × 税率

同时，产品拨出虽不作为销售，但不能回收销项税额，如将自产、委托加工或购买的货物拨作非应税项目、作为投资、用于集体福利或个人消费、或无偿赠送给他人等，也应视作销售，按规定税率计算销项税额。

分离后可以抵扣的进项税额，指纳税期限内购进货物或接受应税劳务，按规定取得增值税发票，所支付或负担的，准予从销项税额中抵扣的增值税额。

如果购进的货物未能再出售，即未能形成计算销售税额的销售额，则其进项税额也不得从销项税额中抵扣。它们包括：

(1)购进房屋建筑物、土地等；

(2)购进货物或者应税劳务用于非应税项目；

(3)购进货物或者应税劳务用于免税项目；

(4)购进货物或者应税劳务用于集体福利和个人消费；

(5)购进货物发生非正常损失；

(6)非正常损失的在产品、产成品所耗用的购进货物或者应税劳务。

这些购进货物已交纳的增值税，不能作为进项税额来抵扣，包括专用发票上注明的已纳增值税。这些货物如果购买者已明确用途，其已纳税额直接计入有关成本，而不计入进项税额。如果购入以后改变了生产经营用途，购入时已计入进项税额的已纳税额亦应转出，作为"进项税额转出"，不能抵扣。

但购进固定资产属于运输工具以及与生产经营有关的设备、工具、器具等，具有发票的，其进项税额可以抵扣。

【例 5—3】 某酿造制酒厂为一般纳税人企业，本月共对外销售白酒及老酒汗1 080 000元。尚有(1)分给职工白酒 1 000 瓶(每瓶对外销售单价 10 元)；(2)以投资形式拨给联营厂老酒汗 5 000 千克，用于制作正牌老酒汗出口；(3)送给关系户老酒汗 100 千克，单价售价 28 元。

本月购进原材料糯米，作为农副产品购进以 13%抵扣率计算。本月共发生进项税额204 000元。在制酒过程中，因操作原因发生黄曲霉烂，原材料进价6 500元。食堂领去糯米 100 千克，单价4.4元，制作食品用于职工会餐。

上月增值税留抵税额4 700元，则本月应交增值税计算如下：

销项税额＝[1 080 000＋1 000×10＋(5 000＋100)×28]×17%
＝209 576(元)

进项税额＝204 000－6 500×13%－100×4.4×13%
＝203 097.80(元)

本月应交增值税＝209 576－203 097.80－4 700
＝1778.20(元)

2. 小规模纳税人

工业、商业小规模纳税人实行简便办法计算应纳税额，征收率为3%。进项税额，不管是否取得增值税发票，不得抵扣。计算公式为：

应纳税额＝销售额×征收税率

销售额＝普通发票开出的金额÷(1＋征收税率)

【例5—4】 某企业小规模纳税人本月开出普通发票销售额30 000元(含税)。

本月应纳增值税金额＝30 000÷(1＋3%)×3%
＝873.79(元)

三、上交增值税的核算

一般纳税人当月上交本月的增值税时，借记“应交税费——应交增值税(已交税金)”科目，贷记“银行存款”；当月上交上月应交未交的增值税时，借记“应交税费——未交增值税”，贷记“银行存款”科目。小规模纳税人小企业会计制度按规定时间上交增值税借记“应交税金——应交增值税”，贷记“银行存款”科目。

四、月末结算的核算

一般纳税人月末结算，如有当月发生的应交未交增值税或多交增值税，均应从“应交增值税”明细科目转入“未交增值税”明细科目。应交未交时，借记“应交税费——应交增值税(转出未交增值税)”，贷记“应交税费——未交增值税”科目；多交时，借记“应交税费——未交增值税”，贷记“应交税费——应交增值税(转出多交增值税)”科目。结转后，“应交税费——未交增值税”科目借方余额反映多缴的增值税，贷方余额反映应交未交的增值税。

第二节　应付债券的核算

※ 小企业不对外发行债券，不设置“应付债券”科目。

一、应付债券概述

企业发行债券(又称公司债券)与长期借款一样都是企业筹集可供长期使用资金的形式，这里指企业发行的债券是偿还期一年以上的债券，是企业一项长期负债，设应付债券科目核算。

企业发行的债券按规定应载明以下内容：

(1)面值，即到期偿还给债券持有人的本金部分。

(2)利息，即票面利率，一般按年利率表示，年利率乘以债券的面值就是债券发行单位每年应付的债券利息。

(3)付息日期，即支付债券利息的时间。

(4)到期日，即归还债券本金未来特定的日期。

债券发行企业应按债券载明的利息率规定的付息日期支付利息，在到期日偿还债券本息或分期付息，到期还本。

企业发行债券应按规定批准，并有相应的财产作为兑付保证，才可委托银行代理发行。一般在发行前应与受托银行签订协议内容包括发行量、面值、利率、受理手续费率、发行与兑付期、兑付保证财产等，并经法律公证处公证。

二、应设置的科目

企业应设置“应付债券”科目,贷方记录增加数,借方记录减少数,期末余额在贷方,反映尚未偿付的债券本息数。科目下设“债券面值”“利息调整”“应计利息”三个明细科目进行明细分类核算。

企业发行债券时,按实际收到的款项,借记“银行存款”“库存现金”等科目,按债券票面金额,贷记本科目(债券面值);高出票面金额发行的叫溢价发行。低于票面金额发行的叫折价发行。溢价或折价发行的债券,还应按实际收到的金额与票面金额之间的差额,贷记或借记本科目(“利息调整”子目)。

支付的债券代理发行手续费及印刷费,按筹集资金用途,分别借记“在建工程”或“财务费用”科目,贷记“银行存款”科目。

资产负债表日,对于分期付息、一次还本的债券,应将摊余成本和银行贷款实际利率确定的债券利息费用,借记“在建工程”“制造费用”“财务费用”“研发支出”等账户,按票面利率确定应付未付的利息,贷记“应付利息”科目,发生差额贷记或借记“应付债券——利息调整”科目。

本科目还应按债券种类进行明细核算。

1. 按面值发行

【例5—5】 某企业201×年1月因经营资金不足,发行三年期债券1 000 000元,到期一次偿还本息,票面年利率7.2%,到期还本付息。

(1)收到发行债券款项。

借:银行存款　　1 000 000

　　贷:应付债券——债券面值　　1 000 000

(2)按月计提利息。

借:财务费用——利息支出　　6 000

　　贷:应付债券——应计利息　　6 000

1～12 月会计分录相同。

(3)到期偿还债券本金和第三年利息。

借:应付债券——债券面值　　1 000 000

　　　　——应计利息　　216 000

　贷:银行存款　　1 216 000

2. 溢价发行

【例 5－6】 某企业发行三年期债券 1 000 000 元,按 1∶1.072 溢价发行,票面年利率 6%,到期还本,一年付息一次。

(1)收到发售债券款项。

借:银行存款　　1 072 000

　贷:应付债券——债券面值　　1 000 000

　　　　　——利息调整　　72 000

(2)按月根据票面发行应付债券利息和银行实际贷款利率计算应付利息,与按票面金额、票面利率计算的利息,发生差额以"利息调整"核算,当月银行贷款月利率 0.64%。

借:财务费用——利息支出　　6 860.80

　　　　(1 072 000×0.64%)

　贷:应付债券——利息调整　　1 860.80

　　　　(6 460.80－5 000)

　　应付利息　　5 000

　　　　(1 000 000×0.5%)

(3)支付当年利息。

借:应付利息　　60 000

　贷:银行存款　　60 000

(4)到期偿还债券本金和第三年利息。

借:应付债券——债券面值　　1 000 000

　应付利息　　60 000

　贷:银行存款　　1 060 000

并冲减"应付债券——利息调整"明细账余额,如为贷方金额,借记“应付债券——利息调整”，贷记“财务费用”科目，如为借方余额，借贷则反之。

3. 折价发行

【例5—7】 某企业发行三年期债券，按1∶0.91折价发行，票面年利率6%，到期还本，一年付息一次。

(1)收到发售债券款项。

借：银行存款　　910 000

　应付债券——利息调整　　90 000

　　贷：应付债券——债券面值　　1 000 000

(2)按月计提利息和摊销利息调整，当月银行贷款月利率0.64%。

借：财务费用——利息支出　　5 824

(910 000×0.64%)

　　贷：应付债券——利息调整　　824

(5 824－5 000)

　　　应付利息　　5 000

(1 000 000×0.5%)

每月计提利息与利息调整分录相同。

(3)支付当年利息。

借：应付利息　　60 000

　　贷：银行存款　　60 000

(4)到期偿还债券本金和第三年利息。

借：应付债券——债券面值　　1 000 000

　应付利息　　60 000

　　贷：银行存款　　1 060 000

“应付债券——利息调整”账户余额结转分录同前例。

第六章　成本和费用的核算

提示

会计必须懂得对产品成本的核算。只有核算才能准确地计算出核算期产品的总成本与单位成本。这为核定产品销售价格，计算企业盈亏，提高企业竞争力奠定了基础。

成本和费用是经济活动过程中可以用货币计量的劳动力耗费和物质耗费总和的表现。特定对象的成本费用，其具体内容是不完全相同的，更表现为物质耗费的形式上。工业企业和商品流通企业在成本费用上的区别：前者成本的耗费，其价值大部分转移到新产品的价值中，后者费用在经营及其管理过程中发生，是完成商品流通任务所必需的经济利益流出，成为经营业务收入的扣除。工业企业其他费用还包括管理生产经营活动以及筹集生产经营资金发生的耗费，它的发生不与生产产品的数量成正比例。本章分节针对工业产品成本、费用和商品流通企业费用进行介绍。

第一节　工业产品成本和期间费用

一、产品成本和期间费用

工业企业进行生产必然会发生各种耗费。产品成本是指为生产某一种产品而消耗的费用。我国现行的产品成本是指制造成本。会计制度规定,把企业全部成本费用划分为制造成本和期间费用,企业的产品成本核算到制造成本为止,企业的期间费用直接体现当期损益。

(一)产品成本的内容

产品成本的项目内容包括以下几方面:

(1)直接材料,指企业生产过程中的原材料及主要材料、辅助材料、设备配件、外购半成品、燃料、动力、包装物、低值易耗品以及其他直接材料。

(2)燃料和动力,指企业生产经营过程中消耗的燃料和动力。

(3)直接人工,指企业直接从事产品生产人员的工资、奖金、津贴和补贴,以及根据生产工人工资总额按一定比例可以列支的职工福利支出。

(4)制造费用,是指企业各生产单位(车间、分厂)为组织和管理生产而发生的各项间接费用。包括生产单位管理人员的工资和福利费、办公费、生产单位房屋、建筑物、机器设备等的折旧费、机物料消耗、油田维护费、矿山维简费、租赁费、修理费(不含日常维护修理费)、水电费、保险费、设计制图费、试验检验费、劳动保护费、季节性和大修理期间的停工损失以及其他制造费用。

(二)期间费用的内容

所谓期间费用是指不能直接归属于某个产品成本的费用,主要包括销售费用、管理费用和财务费用。这些费用容易确定其发生时间，而不能直接判断其应归属的产品，因而在发生的当期从当期的损益中扣除，都不计入产品成本。

设置以下三个科目进行核算。

1. 销售费用

销售费用是指企业销售过程中为销售商品而发生的费用，包括由企业负担的运输费、装卸费、包装费、保险费、展览费、广告费、委托代销手续费，以及为销售本企业商品而专设的销售机构的职工工资、类似工资性质的费用，及按一定比例可以列支的福利支出、物料消耗、业务费等经常费用。

企业支付上述有关费用，借记“销售费用——有关子目”科目，贷记“库存现金”或“银行存款”科目。

2. 财务费用

财务费用是指企业为筹集生产经营所需资金而发生的费用，包括利息支出（减利息收入）、汇兑损失（减汇兑收益）、金融机构手续费以及筹集生产经营资金发生的相关手续费等。

企业发生上述费用，借记“财务费用——有关子目”，贷记“银行存款”或“库存现金”科目。

❀ **小企业发生的汇兑损失，以“财务费用”核算，汇兑收益以“营业外收入”科目核算。**

3. 管理费用

管理费用是指企业行政管理部门为组织和管理生产经营活动而发生的各项费用，包括在筹建期间的开办费、行政管理部门发生的公司经费、行政管理用固定资产折旧费、低值易耗品摊销；财产保险费、修理费、办公费、水电费、差旅费、管理人员的职工薪酬及福利费和相应应负担的工会经费、教育经费、社会保险费、住房公积金；董事会费、咨询费、审计费、诉讼费、排污费、绿化费、税金、技术转让费、技术研究开发费、无形资产摊销、业务招待费、存货正常盘亏或盘盈等。小企业管理费用不包括“税金”的支出，修理费只核算行政管理部门固定资产的日常修理支出，存货盘盈盘亏以营业外收入或支出核算。

其中按规定比例列支的是：

(1)管理费用“税金”，指按规定支付的房产税、车船使用税、土地使用税、印花税。

(2)“业务招待费”，指按《税法》规定支出与经营有关的业务招待费。

提供确实记录与单据，按实际发生额60%列入费用，但最高不得超过当年销售(营业额)的5‰。在支付时有两种办法：

A. 借：管理费用——业务招待费　　60%

　　未分配利润　　40%

　贷：库存现金或银行存款

B. 支付费用按实列支，待申报所得税时返回40%金额，增加应纳税所得额。

企业支付管理费用，借记“管理费用——有关子目”，贷记“库存现金”或“银行存款”或其他转账的科目。

第二节　工业成本费用核算的基本要求

工业企业成本费用核算要求对成本各种耗费能认真审核，真实地反映，必须遵循以下原则：

1. 成本费用分期核算的原则

成本费用核算一般应当按月进行，成本计算期和生产起讫日期必须一致。

2. 权责发生制原则

本期已支付应由本期和以后各期负担的费用，应当按一定标准分配摊销计入本期和以后各期，本期应付未付的成本费用，应计提入账。

3. 实际成本原则

企业对成本和费用，应当按实际发生额进行核算，平时采用计划、定额、估计成本，月终应通过计算差异或实际盘存计销，调整为实际成本。

4. 正确性和及时性原则

对各成本项目应正确地进行归集，及时地计算出产品成本，以便结转销售成本，连同期间费用，结转当期损益。

5. 成本核算的一贯性原则

确定的成本计算方法，一经确定，年度内不得变更。费用分配方法前后也应保持一致。

成本费用应划清五个界限：资本性和收益性支出的界限；同一产品和不同批次成本费用的界限；成本费用和期间费用的界限；不同产品之间成本的界限；产成品和在产品成本的界限。

第三节　工业成本核算应设置的科目

为了正确计算产品成本，企业应设置相应的会计科目进行核算。工业企业一般应设置“生产成本”和“制造费用”两个科目。企业可以根据管理要求，将“生产成本”和“制造费用”科目合并为“生产费用”科目，也可以在“生产成本”科目下设“基本生产成本”“辅助生产成本”两个二级明细科目。

一、“生产成本”科目

该科目核算企业进行工业性生产所发生的各项生产费用，这里指的工业性生产，包括生产各种产成品、自制半成品、提供劳务、自制材料、自制工具以及自制设备等。该科目应设置“基本生产成本”和“辅助生产成本”两个二级科目。按成本核算对象进行明细核算，见图表 6－1。

图表 6—1 **生产成本明细账**

生产车间： 规格： 月末在产品数量：

产品名称： 本月完工数量： 完工程度： %

年		凭证		摘要	成本项目					
月	日	种类	号数		直接材料	燃料和动力	直接人工	制造费用		合计

(1)“基本生产成本”二级科目，核算企业为完成企业主要生产目的而进行的商品产品生产而发生的费用，计算基本生产的产品成本。

(2)“辅助生产成本”二级科目，核算企业为基本生产服务而进行的产品生产和劳务供应而发生的直接费用，计算辅助生产产品和劳务成本。

企业发生的各项直接费用，属于直接材料费、直接人工费等直接费用，应直接计入“生产成本——基本生产成本或辅助生产成本”科目；属于企业辅助生产车间为生产产品提供的动力等其他直接费用，应在“生产成本——辅助生产成本”科目归集核算后，再转入“生产成本——基本生产成本”科目。该科目的借方期末余额，反映在产品成本。

二、“制造费用”科目

该科目核算企业为生产产品和提供劳务而发生的各项间接费用。企业发生的各项间接费用归集记入“制造费用”项目，期末分配计入有关的成本对象时，转入“生产成本——基本生产成本或辅助生产成本”科目。该科目月末一般应无余额。本科目按不同车间、部门设置明细账，见图表 6—2。

图表 6—2　　　　　　**制造费用明细账**

车间名称：

年		凭证		摘要	工资	职工福利费	折旧费	修理费	机物料消耗	低值易耗品摊销	取暖费	水电费	运输费		合计
月	日	种类	号数												

在成本核算中，为体现权责发生制与客观性原则，还要应用“长期待摊费用”和“应付利息”等科目。

（1）“长期待摊费用”，指已付费用受益期限在一年以上应先记入本科目，以后在每月终结算时，再进行摊销，借记“制造费用”“管理费用”等成本费用科目，贷记“长期待摊费用”科目；

（2）“应付利息”，为正确计算期间费用，对当期应付未付的短期借款利息，应予计算预提，借记“财务费用”科目，贷记“应付利息”科目，实际支付时，借记“应付利息”科目，贷记“银行存款”或其他负债类科目。

第四节　工业生产费用的归集和分配

一、材料费用的归集

很多工业企业都要求按生产品种计算成本，以便据以确定销售价格，计算盈亏。平时生产成本科目按产品名称设明细科目，材料领用、其他直接费用支出能分清哪种产品耗用的，就直接记入该产品的生产成本明细科目。有的用于组织和管理生产及维护生产设备修理，还有的用于其他方面(如材料调拨销售)等；用于组织和管理生产或维修生产设备耗用的原材料，分别计入“管理费用”或“制造费用”科目，同时列入这些明细账相应的项目中。这些分门别类核算称为材料费用的归集。

二、共同负担成本费用的分配方法

有些材料、费用是共同消耗，应由不同产品品种成本负担的，应由会计部门根据不同标准和分配方法进行分配后计入不同产品的成本。平时所采用的有下列几种分配方法：

(一)比例分配法

所谓比例分配法，就是不同产品共同消耗的费用额按确定比例进行分担共同费用。一般可以根据不同品种实际产量的工时消耗、或用该成本项目的不同产品单位定额消耗、或根据不同产品的产量销售额等计算出比例进行分配。

1. 按实际生产工时比例分配

【例 6—1】 某厂 201×年 4 月根据部门工资单，基本生产车间生产工人工资46 800元，生产甲、乙两种产品实际生产工时分别为28 000工时和12 000工时。

每个工时的工资额＝46 800÷40 000＝1.17，即生产工资分配率。

甲产品应负担工资＝28 000×1.17＝32 760(元)

乙产品应负担工资＝12 000×1.17＝14 040(元)

2. 按定额消耗比例分配

【例 6—2】 某生产企业领用钢材 1 218 千克，单价 3.20 元。生产甲、乙两种机械产品，甲产品投产 10 台，每台定额消耗 20 千克，乙产品投产 40 台，每台定额消耗 24 千克。

甲产品按定额计算的消耗量＝10×20＝200(千克)

乙产品按定额计算的消耗量＝40×24＝960(千克)

钢材实际分配率＝1 218÷1 160＝1.05

甲产品实际消耗量＝200×1.05＝210(千克)

甲产品实际消耗额＝210×3.20＝672(元)

乙产品实际消耗量＝960×1.05＝1 008(千克)

乙产品实际消耗额＝1 008×3.20＝3 225.60(元)

3. 制造费用可采取产量销售额比例分配

【例 6－3】 某机床厂本月制造费用发生额 12 269.4 元，完工 5 吨冲床 44 台、点焊机 2 台、剪板机 6 台、16 吨行车 3 台，销售单价分别为 2 200 元、3 400 元、5 700 元、6 500 元。按产量售价比例算出不同产品应分摊的制造费用金额。

5 吨冲床的售价金额＝44×2 200＝96 800(元)

点焊机的售价金额＝2×3 400＝6 800(元)

剪板机的售价金额＝6×5 700＝34 200(元)

16 吨行车的售价金额＝3×6 500＝19 500(元)

总售价金额＝96 800＋6 800＋34 200＋19 500＝157 300(元)

产品成本分配率＝12 269.40÷157 300＝0.078

5 吨冲床实际分配＝96 800×0.078＝7 550.40(元)

点焊机实际分配＝6 800×0.078＝530.40(元)

剪板机实际分配＝34 200×0.078＝2 667.60(元)

16 吨行车实际分配＝19 500×0.078＝1 521(元)

总实际分配金额＝7 550.40＋530.40＋2 667.60＋1 521
＝12 269.40(元)

会计分录为：

借：生产成本——5 吨冲床——制造费用 7 550.40
——点焊机——制造费用 530.40
——剪板机——制造费用 2 667.60
——16 吨行车——制造费用
1 521

贷：制造费用 12 269.40

结算后，制造费用的余额应为零。

只制造单一产品的工业企业，制造费用与生产成本可合并为“生产费用”科目，就不存在制造费用的分配了。

（二）辅助生产成本采用一次直接分配法

一般中小企业，可以采用一次直接分配法，月末，将归集在“生产成本——辅助生产成本”科目的余额，按一定标准分配给各受益对象，分别计入有关科目。

【例6—4】 某工厂机修辅助生产车间，本月修理劳务3 700工时，其中为基本生产车间修理2 800工时，为企业管理部门修理900工时，“生产成本——辅助生产成本”科目余额7 400元。

分配率＝7 400÷3 700＝2（元/工时）

基本生产车间应负担费用＝2 800×2＝5 600（元）

管理部门应负担费用＝900×2＝1 800（元）

借：制造费用　　5 600

　　管理费用　　1 800

　　贷：生产成本——辅助生产成本　　7 400

（三）消耗对象单价分配法

例如，电力消耗主要用在照明、调温与动力上，应分部门区别用途安装电度分表计量，每月按供电单位开来的电费发票，乡镇工业企业应送到总电厂换开增值税发票，根据货价金额，求出消耗单价，进行分配。

【例6—5】 某企业电表分表本月消耗变数情况如下：

管理部门照明与调温分表计消耗	500度
车间生产照明用分表与调温分表计消耗	200度
车间动力用分表计消耗	5 000度
销售部门照明调温分表计消耗	400度
食堂用照明调温用分表计消耗	700度
合　计	6 800度

供电部门根据总表开来增值税发票计6 825度，每度单价0.596 8元，计4 073.20元，增值税进项税额692.44元，共

4 765.64元，付转账支票。

分配率＝4 073.2÷6 800＝0.599（元/度）

管理部门应分配电费＝500×0.599＝299.50（元）

车间照明用分配电费＝200×0.599＝119.80（元）

车间生产动力用分配电费＝5 000×0.599＝2 995（元）

其中：甲产品生产工时 28 000 工时，乙产品生产工时 12 000 工时。

分配率＝2 995÷40 000＝0.074 875

甲产品应分配电费＝28 000×0.074 875＝2 096.50（元）

乙产品应分配电费＝12 000×0.074 875＝898.50（元）

销售部门照明调温用分表＝400×0.599＝239.60（元）

食堂用照明调温用分表＝700×0.599＝419.30（元）

共计 4 073.20 元。

会计分录为：

借：管理费用——办公费　　299.50

　　制造费用——水电费　　119.80

　　生产成本——甲产品——燃料动力

　　　　2 096.50

　　　　——乙产品——燃料动力　898.50

　　销售费用　　239.60

　　应付职工薪酬——职工福利　　419.30

　　应交税费——增值税（进项税额）　692.44

　贷：银行存款　　4 765.64

同时，结转职工福利费应负担的进项税额＝419.3×0.17＝71.28（元）。

借：应付职工薪酬——职工福利　　71.28

　贷：应交税费——增值税——进项税额转出

　　　　71.28

第五节　完工产品与在产品之间的分配

一、盘存在产品实存，对盘盈盘亏做出处理

成本计算的要求是要算出完工产品的成本，现行制度规定完工产品的成本是制造成本，不包括管理费用和财务费用，因此当辅助生产成本、制造费用都一一转到"生产成本——基本生产成本——××产品"中去时，该科目余额就已清楚地反映出期末包括产成品和在产品在内的生产成本。

会计部门根据产品入库汇总表，已掌握具体品种产成品完工数量，当务之急必须做好在产品的实地盘点。在产品盘点每月进行一次，一般在生产工人下班时进行，由厂部有关领导、车间主任、班组负责人、财会人员组成盘点小组，对照平时登记的"在产品收、付、存台账"，一一清点，编制"在产品盘点表"账实核对，在定额自然耗溢内，调整台账，会计部门可以不作处理。若数字相差较大，可以按完工程度估价，先在"待处理财产损溢——待处理流动资产损溢"挂账。盘盈，借记"生产成本——基本生产成本——××产品"，贷记"待处理财产损溢——待处理流动资产损溢"；盘亏，作相反分录。同时，转出"应交税金——增值税"（进项税额转出）。

【例 6－6】 莘仙冲压厂××机械产品在产品台账记录，月初数量 49 件，本月投产 220 件，产成品入库 180 件，月终盘点 70 件，短缺 19 件，不属于自然损耗。按平均约当产量完工程度 50%、产成品成本每件 720 元的半价计算，计 6 840 元。会计分录如下：

借：待处理财产损溢——待处理流动资产损溢

8 002.80

贷：生产成本——基本生产成本——××机械

6 840

应交税费——增值税——进项税额转出

1 162.80

(6 840×0.17)

(1)盘盈属于投料计量差错,形成此原材料盘亏(实际多发,账少发)、彼在产品盘盈(实际多投,账少投)时,可以两者相抵,差额记入“制造费用”。借记“待处理财产损溢——待处理流动资产损溢(在产品盘盈)”,贷记“待处理财产损溢——待处理流动资产损溢(原材料盘亏)”,差额借或贷记“制造费用”。

(2)盘亏属于责任事故,应责令当事人赔偿。借记“其他应收款”,贷记“待处理财产损溢——待处理流动资产损溢”。

(3)盘亏属于毁损事故,经批准给予核销,借记“营业外支出”,贷记“待处理财产损溢——待处理流动资产损溢”。

二、在产品结存成本的计算

(一)不计算在产品成本(即在产品成本为零)

这种方法是本月发生的产品费用全部由完工产品成本负担。一般是在各月末的在产品数量很少、算不算在产品成本都对完工产品成本影响不大的情况下,为了简化核算工作,采用不计算在产品成本。

(二)在产品成本按年初数固定计算

这种方法是在产品成本每月都按年初数固定不变,也就是每月初在产品成本与月末在产品相等,那么产品当月发生的费用,全部由当月完工产品成本负担。只有在年终,才根据实际盘点的在产品数量,重新计算在产品成本。

(三)在产品成本按其所耗用的原材料费用计算

这种方法是在产品成本按其所耗用的原材料费用计算,其他费用由完工产品成本负担。这种方法适用于原材料费用在产品成本中所占比重较大且原材料在生产开始时一次性全部投入的情况。为了简化核算工作,月末在产品可以只计算原材料费用,其他费用全部由完工产品负担。

（四）约当产量法

这种方法适用于在产品数量较多、各月份之间在产品数量变化较大、原材料费用和其他各项费用成本中所占比重相差不多的情况。为了提高成本计算的正确性，在产品应该既计算原材料费用又计算其他费用，因此采用约当产量法在完工产品和在产品之间分配费用。

约当产量，是指在产品按其完工程度折合成完工产品的产量。例如，在产品 10 件，平均完工 40%，则约当于完工产品 4 件。然后，再将产品应负担的全部产品的费用，按完工产品产量和在产品约当产量的比例进行分配。

约当产量法的计算公式为：

$$在产品约当产量 = 在产品数量 \times 完工程度$$

因为，在产品的完工程度不同，一般都以 50% 作为平均完工程度计算。这样，产品的单位成本＝（月初在产品成本＋本月发生的产品费用）÷（产成品数量＋月末在产品约当产量）。

$$月末在产品成本 = 单位成本 \times 月末在产品约当产量$$

$$完工产品成本 = 单位成本 \times 产成品数量$$

或 $$= (月初在产品成本 + 本月发生的产品费用 - 月末在产品成本)$$

【例 6－7】 某产品本月完工 40 件，在产品 20 件，平均完工程度 50%，发生产品费用共 4 000 元。

分配率＝4 000÷（40＋20×50%）＝80（元/件）

完工产品成本＝40×80＝3 200（元）

在产品成本＝10×80＝800（元）

因此，划清完工产品和月末在产品之间的费用界限，必须明确下列公式的四个因素之间的关系。

$$\frac{月初在}{产品成本} + \frac{本月发生}{产品费用} = \frac{本月完工}{产品成本} + \frac{月末在}{产品成本}$$

月初在产品成本＋本月发生产品费用，实际上是未结转完工产品成本前的“生产成本”科目余额；本月在产品成本与完工产品成本，只要算出其中一项，另一项就可以求出。

此外，尚有在产品按定额成本计算或定额比例计算等方法，不一一列举。

第六节　产品成本计算方法

一、产品成本计算对象和方法

产品成本计算对象，是指归集费用、计算产品成本的承担物。为了正确地计算产品成本，首先就要确定成本计算对象，是给某一品种的产品计算成本，还是给某一批产品计算成本，或是给某一生产步骤的半成品计算成本。

成本计算是对各项产品费用数据进行处理的过程，也就是按成本计算对象归集、分配费用并计算其成本的过程。根据不同企业生产特点和管理要求，以产品成本计算对象为主要标志的成本计算方法有品种法、分批法、分步法和分类法四种。

品种法是按照产品品别（不分批、不分步）计算产品成本，适用于单步骤、简单、重复、大量地生产一种或几种产品的企业。

分批法，又称定量法，是按照产品批别（或单件）计算产品成本，不需要计算在产品成本，适用于装配式、多步骤、单件、小批量生产类型企业。

分步法是按照产品的生产步骤计算产品成本，可分为逐步结转法和平行结转法，适用于连续式或多步骤大批量生产类型企业。逐步结转法是按照产品加工顺序、逐步计算结转半成品成本，最后完工计算完工产品成本。平行结转分步法是将各步骤应计入同一产品成本的份额，平行结转、汇总，以便计算完工产品成本。

分类法是按产品类别归集生产费用计算各类产品的成本，类内各种产品成本按一定标准分配计算，适用于产品繁多，但类内产品结构、原材料、工艺过程基本相同而消耗不同的企业或车间。

无论采用何种成本计算方法，最后都必须计算出各种产品的总成本和单位成本。

根据大部分中小型工业企业的实际情况，品种法和分类法用得较为普遍。

二、品种法

（一）基本程序

第一，按生产车间产品品种设生产成本明细账和产品成本计算单，并按成本项目登记月初在产品成本和本期发生的生产费用成本。

第二，月末根据有关凭证和资料，编制有关生产费用分配表；根据费用分配表，将生产产品直接发生的费用，记入各生产成本明细账相应的成本项目中，将生产车间组织和管理生产发生的费用记入各车间制造费用明细账的有关项目中（日常发生的制造费用在发生时，根据有关凭证记入各车间制造费用明细账中）。

第三，根据辅助生产车间制造费用明细账本期发生额，结转入“生产成本——辅助生产成本”中；根据“生产成本——辅助生产成本”的本期发生额，结转辅助生产产品成本，编制辅助生产费用分配表，采用适当方法分配辅助生产车间的费用，并分别记入有关明细账中。

第四，根据各基本生产车间制造费用本期发生额，编制“制造费用分配表”，记入各该产品生产成本明细账中的有关成本项目栏目。

这里有两种情况必须注意：

(1)废品损失。

产品完工入库时，被产品质量检验员鉴定为是废品的产品中，有的是不可修复的废品，有的是可修复但要支出一定修复费用的产品。中小型企业发生次数和数量不多的废品损失，应转销在产品台账数量，在会计实务处理上，一般不设项目或会计科目单独反映。在追究产生废品损失的原因时，有的是“料废”，即原材料质量有问题或设备质量有问题，是客观原因造成的，与生产工人的操作技术无关，废品残料入库进行估价，借记“原材料”，贷记“生产成本”科目。有的是“工废”，完全是由于生产工人操作不精所致，是主观人为因素，应由责任人赔偿，借记“其他应收款”，贷记“生产成本”科目。已完工产品入库后，由于仓储保管不当，如虫蛀、鼠咬、霉变造成的损失，不属于废品损失的范围，应记入“管理费用”，数量大的转入“营业外支出——非常损失”处理。

（2）新产品试制失败。

可在“研发支出”科目核算，将消耗的原材料等转入“研发支出”，借记“研发支出”，贷记“生产成本”科目。最终转做当年损益，转入“管理费用”。

第五，将各产品生产成本明细账中的产品成本根据有关资料和采用适当的方法，在完工产品和月末在产品之间进行分配，并计算出完工产品总成本和单位成本。

（二）举例

【例6—8】 莘仙冲压厂生产冲床与剪板机两种产品，采用品种法计算产品成本。

1. 有关资料

（1）电耗按各部门分表显示，基本生产车间动力为21 890度（其中，冲床分配55%，剪板机分配45%），机修车间为7 761度，企业管理部门为1 194度，车间照明995度，共计31 840度。总表为32 000度，与分表相差160度。分表与总表的比例为31 840∶32 000，即0.995∶1。实际基本生产车间应分配电22 000度（21 890÷0. 995），机修车间7 800度（7 761÷0.995），企业管理部门为1 200度（1 195÷0.995），车间照明为1 000度（995÷0.995）。

（2）基本生产工人工资以两种产品进行分配，冲床生产9 000

小时，剪板机 8 200 小时。

(3)完工产品和期末在产品具体情况见图表 6—3。

图表 6—3

产品名称	单位	本月完工产量	期末在产品	
			数量	完工程度(%)
冲床	台	58	12	50
剪板机	台	40	10	80

(4)制造费用按两种产品生产工时进行分配。

(5)辅助生产按直接分配法计算分配，机修车间为全厂提供修理工时 10 000 小时(其中，基本生产车间 8 100 小时，企业管理部门 1 900 小时)。

(6)冲床与剪板机上年结转在产品成本见生产成本明细账。

(7)上年 12 月份固定资产折旧：基本生产车间 13 850 元，机修车间 2 400 元，企业管理部门 2 600 元。

2.1 月份发生有关成本费用(各项货币资金付出，均用银行存款支出)

(1)基本生产车间本月支出发生数：办公费 1 200 元，水费 460 元，零星用具 3 400 元，劳动保护费 1 800 元，其他费用 2 600 元，共 9 460 元。

借：制造费用——基本生产车间——有关子目

9 460

贷：银行存款　　6 060

原材料——零星工具　　3 400

(2)机修车间支付办公费 1 600 元，水费 380 元，其他费用 2 600元。

借：制造费用——辅助生产车间——机修车间——有关子目

4 580

贷：银行存款　　4 580

(3)支付电费 18 720 元(其中,电价 16 000 元,增值税 2 720 元),经过分配后,见图表 6—4。

图表 6—4　　　　　外购动力费用分配表

所属月份:1月　　　　　制单:××年 1 月 31 日

应借科目		成本或费用项目	用电量(度)	分配率	应分配金额(元)
生产成本(基本生产成本)	冲床(55%)	燃料和动力	12 100	0.50	6 050
	剪板机(45%)	燃料和动力	9 900		4 950
	小　计		22 000		11 000
制造费用		照明电费	1 000		500
生产成本(辅助生产成本)		电费	7 800		3 900
管理费用		电费	1 200		600
合　计			32 000		16 000

借:生产成本——基本生产成本——冲床——燃料动力　6 050
　　——基本生产成本——剪板机——燃料动力　4 950
　　——辅助生产成本——机修车间——燃料动力　3 900
　制造费用——基本生产车间——水电费　500
　管理费用——办公费　600
　应交税费——增值税——进项税额　2 720
　贷:银行存款　18 720

(4)提取 1 月份应付工资 95 320 元,根据分部门工资单,基本生产车间:生产工人工资 86 000 元,车间管理人员工资 920 元;机修车间:车间人员工资 4 800 元;企业管理部门:管理人员工资 3 600元。列表分配,见图表 6—5。

图表 6—5　　　　工资及职工福利费分配汇总表

所属月份:1月　　　　制单:××年1月31日　　　　单位:元

应借科目		分环节人员应分配工资				转提的职工福利费(14%)	合　计
		生产工人		其他人员	合 计		
		工时(小时)	分配金额(分配率:5元)				
生产成本(基本生产成本)	冲 床	9 000	45 000		45 000	6 300	
	剪板机	8 200	41 000		41 000	5 740	
	小 计	17 200	86 000		86 000	12 040	
生产成本(辅助生产成本)			4 800		4 800	672	
制造费用				920	920	128.80	
管理费用				3 600	3 600	504	
合　计			90 800	4 520	95 320	13 344.80	

①提取应付工资。

借:生产成本——基本生产成本——冲床——工资　45 000

——剪板机——工资　41 000

——辅助生产成本——机修车间——工资　4 800

制造费用——基本生产车间——工资　920

管理费用——工资　3 600

贷:应付职工薪酬——工资　95 320

②提取14%职工福利费。

借:生产成本——基本生产成本——冲床——职工福利费　6 300

——剪板机——职工福利费　5 740

——辅助生产成本——机修车间——职工福利费　672

制造费用——基本生产车间——职工福利费

128.80

管理费用——职工福利费 504

贷:应付职工薪酬——职工福利 13 344.80

③按工资总额提取2.5%教育经费与2%工会经费。工会经费、教育经费因金额较少,不在各环节费用分配,以“管理费用”列账。实际操作以上编第五章第四节例举为标准。

借:管理费用——教育经费 2 383

(95 320×2.5%)

——工会经费 1 906.40

(95 320×2%)

贷:应付职工薪酬——教育经费 2 383

——工会经费 1 906.40

(5)上年12月份基本生产车间增加固定资产50 000元,机修车间减少机器一台30 000元,其他部门无变动。机器分类月折旧率0.4%,提1月份固定资产折旧。

基本生产车间折旧=13 850+(50 000×0.4%)=14 050(元)

机修车间折旧=2 400−(30 000×0.4%)=2 280(元)

管理部门折旧费=2 600(元)

借:制造费用——基本生产车间——折旧费

14 050

——辅助生产车间——折旧费

2 280

管理费用 2 600

贷:累计折旧 18 930

(6)1月份根据领用材料汇总表实际成本价,冲床材料领用88 000元,剪板机领用58 600元,基本生产车间领用机油、零星工具等共3 100元,支付修理费用1 900元,劳动保护费800元;机修车间领用材料2 850元。企业管理部门支付固定资产修理费

2 260元，办公费 5 400 元。

借：生产成本——基本生产成本——冲床 88 000

——剪板机 58 600

制造费用——基本生产车间——子目 5 800

生产成本——辅助生产成本——材料 2 850

管理费用——子目 7 660

贷：原材料 152 550

银行存款 10 360

(7)本年报刊费 1 200 元。

借：管理费用——办公费 1 200

贷：银行存款 1 200

(8)预提 1 月份应付利息 4 500 元，上年 12 月份利息预提 4 200元，实付 4 180 元。

借：财务费用——利息 4 500

贷：应付利息 4 500

借：应付利息 4 200

贷：银行存款 4 180

财务费用 20

(9)根据已登记"制造费用——辅助生产车间"明细账，结转辅助生产车间制造费用，见图表 6—6。

图表 6—6 **制造费用明细账**

车间名称：机修车间 ××年 1 月

分录顺号	摘　要	办公费	水电费	折旧费	其　他	合　计
2	1 月份支付	1 600	380		2 600	4 580
5	提固定资产折旧			2 280		2 280
9	转入辅助生产成本	—1 600	—380	—2 280	—2 600	—6 860

借:生产成本——辅助生产成本　　　　6 860

　　贷:制造费用——辅助生产车间　　　　6 860

(10)根据已登记"生产成本——辅助生产——机修车间"明细账,分配后,见图表6—6、图表6—8。

图表6—7　　　　辅助生产费用分配表

所属月份:1月　　　　制单:××年1月31日

辅助车间名称			机修车间	合　计
待分配费用			19 082	19 082
供应劳务数量(工时)			10 000	
单位成本(分配率)			1.9082	
基本车间	修理	耗用数量(小时)	8 100	
		分配金额	15 456.42	15 456.42
企业管理部门	修理	耗用数量(小时)	1 900	
		分配金额	3 625.58	3 625.58

图表6—8　　　　生产成本明细账

车间名称:机修车间

分录顺号	摘　要	直接材料	直接人工及福利费	燃料动力	制造费用	合计
3	付电费			3 900		3 900
4	提应付工资		4 800			4 800
4	提应付福利费14%		672			672
6	领付材料	2 850				2 850
9	制造费用转入				6 860	6 860
10	转入有关科目	−2 850	−5 472	−3 900	−6 860	−19 082

借:制造费用——基本生产车间　　　　15 456.42

　　管理费用——修理费　　　　3 625.58

贷:生产成本——辅助生产成本　　　19 082

(11)根据已登记"制造费用——基本生产车间"明细账,分配后,见图表 6—9、图表 6—10。

图表 6—9　　　　制造费用分配表

车间名称:基本生产车间　　　××年1月

应借科目		成本项目	实用工时	分配率	应分配金额
生产成本（基本生产成本）	冲　床	制造费用	9 000	2.692 745	24 234.71
	剪板机		8 200		22 080.51
	合　计		17 200		46 315.22

借:生产成本——基本生产成本——制造费用——冲床

24 234.71

——剪板机

22 080.51

贷:制造费用——基本生产车间　　46 315.22

图表 6—10　　　　制造费用明细账

车间名称:基本生产车间

分录顺号	摘　要	办公费	水电费	工资	职工福利费	折旧费	机物料消耗	修理费	劳动保护费	其他	合　计
1	1月份支付	1 200	460				3 400		1 800	2 600	9 460
3	付车间照明电费		500								500
4A	付车间管理人员工资			920							920
4B	转提14%福利				128.8						128.8
5	提生产固定资产折旧					14 050					14 050
6	领用消耗材料						3 100	1 900	800		5 800
10	机修车间分摊							15 456.42			15 456.42
11	转入生产成本	—1 200	—960	—920	—128.8	—14 050	—6 500	—17 356.42	—2 600	—2 600	—46 315.22

(12)冲床一次性投料,剪板机假设随加工进度逐步投料,根据已登记“生产成本冲床和剪板机明细账”,见图表 6—11、图表 6—12。计算完工产品与在产品成本,见图表 6—13、图表 6—14。

图表 6—11　　　　生产成本明细账

生产车间:基本生产　　　　完工数量:58

产品名称:冲床　　　　在产品数量:12　　　　完工程度:50%

分录顺号	摘　要	直接材料	燃料和动力	直接人工及福利费	制造费用	合　计
	期初在产品成本	21 000	1 200	1 900	4 100	28 200
6	材料分配表	88 000				88 000
3	动力分配表		6 050			6 050
4	工资及福利费分配表			51 300		51 300
11	制造费用分配表				24 234.71	24 234.71
	本月合计	88 000	6 050	51 300	24 234.71	169 584.71
	累计成本	109 000	7 250	53 200	28 334.71	197 784.71
	完工产品成本	90 314.29	6 570.32	48 212.5	25 678.33	170 775.44
	在产品成本	18 685.71	679.68	4 987.5	2 656.38	27 009.27

图表 6—12　　　　生产成本明细账

车间名称:基本生产　　　　完工数量:40

产品名称:剪板机　　　　在产品数量:10　　　　完工程度:80%

分录顺号	摘　要	直接材料	燃料和动力	直接人工及福利费	制造费用	合　计
	期初在产品成本	16 000	900	2 400	3 900	23 200
6	材料分配表	58 600				58 600
3	动力分配表		4 950			4 950
4	工资及福利费分配表			46 740		46 740
11	制造费用分配表				22 080.51	22 080.51
	本月合计	58 600	4 950	46 740	22 080.51	132 370.51
	累计成本	74 600	5 850	49 140	25 980.51	155 570.51
	完工产品成本	62 166.67	4 875	40 950	21 650.42	129 642.09
	在产品成本	12 433.33	975	8 190	4 330.09	25 928.42

图表 6—13

产品成本计算单

产品名称:冲床　　制单:××年1月31日　　所属月份:1月

成本项目	投料方法	完工数量	在产品			分配成本数量	累计成本	单位成本	完工产品成本	在产品成本
			数量	成本投入程度	约当产量					
1	2	3	4	5	6=4×5	7=3+6	8	9=8÷7	10=9×3	11=8−10
直接材料	一次投料	58	12	100%	12	70	109 000	1 557.142 9	90 314.29	18 685.71
燃料动力	逐步投入	58	12	50%	6	64	7 250	113.281 3	6 570.32	679.68
工资及福利费	逐步投入	58	12	50%	6	64	53 200	831.25	48 212.5	4 987.5
制造费用	逐步投入	58	12	50%	6	64	28 334.71	442.729 8	25 678.33	2 656.38
合　计		58	12				197 784.71	2 944.404	170 775.44	27 009.27

图表 6—14

产品成本计算单

产品名称:剪板机　　制单:××年1月31日　　所属月份:1月

成本项目	投料方法	完工数量	在产品			分配成本数量	累计成本	单位成本	完工产品成本	在产品成本
			数量	成本投入程度	约当产量					
1	2	3	4	5	6=4×5	7=3+6	8	9=8÷7	10=9×3	11=8−10
直接材料	逐步投入	40	10	80%	8	48	74 600	1 554.166 7	62 166.67	12 433.33
燃料动力	逐步投入	40	10	80%	8	48	5 850	121.875	4 875	975
工资及福利费	逐步投入	40	10	80%	8	48	49 140	1 023.75	40 950	8 190
制造费用	逐步投入	40	10	80%	8	48	25 980.51	541.260 6	21 650.42	4 330.09
合　计		40	10				155 570.51	3 241.052 3	129 642.09	25 928.42

算出，冲床完工 58 台，单位成本 2 944.404 元，总成本 170 775.44元；剪板机完工 40 台，单价成本 3 241.0523 元，总成本 129 642.09 元。

(13)现假设完工 58 台冲床，其中：5 吨冲床 35 台，出售单价 3 200元；8 吨冲床 10 台，出售单位 4 400 元；10 吨冲床 7 台，出售单价 5 100 元；15 吨冲床 6 台，出售单价 6 700 元，用产量售价比例法求出不同规格冲床的总成本。售价比例是以完工产品总成本除以不同规格完工产品按售价单价计算出来的总售价求出的比例，即总成本÷总售价。按此比例再求出不同规格产品的成本，最后除以不同规格产品的完工产量，得知不同规格产品的单位成本，见图表 6—15。

图表 6—15 **完工产品成本分配表**

所属月份：1 月 制表：××年 1 月 31 日 金额单位：元

产品名称	单位	台数	出售单价	产品售价	售价比例	单位成本	总成本
5 吨冲床	台	35	3 200	112 000	0.736 418 5	2 356.539	82 478.87
8 吨冲床	台	10	4 400	44 000		3 240.241	32 402.41
10 吨冲床	台	7	5 100	35 700		3 755.734 3	26 290.14
15 吨冲床	台	6	6 700	40 200		4 934.003 3	29 604.02
合 计	台			231 900			170 775.44

注：售价比例 $=\frac{170\ 775.44}{231\ 900}=0.736\ 418\ 5$。

会计分录如下：

借：库存商品——5 吨冲床 35 台　82 478.87
　　　　　——8 吨冲床 10 台　32 402.41
　　　　　——10 吨冲床 7 台　26 290.14
　　　　　——15 吨冲床 6 台　29 604.02
　　　　　——剪板机 40 台　129 642.09

贷：生产成本——基本生产成本——冲床
170 775.44
——剪板机
129 642.09

第七节　商品流通企业费用的核算

商品流通企业在组织商品购销调存过程中必定会发生人力、财力、物力的消耗，这些消耗的货币表现称商品流通费用。

一、商品流通费用核算的范围

商品流通费用主要表现为销售费用，流通企业的“管理费用”，可以并入“销售费用”科目作为子目核算。流通企业的“销售费用”科目可分为下列子目核算：

(1)运杂费，指小型企业的商品在购销过程中，大、中型企业在商品销售过程中，发生的运费、装卸搬运费、自有而又不独立核算又不作附营业务核算的车船和牲畜的燃料、饲料、物料消耗，以及同运输有关的各项杂费。

(2)保管费，指商品在储存过程中所支付的保管费用，包括商品检验、仓库商品的保险、化验、防治、挑选、整理、倒库、晾晒、冷冻、保暖、消防、护仓、照明、保管用品、仓房租赁、委托保管等费用，以及商品畜禽的饲料费。

(3)包装费，指在商品销售时发生的包装用品费、包装物折损费、不能直接列入包装物进价的运杂费、挑选修补费、租用费等。

(4)商品损耗。非小企业商品购进过程中发生的自然损耗只做数量减少，不减少购进金额。在销售过程中发生的自然损耗和超定额损耗均以“销售费用——商品损耗”列账。因挑选整理发生的损耗，直接变更商品数量和单价，不作损耗处理。

(5)手续费,指委托其他单位代购、代销所支付的手续费。

(6)工资,指按照规定标准支付给企业职工的工资、奖金、补贴和津贴、非货币性福利、为职工缴纳的社会保险费、住房公积金等。与工业企业一样,范围应与劳动主管部门的规定一致。

(7)工资附加费,包括按工资总额提取的福利费、工会经费和教育经费。

(8)修理费,指固定资产和低值易耗品等财产的修理费及按规定提取的大修理费用(不包括提高固定资产价值改变结构与使用效能的大修理)。

(9)折旧费,指按规定提取的固定资产折旧费。

(10)周转材料摊销,指按规定摊销的低值易耗品与包装物摊销费用。

(11)业务招待费,开支范围规定与工业企业同。

(12)管理费用,指商品流通企业行政管理部门为组织和管理业务经营而发生的费用。未单列项目核算的,均以"管理费用"子目核算。例如,非小企业费用性的四种税金(印花税、车船使用税、土地使用税、房产税)、审计费、诉讼费、排污费、绿化费、财产保险费、无形资产摊销、技术研究开发费、技术转让费等。

(13)其他费用,指以上各子目以外的各项费用,包括租赁费、旅差费、邮电费、水电费、烤火费、会议费、书报资料费、印刷费、文具纸张费、广告费、文体宣传费、劳动用品费、防暑降温费、零星用品购置费、旧有固定资产调拨运杂费等。

商品流通企业为筹集业务经营所需资金而发生的费用,如利息支出等,与工业企业一样,仍以"财务费用"科目核算。

二、商品流通企业费用的核算

按费用发生的支出除利息支出外,借记"销售费用——有关子目",贷记"库存现金"或"银行存款"科目。支付一年期以上金额较大应由以后各期分摊的费用支出,应借记"长期待摊费用"科目,以后按规定分期摊销列入有关子目；属于提取工资及附加费用的，按不同项目贷记“应付职工薪酬——有关子目”科目。均与工业企业会计核算同，不再重复。

商品流通企业费用的明细科目可采用多栏式明细账进行记账。

第七章　商品销售过程核算的补充

提示

零售企业的会计核算和商品销售明细账的设置学习中的冷门，可如果你懂得、会做，你就是热门的会计人员。

第一节　小规模纳税人零售企业销售的核算

根据增值税征收管理办法，按企业条件，经税务主管部门确认为小规模纳税人的零售企业，实行简便纳税办法。

一、核算办法

（1）小规模纳税人企业为销售而备货的商品购入，不管是否取得增值税专用发票，货价与税额均全额记入库存商品成本。

（2）小规模纳税人销售商品前已述及，不管工业或商品流通企业均按3%计算应交增值税。借记“库存现金”“银行存款”或其他有关科目，贷记“主营业务收入”（其金额为销售收款的全额被除以1.03），再计算应纳税额（销售额×3%），同时贷记“应交税费——

增值税”科目。

二、售价金额实物负责制核算

（一）售价金额实物负责制具体做法

（1）确定柜组实物负责人，落实保管责任；

（2）采用一手钱一手货售货方式，商品售价明码标价（含税，增值税简易征收率3%）；

（3）建立每月库存盘点制度，按照明码标价的单价除以1.03×库存盘点数量，求出月末每个实物负责人柜组的商品库存结存金额，进行账实核对。对商品库存溢缺，应及时做出处理；

（4）“库存商品”不以品名、数量设明细科目，而是按实物负责人设明细账；

（5）为与真正核算的销售收入一致，收付存的金额一律按不含税的售价核算；

（6）为有效控制实物负责人保管的库存金额，含税库存金额详列“商品收付存日报表”，该表的“本日结存金额”栏÷1.03＝税价分离库存金额，与财会部门“库存商品——实物负责人”明细账余额相符；

（7）售价与进价之间的差额贷记“商品进销差价”科目，该科目为售价核算零售企业“库存商品”科目的调整科目，期末贷方余额为尚未销售尚未摊销的商品进销差价；

（8）月终时，应摊销已销商品进销差价，结转销售成本。

这是一项重要的企业管理制度，必须在单位负责人亲自布置下贯彻执行。其核算办法为：采购员购回的零售商品持单向财会部门报销前，应将商品送零售门市部实物负责人验收。实物负责人应对照发票进行点验规格、数量和质量，核对单价、金额，并填制商品验收单。按购进发票的规格、数量、单价核对金额的正确性，同时按明码标价的出售单价除以1.03，计算该商品的数量不含税可出售的金额，求出进销差价。验收单一式三联：存根一联，实物负责人留存一联，另一联交采购员附商品购进发票、货款结算票据报财会部门作账。

【例 7—1】 某小规模零售店采购员购进铁罐(24)双鹿啤酒 50 箱，每箱进价 61.5 元，零售价 68 元；铁罐(24)百威啤酒 40 箱，每箱进价 100 元，零售价 110 元。进价与零售价均包含增值税。采购员凭发票结合转账支票存根联及经柜组负责人验收盖印的商品验收单，见图表 7—1，送财会部门作账。

图表 7—1　　　　商品验收单

供货单位：××啤酒公司　　　　编　　号：

收货部门：本店副食品柜组　　验收日期：　　年　月　日金额单位：　　元

货号	等级	品名及规格	购进价				零售价				进销差价
			单位	数量	单价	金额	单位	数量	单价	金额	
	铁罐	双鹿啤酒(24)	箱	50	61.5	3 075	箱	50	68	3 400	325
	铁罐	百威啤酒(24)	箱	40	100	4 000	箱	40	110	4 400	400
合　计						7 075				7 800	725

柜组负责人签章：　　　　　　　　　　商品点验人签章：

(1)财会部门据发票、商品验收单作会计分录如下：

借：库存商品——副食品柜组　　　　7 800

　　贷：商品进销差价——副食品柜组　　　　725

　　　　银行存款　　　　7 075

(2)当日，该柜组存入银行零售货款 3 380 元，按 3%征收率计算的销售额为 3 281.55 元[3 380÷(1+3%)]，并报零售商品收付存日报表，左右双方合计金额均含税，见图表 7—2。

图表 7—2　　　　**商品收付存日报表**

××年×月 31 日　　　编　　号：

填报单位：副食品柜组　　　　　　　　　　金额单位：

<table>
<tr><th colspan="2">项　目</th><th>行次</th><th>金 额</th><th colspan="2">项　目</th><th>行次</th><th>金 额</th></tr>
<tr><td colspan="2">昨日结存</td><td></td><td>70 580</td><td rowspan="6">本日减少</td><td>销售</td><td>9</td><td>3 380</td></tr>
<tr><td rowspan="6">本日增加</td><td>购进</td><td>1</td><td>7 800</td><td>调出店内其他柜组</td><td>10</td><td></td></tr>
<tr><td>店内其他柜组调入</td><td>2</td><td></td><td>售价调低减值</td><td>11</td><td></td></tr>
<tr><td>售价调高增值</td><td>3</td><td></td><td>商品损耗</td><td>12</td><td></td></tr>
<tr><td>盘点溢余</td><td>4</td><td></td><td>盘点短缺</td><td>13</td><td></td></tr>
<tr><td></td><td>5</td><td></td><td></td><td>14</td><td></td></tr>
<tr><td></td><td>7</td><td></td><td colspan="2">本日结存</td><td>16</td><td>75 000</td></tr>
<tr><td colspan="2">合　计</td><td>8</td><td>78 380</td><td colspan="2">合　计</td><td>17</td><td>78 380</td></tr>
<tr><td colspan="6">税价分离库存金额 78 380÷(1+3%)</td><td>18</td><td>72 815.53</td></tr>
</table>

财会部门作会计分录如下：

借：银行存款　　　　　　　　　　　　　3 380

　　贷：主营业务收入——副食品柜组　　　3 281.55

　　　　应交税费——增值税　　　　　　　　98.45

借：主营业务成本——副食品柜组　　3 281.55

　　贷：库存商品——副食品柜组　　　　　3 281.55

月终计算实际销售成本时，应求出商品进销差价率，冲减销售成本。

【例 7—2】　假定本月副食品柜组"进销差价"科目未结转前余额 20 906 元，本月销售 101 400 元，月末"库存商品余额"72 815.53元。以上价款均不含税。

$$\text{副食品柜组进销差价率}=\frac{\text{结转前进销差价余额}}{\text{本月销售额}+\text{月末库存商品余额}}\times 100\%$$

$$=\frac{20\ 906}{101\ 400+72\ 815.53}\times 100\%$$

$$=12\%$$

应冲出本月销售成本＝本月销售额×商品进销差价率

＝101 400×12%

＝12 168(元)

会计分录如下：

借：商品进销差价——副食品柜组　　12 168

　贷：主营业务成本——副食品柜组　　12 168

三、数量进价核算

平时将各种不同品种规格的零售商品库存及购入数量存入零售电脑机数据库中，并对每种不同品名规格的商品给予不同条码特征。同时，在零售柜架上对每种商品不仅标明单价，而且贴上条码纸签，出售时在零售电脑机上扫描，零售电脑数据库中即将同一条码的商品库中减去，结出新的库存数量。每天由营业员盘点柜架商品结存，进行核对补货。发现问题，立即处理溢缺，保证账实相符。

财会部门对零售货款存入银行，借记“银行存款”科目，对货款进行价税分离，贷记“主营业务收入”与“应交税费——增值税”科目。

到月终时，财会部门用实地盘存制倒挤本期销售成本。其计算公式为：

本月销售成本＝月初库存商品余额＋本月进货金额＋本月其他增加数－本月盘点实际结存数－本月其他减少数(如商品破碎损耗报废等)

借记“主营业务成本”科目，贷记“库存商品”科目。

第二节　销售有关科目明细账的设置

商品销售收入、成本、税金及附加明细科目的设置有两种办法：一是按科目各自开设明细账，优点是便于将上述科目的发生额或余额转入本年利润科目；二是根据传统的记账方法，将上述科目的明细账合并成一个明细科目，见图表7—3。登记时，每个科目的发生额，都记入合并的明细账中，表中销售收入发生额属于贷方发生额，其余发生额属于借方发生额，如遇到销货退回或其他与科目相反方向分录，以及结转利润，均用红字记载。月终结转本科目应结出本月合计与累计，结转本年利润的金额红字记载不能抵销，否则，本月合计会等于零。本科目主营业务利润栏等于主营业务收入－(主营业务成本＋营业税金及附加)，月终结账时予以结出。这就把销售有关科目都并记在一个科目，对照清晰，主营业务利润来龙去脉一目了然，如发生差错，也便于查对。其他业务经营，发生不同项目，也可以比照主营业务设置明细账。

图表 7—3

营业收支明细账

明细科目____编号____总页____
计量单位____类别________
品　　名____规格____分页____

年		凭证		摘　要	营业收入											营业成本									营业税金及附加									主营业务利润								
月	日	类别	号数		数量	单价	金　额																																			
							百	十	万	千	百	十	元	角	分	百	十	万	千	百	十	元	角	分	百	十	万	千	百	十	元	角	分	百	十	万	千	百	十	元	角	分

第八章　以前年度损益调整

提示

本章介绍年度所得税费用清算或平时会计核算时，遇到属于以前年度的收入与支出。有关核算方法及对应纳税所得额的调整，如何应用“以前年度损益调整”科目进行会计核算，都是会计人员必须掌握学会的。

一、“以前年度损益调整”科目的核算

对于“以前年度损益调整”科目的核算内容，前已简要述及，但如何使用该科目，比较复杂，牵涉到税收和财务制度的有关规定，政策性较强。有些上年度损益调整，只是清算核定上年度所得税时，调增、调减所得额；另外一些则应通过该科目核算。总的原则是：凡调整应纳税所得额事项，仅牵涉损益类科目，而这些金额于期末已转入利润，一般在所得税清交时，只调整所得额，不必通过“以前年度损益调整”科目核算；凡调整应纳税所得额事项，会引起企业资产、负债的变动，应通过“以前年度损益调整”科目进行核算。据此确定“以前年度损益调整”科目核算的范围。

1. 不宜在“以前年度损益调整”科目核算的经济事项

(1)对上年度下列费用支出和营业外支出，不符规定或超标准支出，在核定计算上年度应纳所得税的所得额时，只调增所得额，不每笔进行账务调整：

a. 超过计税标准利率的利息超支部分(包括社会集资、借款、股息)；

b. 企业进入成本费用的工资不符合税法规定标准部分；

c. 业务招待费超财务制度规定支出部分；

d. 在“营业外支出”列支的违法经营罚款和被没收的财物损失；

e. 在“营业外支出”列支的各项税收滞纳金、罚金；

f. 符合规定的各种公益救济性以外的捐赠，非广告性的赞助支出；

g. 公益救济性捐赠支出超过核定应纳税所得额或年度利润总额 12%部分，一并在“营业外支出”中列支的。

(2)对下列税收政策允许免交所得税的所得额，可调减上年度所得额，也不每笔作账务调整：

a. 经审定符合条件的治理“三废”收益；

b. 购买国债的利息收入；

c. 技术转让费年净收入在 500 万元以下的；

d. 对外投资取得已税股息、红利。

以上的调增、调减结果，计算公式为：

应纳税所得额 = 利润表利润总额 + 纳税调增所得额 − 纳税调减所得额

根据所得税率计算的所得税额，与上年度会计已提所得税额发生的差异：少提，借记“利润分配——未分配利润”科目，贷记“应交税费——所得税”科目；多提，作相反分录。

2. 要通过“以前年度损益调整”科目核算的经济事项

(1)购买实物和费用开支，未取得正式发票，应按规定补交前方增值税或营业税以及城建税和教育费附加或所得税等。

如实物购入属于固定资产，不得通过“以前年度损益调整”科目进行核算，应借记“固定资产”科目，贷记“应交税费”或其他有关科目；实物购入已领用列入成本或费用开支，未取得正式发票，补纳补交税款和附加，借记“以前年度损益调整”科目，贷记科目同。

【例 8—1】 碧仙袜厂次年 3 月份对上年度进行所得税汇算清缴。上年 8 月份购入柴油机 1 台，货价 1 600 元，当时已作为固定资产入账。清缴时发现未取得正式发票，应补交 25%所得税。

借：固定资产——柴油机　　400

　　贷：应交税费——应交所得税　　400

【例 8—2】 上年 10 月份购入“原材料——零星工具——镙刀”，100 把，计金额 380 元，未取得正式发票，是“收款收据”白条，应补交所得税 25%。假设该镙刀在上年已全部领用。

借：以前年度损益调整　　95

　　贷：应交税费——应交所得税　　95

【例 8—3】 产品出售搬运费四笔 580 元，未取得正式发票，应补交 25%所得税。

借：以前年度损益调整　　145

　　贷：应交税费——应交所得税　　145

(2)多提或少提福利费、工会经费、教育经费。

少提：借记“以前年度损益调整”科目，贷记“应付职工薪酬——职工福利”“应付职工薪酬——工会经费”“应付职工薪酬——教育经费”科目；多提：做同以上相反分录。

【例 8—4】 经清算，应扣交厂内职工个人所得税5 000元。

超发工资5 000元，未进行核算。应冲减工资，调增所得额5 000元不作账务处理外，同时应调整按工资 14%计提的福利费，2%的工会经费，2.5%的教育经费，冲减多提数。

借：应付职工薪酬——职工福利　　700

　　　　　　　——工会经费　　100

　　　　　　　——教育经费　　125

贷:以前年度损益调整　　　　　　　　925

(3)年终办理会计决算报表后,发现职工福利费结余3 000元,应予冲销。

借:应付职工薪酬——职工福利　　　　3 000

贷:以前年度损益调整　　　　　　　　3 000

(4)多或少转库存商品销售发出成本。

多转:将多转金额进行调整,借记"库存商品"科目,贷记"以前年度损益调整"科目;少转:作相反分录。

【例8—5】 碧仙袜厂上年12月份将产成品销售发出成本,从原来"先进先出法",改为"移动加权平均法",无批准手续,属一年内擅自改变成本结转方法。现经计算,男袜多转成本22 457元,童袜少转成本3 352元,应予更正。

借:库存商品——男袜　　　　　　　　2 2457

贷:以前年度损益调整　　　　　　　　2 2457

借:以前年度损益调整　　　　　　　　3 352

贷:库存商品——童袜　　　　　　　　3 352

(5)由于计算错误,多提或少提累计折旧。

多提:借记"累计折旧"科目,贷记"以前年度损益调整"科目;少提:分录则反之。

【例8—6】 该厂上年新建厂房600m^2,原值120 000元,折旧年限定为40年,误按20年计提折旧,残值率5%,多提折旧2 850元,应予更正。

借:累计折旧　　　　　　　　　　　　2 850

贷:以前年度损益调整　　　　　　　　2 850

(6)购建固定资产、无形资产等支出列作费用支出,应更正经济事项。

借记"固定资产""无形资产"科目,贷记"以前年度损益调整"科目。

【例8—7】 该厂上年9月份购进一台纺纱机,支出运费2 400

元，列作“管理费用”，应予更正。

借：固定资产——纺纱机　　2 400

　　贷：以前年度损益调整　　2 400

(7)上年度销售退回，已确定获得或支付的赔偿等。

年度资产负债表日后发生新的情况，已获得新的证据，有助于判断对资产负债表的存在状况有关金额有必要做出新的调整，以正确反映会计报表日反映的收入、费用、资产、负债以及所有者权益。

【例 8—8】 碧仙袜厂上年 12 月份售给某批发商业企业成人袜10 000双，每双售价 3.51 元，其中货价 3 元，增值税额 0.51 元，成本价 2.41 元。因市场销售疲软，同意退回，已办妥手续，并经税务部门确认。退出货款，付银行存款。

借：库存商品——成人袜　　24 100

　　以前年度损益调整　　5 900

　　贷：银行存款　　35 100

　　　　应交税费——增值税——销项税款　　5 100

将以上“以前年度损益调整”科目发生额各笔登入该科目明细账中。如为贷方余额，应同时按 25%比例提取应交所得税，借记“以前年度损益调整”，贷记“应交税费——应交所得税”科目，最后将“以前年度损益调整”，贷方余额转入“利润分配——未分配利润”科目，借记“以前年度损益调整”科目，贷记“利润分配——未分配利润”科目；如“以前年度损益调整”科目是借方余额，作相反方向会计分录。

通过上述账务处理后，还应调整会计报表相关项目的数字及年初数，利润表上年数，如涉及会计报表附注内容的，也应同时调整。

❈ 小企业没有以前年度损益调整科目。因为企业规模的限制，对当期发生的经济业务事项，就不必再区分是否属于以前年度及因而产生的损益，一律按当期的收入费用或营业外收支进行会计核算。

第九章　财务报告补充

提示

现金流量表的编制，是为企业管理者提供企业资金活动及管理的重要信息。如果对该表不作分析，就很难看出资金活动中所取得的成绩与存在的问题；理解不深入，对企业财务管理的作用就不能得到充分的发挥。本章对其进行试探性分析，意在抛砖引玉，没有固定模式，启示引导学员思考。

现金流量表编成后，与企业资产负债表、利润表及报表附注一并列报，股份企业还应在指定范围内公示。向有关部门、企业领导及所有者提供企业经营、资产、负债和现金流量等情况。

一、分析现金流入和流出的结构

根据本书上编第八章图表8—2、图表8—5、图表8—8的有关数据，填列图表9—1。

图表 9—1　　单位:万元

项目名称	流入金额	比例(%)	流出金额	比例(%)	流入流出差额
经营活动	2 586.9	73.69	2 307.2	64.90	+279.7
投资活动	73.5	2.1	745	20.96	−671.5
筹资活动	850	24.21	502.6	14.14	+347.4
合　计	3 510.4	100	3 554.8	100	−44.4

从图表 9—1 可以看出该企业现金流入的来源主要来自经营活动和筹资活动,说明企业扩大企业经营,大力筹集资金。从流出情况看,重点放在扩大生产规模,增加厂房投资上。企业现金净流量合计虽然净透支444 000元,但由于期初现金及现金等价物结余1 169 000元,期末现金及现金等价物结余725 000元。这说明存在企业积极经营、发展中带来了一些问题。但从经营策略来分析,企业进行较大规模基建的同时,还不断进行股票、债券经营,有投资线拉得过长之嫌。基建规模是否过大,有待观察。现金各种流量流入流出差额结构不平衡,说明企业现金营运尚未步入平稳阶段。

二、流动资产盘活量的分析

即现金净流量净增(减)额与流动资产净增(减)额的比较。

盘活量＝现金及现金等价物净增(减)额－流动资产净增(减)额

从现金流量表来看,期末现金及现金等价物余额725 000元,而流动资产据资产负债表(上编图表 8—2)表示,比年初减少614 000元,盘活量1 339 000元(725 000+614 000),说明企业在盘活流动资产方面,取得一定的成绩。

三、经营活动现金流入总额与营业收入及加收增值税销项税额比率的分析

本期经营活动现金流入总额25 869 000元,营业收入

20 549 000元。

$$比率=\frac{经营活动现金流入总额}{营业收入\times(1+0.17)}\times100\%$$

$$=\frac{25\ 869\ 000}{24\ 042\ 000}\times100\%$$

$$=107.60\%$$

经营活动现金流入总额超出营业收入与加收增值税 7.6%。除其他收入30 000元外，说明企业抓紧现金回笼，被欠货款及时回收，取得一定成绩。

四、经营活动现金流入小计与经营活动现金流出小计比率的分析

本期经营活动现金流入小计 25 869 000 元，流出小计 23 072 000元。

$$比率=\frac{经营活动现金流入小计}{经营活动现金流出小计}$$

$$=\frac{25\ 869\ 000}{23\ 072\ 000}$$

$$=1:1.1212$$

从现金流量角度来看，这个比率大于 1，是起码的要求，并要求不断提升。经营活动现金流量的优化，是整个现金流量的基础，将决定企业整个现金流量状况优劣的关键。逐步提升还是逐步下降，是企业投入与产出的关系问题，应引起企业管理层的高度重视。

五、流动资产经营活动现金流量周转率

$$现金流量周转率=\frac{经营活动现金流入总额}{平均流动资产}$$

$$\begin{array}{c}资产负债表流动\\资产平均数\end{array}=\frac{期初+期末}{2}$$

$$=\frac{7\ 372\ 000+6\ 758\ 000}{2}$$

$$=7\ 065\ 000(元)$$

$$年周转率=\frac{2\ 586.9}{706.5}=3.66(次)$$

$$流动资产周转天数=\frac{360}{3.66}=98(天)$$

根据98天的周转天数，说明周转较慢。要扩大销售业务，存货的合理储存，对残次积压存货，要做出处理压缩，购入存货要合理布阵，应收款项要及时催收，期末货币资金余额太大，要尽快投入使用，采取有效措施，提高流动资金周转率。

六、期末现金及现金等价物余额的评价

如上所述现金流量表本年度现金及现金等价物净流量余额全年透支，加期初后，余额微量结余。但房屋投资已完成计划，下年度经营活动现金收入将不断扩大，长期借款按计划还贷，将逐步减少，现金及现金等价物净流量一定会逐步上升，前景看好。现金流量收支余额来年将实现丰裕状态。

七、本期与对比期不同项目现金流量流入与流出增减程度与幅度

可以看出企业现金流入与流出的变化情况，影响企业现金及现金等价物净流量增加或减少的不同因素，以引起投资者、企业领导管理层的重视与注意。

当然，还可以作各种各样比率的分析，并可以与前期作横向对比，求出增减金额与幅度，说明企业现金流量的不同情况。

由于现金流量表没有上期金额，给分析的深度带来一定影响，仅起启发引导作用。